Thor Heyerdahl, geboren am 6. Oktober 1914 in Larvik (Norwegen), hat in Oslo Biologie, Geographie und Anthropologie studiert. Mit seinen unorthodoxen und Aufsehen erregenden Expeditionen war er in der Fachwelt umstritten, wurde aber von der Öffentlichkeit weltweit als Abenteurer und Held gefeiert. Heyerdahl bekam zahlreiche Preise und Ehrendoktortitel verliehen und wurde 1997 für seine herausragenden Leistungen von der UNESCO geehrt. Seine letzten Lebensjahre verbrachte er auf Teneriffa, wo er ein Museum gründete. Thor Heyerdahl starb am 18. April 2002 im Alter von 87 Jahren in seinem Haus in Italien. Die berühmte Kon-Tiki ist heute im Kon-Tiki-Museum in Oslo zu bewundern.

Berndt Schulz, geboren 1942 in West-Berlin, hat Sozialpsychologie, Philosophie und Publizistik studiert und ist als freier Autor und Journalist für Verlage, Rundfunk und Printmedien tätig. Inzwischen hat er mehr als achtzig Bücher veröffentlicht, vor allem Biographien sowie Sachbücher in den Bereichen Reisen, Medien, Politik und Gesellschaft. Seit gut zehn Jahren verfasst er auch Kriminalromane und – unter dem Pseudonym Mattias Gerwald – historische Reiseromane. Er lebt mit Lebensgefährtin und Katze am Main und an der Schwalm.

Die Deutsche Bibliothek – CIP-Einheitsaufnahme
Ein Titeldatensatz für die Publikation ist bei
Der Deutschen Bibliothek erhältlich.

NATIONAL GEOGRAPHIC ADVENTURE PRESS
Reisen · Menschen · Abenteuer
Die Taschenbuch-Reihe von
National Geographic und Frederking & Thaler

1. überarbeitete und aktualisierte Auflage Oktober 2004

Text: Berndt Schulz
Fotos: The Kon-Tiki Museum,
Institute for Pacific Archaeology and Cultural History, Oslo
Titelfoto oben: SCANPIX, Norway
Karten: Øivind S. Jorfald, Vollen
Umschlaggestaltung: Dorkenwald Grafik-Design, München
Herstellung: Caroline Sieveking, München
Druck und Bindung: Clausen & Bosse, Leck
Printed in Germany

ISBN 3-89405-234-1
www.frederking-thaler.de

Das Papier wurde aus chlorfrei gebleichtem Zellstoff hergestellt.

BERNDT SCHULZ

THOR HEYERDAHL

Expeditionen mit der Kon-Tiki, der Ra und der Tigris

NATIONAL GEOGRAPHIC
FREDERKING & THALER

EDITORISCHE VORBEMERKUNG

Diese überarbeitete und aktualisierte Taschenbuchfassung berücksichtigt die neuesten Forschungsergebnisse, die seit dem Erscheinen der Erstausgabe im Jahr 1998 vorliegen. An einem Punkt bleibt sie allerdings unverändert. Der Autor verzichtet bewusst auf einen wissenschaftlichen Anhang. Sein Bild von Thor Heyerdahl wurde wesentlich geprägt durch die Kommunikation mit dem norwegischen Forscher, durch Gespräche und Interviews in Güimar und Bygdoy und durch die Arbeit im »Institute for Pacific Archaeology and Cultural History«, Oslo. Der Autor hofft, dass er seine Wertschätzung und durchaus kritische Bewunderung gegenüber dem 2002 verstorbenen Thor Heyerdahl trotz des Verzichts auf einen wissenschaftlichen Apparat auf angemessene Weise vermittelt hat. Dieses Buch soll eine spannende Reise ermöglichen. Wissenschaft ist in erster Linie ein Abenteuer.

Inhalt

»Sein Leben lang hatte er nach der Einsicht zu handeln versucht, dass man sich mit dem ganzen Körper in das Leben stürzen musste, um es zu verstehen. Von diesem Abenteuergeist der Entdecker früherer Jahrhunderte, die mit ihren Muskeln und Gelenken, mit ihrem Mut und ihrer Lebensgier Wissenschaft betrieben, war er immer erfüllt gewesen.«

MATTIAS GERWALD: »DER KETZER«, HISTORISCHER ROMAN ÜBER CHRISTOPH KOLUMBUS, 1997

1. Larvik
2. Colla Micheri
3. Tucumé
4. Güimar
5. Osterinsel
6. Fatu Hiva
7. Garten Eden
8. Tschadsee
9. Bella Coola
10. Kirkenes
11. St. Andrews
12. New York
13. Santa Isabel
14. Cambridge
15. Wien
16. Paris

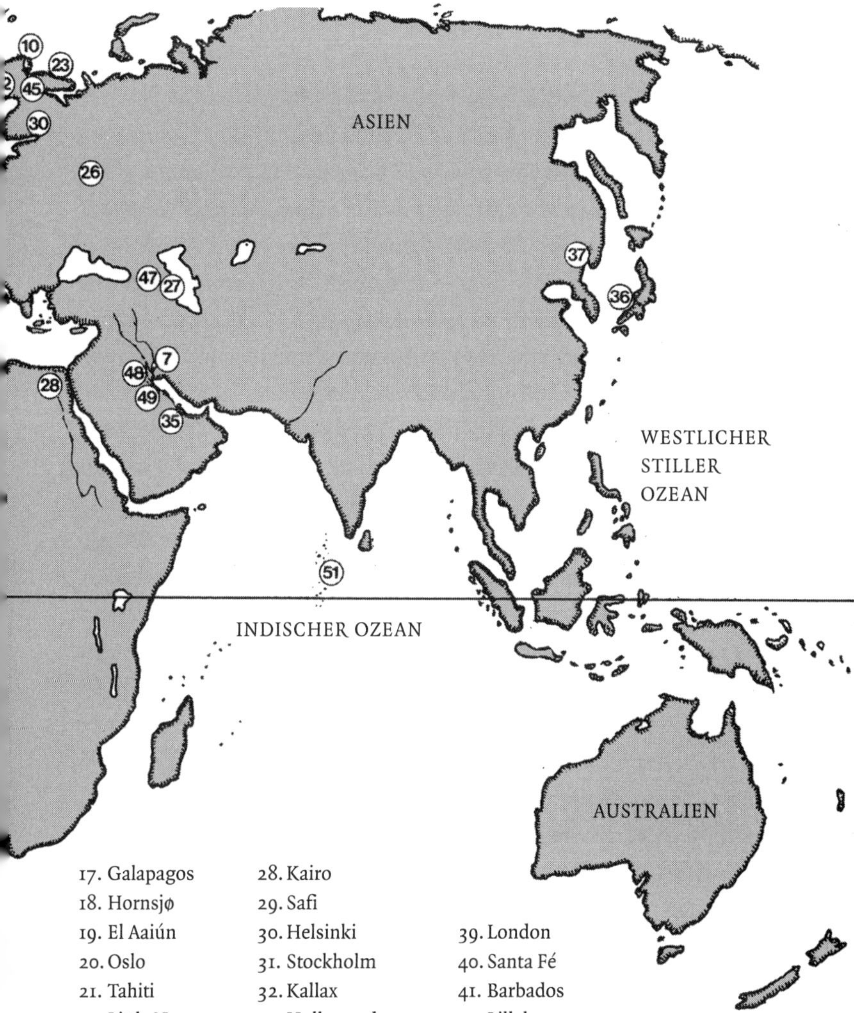

17. Galapagos
18. Hornsjø
19. El Aaiún
20. Oslo
21. Tahiti
22. Little Norway
23. Murmansk
24. Lima
25. Havanna
26. Moskau
27. Baku
28. Kairo
29. Safi
30. Helsinki
31. Stockholm
32. Kallax
33. Hollywood
34. Titicacasee
35. Dilmun/ Bahrain
36. Kyoto
37. Wladiwostok
38. Kopenhagen
39. London
40. Santa Fé
41. Barbados
42. Lillehammer
43. Baltimore
44. High Falls
45. Petsamo
46. Stonehenge
47. Tiflis
48. Bagdad
49. Failaka
50. Raroia
51. Malediven

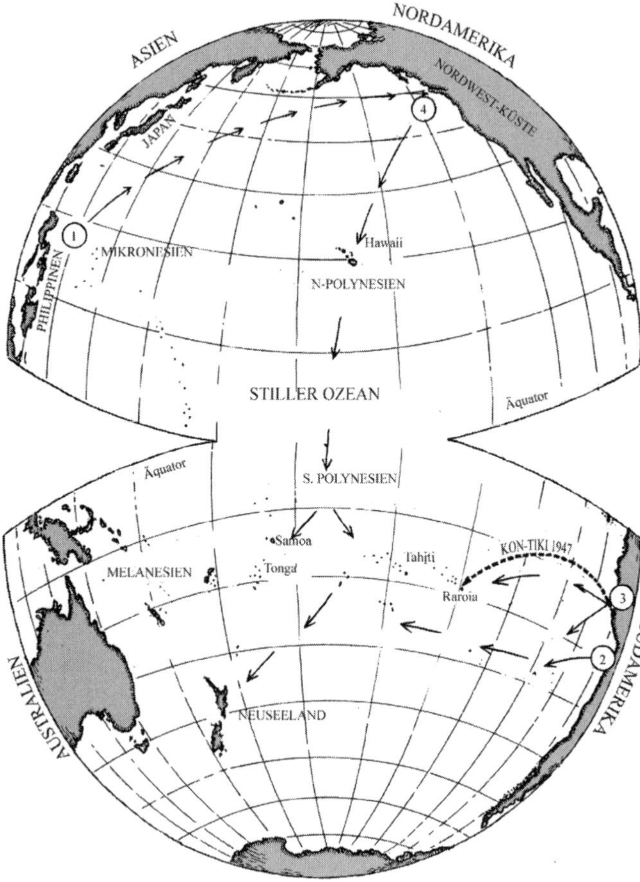

Wanderungswege über den Stillen Ozean in chronologischer Reihenfolge

1 Von Südostasien nach Nordwestamerika
2 Vom vorinkaischen Südamerika zur Osterinsel und nach Polynesien
3 Vom vorinkaischen Südamerika zur Osterinsel und nach Polynesien
4 Von Nordwestamerika nach Hawaii und Polynesien

Safi
Barbados
RA II
RA I
AFRIKA
ATLANTISCHER OZEAN
Äquator
SÜDAMERIKA

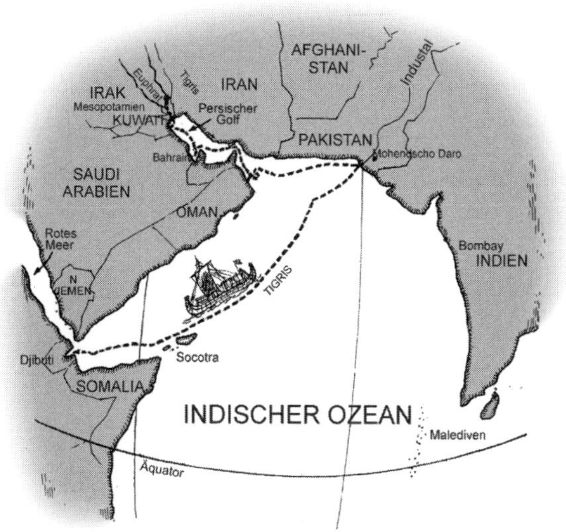
AFGHANI-
STAN
Industal
Euphrat
Tigris
IRAN
IRAK
Mesopotamien
Persischer
Golf
KUWAIT
PAKISTAN
Mohendscho Daro
Bahrain
SAUDI
ARABIEN
OMAN
Rotes
Meer
N
JEMEN
TIGRIS
Bombay
INDIEN
Djibuti
Socotra
SOMALIA
INDISCHER OZEAN
Malediven
Äquator

Der Kon-Tiki-Mann

»In Wirklichkeit haben wir keinen einzigen Kontinent entdeckt, vermutlich nicht mal ein Inselchen. Irgendjemand war immer vor uns da.«

TH. H.

Thor Heyerdahl hat es uns vorgelebt. In unserer von Kriegen, Naturkatastrophen und Vergeudung natürlicher Ressourcen geprägten Zeit zeigte er seinen Weg, in Übereinstimmung mit den natürlichen Gegebenheiten zu leben. Das entspricht einer tiefen Sehnsucht, die wir alle teilen. Ein Leben konsequent zu leben, um diese Sehnsucht zu verwirklichen, ist außergewöhnlich. Erfülle Deinen Traum! Diese Devise nicht egoistisch gegen andere durchzusetzen, sondern sie zum positiven Fallbeispiel zu machen, klingt ermutigend. Auf diesem Erdball leben wir dicht gedrängt zusammen. Wir müssen mit den inneren und äußeren Reichtümern vorsichtig umgehen. Wir sind verantwortlich für das von Thor Heyerdahl so genannte »Projekt Grüne Erde« – von der und auf der wir leben. Wir müssen Ökologen sein.

Es mag seltsam erscheinen, ein Buch über eine große wissenschaftliche Persönlichkeit, einen wagemutigen Forscher und Abenteurer mit einer solchen Positionsbestimmung zu beginnen. Aber um Thor Heyerdahl auf seinen wissenschaftlichen Gebieten zu würdigen, ist es angemessen, seine persönlichen Voraussetzungen hervorzuheben: eine charakterlich starke Haltung, die Standpunkte bezieht und von keinem schnelllebigen Trend beeinflusst wird.

Thor Heyerdahl wollte herausfinden, wie Ethnien in einer Zeit kommunizierten, als es dafür eigentlich nur Hindernisse gab. Und warum sie es dennoch taten. Er zeigte dabei die Denkfallen der Wissenschaft auf, die oft, von ihren eigenen Prämissen geblendet, zu falschen oder voreiligen Schlüssen kommt. Er versuchte, Phasen der Weltgeschichte zu rekonstruieren, indem er sie aus ihren eigenen Möglichkeiten heraus zu verstehen suchte. Und er nutzte die von Hochkulturen selbst hervorgebrachten technischen Bedingungen und Verkehrsformen, um zu originellen Schlüssen über den Aufbau einer frühen, multikulturellen Welt zu kommen.

Wenn er kurz vor seinem Tod sagte, es sei ihm lediglich darauf angekommen, »ein paar Vorurteile zu killen«, dann darf man seine Bescheidenheit konstatieren. Es ist ihm gelungen.

Heute sind wir daran gewöhnt, auf das globale Gespräch zu hören, das in unserer Welt geführt wird. In der Mitte des 20. Jahrhunderts war diese moderne Haltung noch unterentwickelt. Thor Heyerdahl hat dazu beigetragen, unsere Sensibilität für gemeinsame Verantwortung zu erhöhen. Und er hat den eurozentristischen Blick in Frage gestellt. Seine Forschungen gaben den frühen Zivilisationen Würde und Wert zurück, die sie zwar schon besaßen, aber im aggressiven Treiben der modernen Zivilisation verloren hatten. Sie besaßen diese Würde, ohne dass dies den meisten so genannten Entdeckern früherer Jahrhunderte und unseren Schriftgelehrten aufgefallen wäre. Thor Heyerdahl holte die Wissenschaft vom Menschen aus der Studierstube in die Wirklichkeit zurück.

Dieser mutige Gelehrte und wahre Entdecker handelte die Wissenschaft nicht am Schreibtisch ab. Er schrieb sie mit seinem ganzen Leben. An diesem Punkt befindet er sich in Übereinstimmung mit anderen wagemutigen Persönlichkeiten der Geschichte – Marco Polo, Gil Eanes, Christoph Kolumbus, James Cook oder Georg Forster – und auch in einer Reihe mit Endeckern, wissenschaftlichen Deutern und Abenteurern jüngerer Zeit wie Scott, Amundsen, Nansen oder Franklin.

Thor Heyerdahl aus dem verträumten norwegischen Küstenort Larvik empörte sich über das Denken einer Wissenschaft, die aus zweiter Hand analysiert, aber zu erstklassigen Schlüssen kommen will. Er nahm sich vor, selbst dann nicht zurückzuschrecken, wenn er sein Leben aufs Spiel setzen musste, um seine Beweise zu führen. Er baute sich Fahrzeuge wie das Balsa-Floßboot »Kon-Tiki«, das altägyptische Papyrusboot »Ra«, das mesopotamische Schilfboot »Tigris« und fuhr damit auf die Ozeane hinaus, ein Spielball von Wind und Wasser – so wie die mutigen und namenlosen Seefahrer früherer Jahrtausende, deren Reisen und Erkenntnisse er damit nachvollziehbar machen wollte.

Die Welt des Menschen, der in Kulturen lebte, die 4000 Jahre und länger vor unserer Zeit liegen, war stärker vom Wasser geprägt, als wir uns das heute vorstellen können. Nicht, dass es mehr Wasser gab. Aber es lockte stärker, weil es unbekannt war. Das Wasser führte scheinbar ans Ende der Welt, die als Scheibe gedacht wurde – bis man sie befuhr und daraus Schlüsse zog, die nicht von Ideologie geprägt waren. Also zog das Wasser die Menschen in seinen Bann, denn sie besaßen noch keine verlässlichen Aussagen über Welt und Schöpfung und waren auf Spekulationen angewiesen.

Es kam also der Tag, an dem die Menschen aufs Meer hinaus fuhren – aber mit welchen Fahrzeugen? Und wie weit hofften sie zu kommen?

Die uns bekannten Kulturvölker der Frühzeit, in der die ersten Hochkulturen entstanden, die Mesopotamier, die Hethiter, die Phönizier, die Ägypter, die Mykener, die Chinesen, die indogermanischen Völker, lebten in einer Welt, die ihnen endlos groß schien. Nicht endlos, aber groß. Unpassierbar. Die Erde als Weltall. Und im Mittelpunkt die Menschen, beobachtet von Göttern. Lange vor Anbruch unserer so genannten Neuzeit, die eigentlich nur ein kleiner Schrittwechsel im Gang der Geschichte ist, einer Zeit also, in der die technischen Erfindungen die Erde überschaubarer machten, muss die Erde den Menschen wie die Schöpfung schlechthin vorgekommen sein. Drumherum gab es nichts.

Und die Frage, die sich moderne Anthropologen stellen, ist: Hatten diese Menschen untereinander Kontakte? Und welche? Wie kamen sie zustande? Selbst wenn man annahm, es habe Kontakte zu Lande gegeben – transozeanische Kontakte hielt man für ausgeschlossen. Wie hätten die Menschen vor der Erfindung der großen, sicheren Plankenschiffe, der Barinels, Galeonen, Karavellen, die unvorstellbar ausgedehnten Ozeane überqueren können?

Diese Frage zielt letztlich darauf, welche Fertigkeiten beim Schiffsbau unsere seefahrenden Vorfahren besessen haben. Wie bauten sie? Und aufgrund welcher Kenntnisse von Sonne, Mond, Wind und Wellen?

Wir sind auf Spekulationen angewiesen. Wir müssen die Zeichen interpretieren, die uns die frühen Völker hinterließen. Also lesen wir die vielfältigen Abbildungen, die überliefert sind, in Felshöhlen, in Gräbern, in Stein gemeißelt, auf den Gebrauchsgegenständen der Vergangenheit. Dabei fallen besonders jene Funde ins Gewicht, die wir an diesem speziellen Ort nicht erwarten. Denn ihr Vorhandensein beweist, dass es die frühen Verkehrsmittel waren, die Kommunikation zwischen nichtbenachbarten Völkern ermöglichten. Diese Verkehrsmittel bilden nicht nur den Beweis für die These von früher, interkultureller Kommunikation, sondern sie sind sogar die Ding gewordene Kommunikation selbst. Verkehrsmittel und Kommunikation sind das Gleiche. Zumindest sind sie es für uns heutige Nachfahren, die wir auf physisch existierende Zeugnisse angewiesen sind, wenn wir unsere Vorfahren verstehen wollen.

Aber alle diese Funde, wenn wir sie nur richtig, das heißt innerhalb des Kontextes der naturgegebenen Möglichkeiten, interpretieren, beweisen uns, dass es transozeanische Kontakte in der Zeit der ersten Hochkulturen gegeben hat. Die frühen Völker segelten aus dem Mittelmeerraum hinaus in den Atlantik, sie durchquerten den Pazifik, den Stillen Ozean, der die Hälfte der Erdoberfläche bedeckt, sie fuhren über die Ozeane rund um die Welt, von und nach Amerika – lange bevor Kolumbus kam. Die Ozeane trennten die Völker nicht. Sie verbanden sie miteinander.

Welche Routen könnten sie dabei benutzt haben? Thor Heyerdahl hat dies erstmals ausführlich im Jahr 1962, auf dem 25. »Congreso Internacional de Americanistas« in Mexiko, dargelegt.

Am Anfang seiner Überlegungen stand dort die Frage, ob die Ozeane Reisewünsche eher gehemmt oder eher befördert haben. Und seine Antwort lautete: Beides trifft zu. Die Ausdehnung der Wasser löste erst Abwehr und Angst aus. Aber dann entdeckten die Menschen, dass die Ozeane gewissermaßen Fahrstraßen enthielten, die Reisen überhaupt erst ermöglichten und stärker nahe legten als Reisen zu Lande über Wüstenstriche, Einöden und Gebirge.

Denn die Ozeane enthalten Strömungen, die wie Fließbänder wirken, auf denen die Verkehrsmittel dahingleiten. Wer diese Strömungen nutzt, reist bei normalen Verhältnissen relativ mühelos, wer sie nicht kennt, kommt unter Umständen nie ans Ziel. Diese Grundtatsachen der modernen Hochseenavigation waren für ozeanische Fahrten auf primitiven Booten und Flößen ohne maschinellen Antrieb von entscheidender Bedeutung. Und daraus folgte für Thor Heyerdahl, dass Entfernung nicht gleich Entfernung ist. Auf diese simpel erscheinende, aber lange nicht hinreichend berücksichtigte Tatsache hat er nachdrücklich hingewiesen.

Angetrieben von dieser Ausgangshypothese und diesem Erkenntnisinteresse, wagte sich Thor Heyerdahl mit der »Kon-Tiki« auf den Pazifik, um die Besiedelung Polynesiens vom altamerikanischen Kontinent aus zu beweisen. Er fuhr mit der »Ra I« und der »Ra II« über den Atlantik bis zu den Bahamas, um die Fahrströme zu untersuchen, die vom nordafrikanischen Festland und den Kanarischen Inseln aus nach Westen führen. Er erkundete mit der »Tigris« die Fahrten von Altmesopotamiern zur geheimnisvollen Kultur der Indus-Völker und – abhängig vom Monsun – die Verbreitung der Induskultur in verschiedene Himmelsrichtungen.

Thor Heyerdahl erforschte auf den Malediven die uralte, bis dahin unbekannte Hochkultur der Redin oder Reidan, grub im nordperuanischen Pyramidenkomplex Tucumé Zeugnisse aus der Vor-Inka-Zeit aus und beschäftigte sich mit vorgeschichtlichen Flusskulturen auf dem asiatischen Kontinent. In seinen letzten Lebensjahren entdeckte er in Güimar auf Teneriffa Stufenpyramiden, die bis dahin als stufenförmig angelegte Terrassengärten aus zufällig gestapelten Steinen galten. Heyerdahl konnte, im Gegensatz zu den meisten seiner Kollegen, die Ähnlichkeit dieser Bauten mit sumerischen Zikkuraten aus Adobe-Ziegeln und altmexikanischen Stufenpyramiden nicht übersehen.

Vor allem aber beschäftigte er sich immer wieder mit jenem großen Rätsel, das 2000 Seemeilen westlich von Chile einsam im Ozean liegt. Die Osterinsel.

Dieses rätselhafte Eiland beherbergt den Schlüssel zum Verständnis früher Kulturen. Für Thor Heyerdahl blieb ihr Reiz immer in einer Summe bohrender Fragen bestehen. Ihre beunruhigenden Botschaften, deren Sprache wir noch nicht sprechen und verstehen, konnten bisher nur in Bruchstücken enträtselt werden. Es sind Rätsel in einer fremden Sprache. Eine Grammatik zum Verständnis dieser fremden Sprache hat uns der norwegische Forscher bereits gegeben.

Nach seinen bahnbrechenden Expeditionen, und auf seinen darauf folgenden, unzähligen Reisen rund um den Globus, kehrte er – gedanklich und körperlich – immer wieder auf die Osterinsel zurück.

Seit seinen Expeditionen kommt es uns vor, als sei die Erde kleiner und menschlicher geworden. Wir verstehen sie besser. Und auch die traditionelle Wissenschaft aller Fakultäten traut sich, starre Einsichten zu korrigieren, die sich als nicht haltbar erwiesen haben. Jeder Tag bringt neue Erkenntnisse. Wir bekommen den Eindruck, dass wir eigentlich noch gar nichts wissen.

Zehn Heyerdahls mehr, und wir hätten heute ein grundlegend anderes Bild von der Erde.

Die frühen Wanderbewegungen von Völkern und Ethnien, denen Thor Heyerdahl, der Begründer der experimentiellen Archäologie, buchstäblich auf der Spur war, bestärkten ihn in seinem humanen Standpunkt. Er erkannte, wie ganze Kontinente von Eroberern als quasi unbewohnt ausgegeben worden waren, um eine barbarische Inbesitznahme zu rechtfertigen. Kontinente, auf denen in Wahrheit viele Völker seit Jahrhunderten Hochkulturen aufgebaut hatten. Am Beispiel der Eroberung Mittel- und Südamerikas zeigte er, dass die vorspanischen, die vorkolumbischen Einwohner des Doppelkontinents eine kulturelle Identität besaßen, die das Vordringen der Spanier seit dem Ende des 15. Jahrhunderts als unmenschlichen Akt ausweisen.

Thor Heyerdahl legte den Finger auf viele Wunden der Wissenschaft und reiste von einem historischen »Tatort« zum nächsten – mehrfach rund um die Welt. Aber natürlich lagen die Thesen, die er verkündete, in bestimmten Bereichen bereits auf dem Tisch der akademischen Forschung. Seine Leistung war es, diese Thesen in ihrer praktischen Durchführbarkeit zu demonstrieren. Und doch ist der norwegische Forscher weit mehr gewesen, als der »Muskel der Theorie«, wie er einmal genannt wurde. Er ist nie ein Aktionist gewesen. Er verstand sich immer als Wissenschaftler.

Was er wollte und zu beweisen versuchte, war, den Zusammenhang von natürlichen Gegebenheiten, technischen Anstrengungen und Tun zu demonstrieren, der jeder Thesenbildung vorausgehen muss. Nur um das zu belegen, begab er sich ein ums andere Mal in Lebensgefahr. Er ist damit weit entfernt von so manchem Überlebensaktivisten von heute, der mit seinen Aktionen nur das Überleben seiner eigenen Seele und seines eigenen Körpers demonstrieren will – und dabei die Medien auf seiner Seite weiß.

Mit solchen Propheten des persönlichen Wahns, auch wenn sie medienwirksam auftreten, hat Thor Heyerdahl, der durchaus die Öffentlichkeit zu nutzen wusste, nichts gemein. Heyerdahl war beileibe kein Feind der modernen Massenmedien, aber er wusste doch immer die seriöse Forschungsarbeit von ihrer Vermarktung zu trennen.

Ganz selbstverständlich geriet Thor Heyerdahl bei seinen Expeditionen in das Fahrwasser eines wie immer verstandenen Fortschritts. Er war kein Politiker, machte aber Politik. Er ging aus von der alten Einsicht, dass die Politik sich immer um den Menschen kümmert, auch dann, wenn dieser von ihr nichts wissen will oder sich stolz abseits von ihr wähnt. So geriet er in den 70er Jahren mit seinem von den Sumpf-Arabern im Irak gebauten Binsenboot »Tigris« in die kriegerischen Auseinandersetzungen rund um das Rote Meer und steckte sein Schiff in Brand aus Protest »gegen den modernen Krieg und die Länder, die moderne Waffen liefern, um solche Kriege zu ermöglichen«. Der Forscher stand mitten in den ökologischen, technischen, kulturellen und politischen Kämpfen seiner Zeit – und damit an der Seite derer, die in früheren Jahrtausenden eine ähnliche Erfahrung gemacht haben – auch wenn unser heutiger Blick auf sie verengt ist und dies nicht erkennt.

Nach all seinen wissenschaftlich motivierten Abenteuern, die ihn rund um den Globus geführt hatten, widmete sich der Norweger auch den publizistischen Auswertungen. 1959 kaufte er für sich und seine Familie in dem mittelalterlichen norditalienischen Bergdorf

Laigueglia das Anwesen Colla Micheri, seinen Rückzugsort. Er bestimmte noch zu Lebzeiten, dass er nach seinem Tod dort seine letzte Ruhe finden wollte. So geschah es auch, nachdem er am 18. April 2002 mit 87 Jahren an einem Gehirntumor gestorben war. Zwischendurch lebte er an den persönlichen Stützpunkten seiner Entdeckungen, so auch in Nordperu und auf Teneriffa.

Sein Ruhm wird sein und auch bleiben, der Geschichte der menschlichen Migration Anleitungen und Fahrpläne, Verkehrsmittel und Orientierungen – und die Motive zur Verfügung gestellt zu haben. Damit hat er uns viel über unseren Globus gelehrt, der alle Voraussetzungen liefert, mit denen die menschliche Rasse in ihren Umtrieben verständlich wird. Uns ist klar geworden, dass die Geschichte der Technologien nicht erst mit der Eisenbahn, dem Flugboot, mit dem Düsenantrieb oder der modernen Raumfahrt beginnt, sondern mit dem Basteln eines Bootes aus Binsen oder Hanf und dem Studium von Sonne, Wind und Wellen.

Eine sanftere Technologie hat es nie gegeben. Ihre Erkenntnisse werden im 21. Jahrhundert wertvoller und entscheidender denn je sein.

Würde der technische Fortschritt sich mehr auf die Erkenntnisse von Wissenschaftlern wie Thor Heyerdahls stützen statt auf die Notwendigkeiten von Kommerz und Kriegsführung, dann könnte unsere Erdkugel heute gemächlicher dahinsegeln, statt im All zu schlingern. Unsere Natur wäre intakter und ebenso die menschliche Seele. So gesehen war Thor Heyerdahl der Ökologe unter den modernen Naturwissenschaftlern und in der Wissenschaft vom Menschen.

Kind des Nordens

ERSTE STATIONEN EINER LEBENSREISE

»Als ich fünfzehn Jahre alt war,
notierte mein Lehrer ins Klassenbuch:
Thor ist der ruhigste Junge in der Klasse.«

TH. H.

Auf alten Fotografien kann man den zweijährigen Thor Heyerdahl sehen, wie er dasteht, die Hände in die Taschen seiner kurzen Hose bohrt und optimistisch in die Zukunft grinst. Seine halblangen Haare sind weißblond, das pausbäckige Gesicht strahlt, er sieht belustigt aus. Was sieht er? Natürlich den Fotografen. Und was noch? Das Kleinkind wirkt so, als habe es Visionen, als sähe es das Meer, den Horizont, die Weite. Aber das sind natürlich Spekulationen, auch wenn er am Atlantik aufwuchs. Nein, vermutlich hat dieser Knabe mit dem Tatendrang in Gesicht und Haltung nur an seine Eltern gedacht, die im Hintergrund standen und warteten, bis der Fotograf fertig war.

Die Eltern waren Thor und Alison Heyerdahl. Sie eine mittelblonde, hübsche und stille Frau mit gütigen Augen und einem sensiblen Gesicht – und eine kämpferische Atheistin. Er ein schon beinahe kahlköpfiger Mann mit kräftigem Schnauzer, energisch, ein bisschen hochmütig, intelligent – ein praktizierender, puritanischer Christ. Sie wohnten im norwegischen Küstenort Larvik, einer verträumten Gemeinde mit weißen Häusern und Eisenbahnanschluss, die vom Walfang lebte. Hier kam Thor zur Welt und wuchs heran. Die Heyerdahls bewohnten ein typisch südnorwegisches Holzhaus mit einer Freitreppe, einer Veranda, wildem Wein über dem Eingang und einem fein gearbeiteten Oberlicht über der Tür.

Mit vier Jahren stand Thor auf den ersten eigenen Skiern – für einen norwegischen Jungen gerade das richtige Alter. Noch war er schüchtern, steckte den Finger in den Mund, wenn man ihn etwas fragte. Aber er lachte gern, er war ein fröhliches Kind, das in der Geborgenheit des Elternhauses und der Kleinstadt heranwuchs.

Thor lernte von beiden Elternteilen eine Menge. Die Mutter war der stärkere Charakter, eine früh selbständig gewordene Frau mit Interesse für Freud und Darwin, die man heute »emanzipiert« nennen würde. Aber der Vater – ihm gehörte die Brauerei von Larvik – gewann die Liebe des Sohnes durch Güte und die interessanten Dinge, von denen er Thor zu erzählen hatte. Von Norwegen, dem nach oben wie endlos geöffnet scheinenden Land mit seiner wilden Landschaft, dem rauen Klima und seinen großartigen, patenten Bewohnern. Von der Mittsommernacht. Von den Vorfahren vor Hunderten von Jahren, den Wikingern, die über die Ozeane gefahren waren. Von Walfängern und Jägern. Von Elchen, Wölfen, Bären.

Das war der Stoff, aus dem des kleinen Thor Träume waren.

Mit den Jahren aber wuchs zwischen den Eltern eine Disharmonie, die sie immer mehr voneinander entfremdete. Der Vater zog sich zurück, die Mutter blieb. Und da Thor das einzige Kind aus dieser Ehe war, muss er sich manchmal einsam gefühlt haben. Je älter er wurde, desto mehr war er auf sich allein gestellt. In der Erinnerung stellt seine Kindheit sich glücklich dar. In der Erinnerung gab es keinen Grund zur Beunruhigung.

Als Thor zur Schule ging, besaß er schon ein eigenes kleines Museum: Er sammelte kleine Tiere und spezifizierte sie. Muscheln, Schmetterlinge, Lemminge und sogar Fledermäuse waren die Objekte seiner ersten »wissenschaftlichen« Neugier. Und je mehr Objekte dazukamen, desto mehr ähnelte Thors Zimmer einem zoologischen Museum. Schließlich musste er die Sammlung in ein Nebenhaus der Brauerei verlagern, so sehr war sie gewachsen.

Thor war ein introvertierter Junge. Er spielte nicht die gewöhnlichen Spiele der anderen; hinter einem Fußball herzurennen fand er zu dumm. Aber er war alles andere als ein junger Rebell.

In den Sommerferien zog er mit dem Zelt los – hinaus in die Berge um Lillehammer. Dort, am Hoy Fjäll, einem rauen Hochplateau im norwegischen Zentralgebirge, verbrachte er die Tage fernab jeder Zivilisation. Ihn begleitete anfänglich oft die Mutter, später waren es Schulfreunde wie Edvard Barth und jugendliche Idole wie Ola Bjorneby. Vor allem Letzterer besaß durch seine einsiedlerische Lebensphilosophie und durch seine Art, sich zu geben, großen Einfluss auf Thor.

Thor hatte Bjorneby im Alter von dreizehn Jahren im Hoy Fjäll kennen gelernt. Er war der klassische Aussteiger und Überlebenskünstler, der nichts weiter besaß als ein paar Messer und einen Kochtopf. Er war einige Jahre älter als Thor und lebte während der warmen Jahreszeit in einem Einmannzelt in den Bergen – in völliger Einsamkeit. Er hatte sich für dieses Leben entschieden, nachdem seine Familie im Osten des Landes all ihr Hab und Gut in eine großstädtische Existenz investiert und verloren hatte.

Thor lernte von diesem jungen Mann, mit dem er in den folgenden Jahren viel Zeit verbrachte, wie man mit einfachsten Mitteln zurechtkommt, lernte Feuer machen, Spuren suchen, fischen und jagen und, mit einem Stein als Kopfkissen, in freier Natur zu übernachten. Kein Wunder, dass der am Darwinismus seiner Mutter geschulte Thor in seinem neuen Freund die praktische Umsetzung der Theorie sah – und diese schließlich übernahm.

Zurück in Larvik, konnte Thor seine Schulfreunde, deren natürliches Treiben ihm bisher fremd gewesen war, zu Exkursionen in die Berge anstiften. Er führte sie an, wenn sie zu allen Jahreszeiten aufbrachen, um in der strengen Natur das karge Leben von Nomaden zu führen, die sich im Überlebenskampf trainierten. Auf diese

Weise wurde Thor in den Jahren der Pubertät zu einer jugendlichen Leitfigur seines Städtchens.

In der Mittelschule lernte er einen Jungen namens Arnold Jacoby kennen, der dreißig Jahre später eine Biographie mit dem Titel »Señor Kon-Tiki« über ihn schreiben sollte. Die beiden bildeten ein sonderbares Paar. Thor, der Naturbursche, den es hinaus in die Einsamkeit zog, Arnold, der Intellektuelle mit Vorlieben für Musik und Poesie. Die Gegensätze zogen sich an, beide Jungen diskutierten nächtelang über Gott und die Welt. In seinem Buch über Heyerdahl berichtete Arnold Jacoby später aber auch sehr anschaulich, welche Gegensätze zwischen ihnen bestanden.

Heyerdahl hielt die Beschäftigung mit Fiktionen für einen armen Ersatz. Die wirklichen Erfahrungen lagen für ihn in der Realität. Und die Herausforderung lag im Überleben in der fremden und abweisenden Natur. Er glaubte schon in seiner Schulzeit, dass die moderne Menschheit nichts mehr lernen könne, wenn sie sich nicht stärker als bisher mit der Natur beschäftigte. Waren die Köpfe nicht voll mit Wissen aus zweiter Hand? Mit Wissen aus Büchern, Zeitschriften, den technischen Massenmedien? Und waren nicht bei all dieser modernen Überladung die Sinne des Menschen abgestumpft worden? Nur bei einfachen Menschen und Naturvölkern glaubte der junge Heyerdahl noch die Achtung und den Instinkt für die Schöpfung und ihre Wunder anzutreffen – ein Reflex seiner Lektüre von Jean-Jacques Rousseau und seiner Theorie vom »Noblen Wilden«. Thor hielt die Zivilisation für ein Haus voller Menschen, die niemals Zeit außerhalb dieses Hauses verbracht hatten. Sie hatten es nie von außen gesehen und wußten nicht, was ringsum geschah.

Manchmal zogen Thor und Arnold gemeinsam los, um »das Haus« von draußen zu sehen – ab in die Wildnis, auf Wanderungen zu Fuß oder auf Skiern. Manchmal wurde Thor auch von einem Kumpel namens Erik Hesselberg begleitet (er fuhr später auf der »Kon-Tiki« mit). Auf Fotos aus dem Thor-Heyerdahl-Museum in Oslo sehen wir sie beide im Iglu, lesend, rauchend, kochend in spärlicher winterlicher Beleuchtung. Der Iglu ist ausgestattet mit einem Thermometer, einem Wasserkessel, zwei Tassen, einem Ölbrenner, einer Petroleumlampe und einem kleinen Tischchen. Oder wir sehen sie bei sommerlichen Touren, beide mit Schiebermütze, in Hemd und Hose, mit aufgekrempelten Ärmeln, braun gebrannt. Nächtelang im Licht der Mittsommernacht diskutierend.

Doch oft war Thor auch allein unterwegs – oder es begleitete ihn nur sein treuer Husky mit Namen Kazan. Diese Solotouren bedeuteten das größte Abenteuer.

Die Sehnsucht, aufzubrechen in eine Natur, die noch unverdorben war, und in eine Zivilisation, deren Menschen gesund schienen, war schon im jungen Thor Heyerdahl groß gewesen. Dass er dabei gewiss nicht nur an die einsamen Wälder, Fjelle und Fjorde Skandinaviens dachte, das zeigt eine kleine Zeichnung, die er im Alter von acht Jahren angefertigt hat. Man sieht darauf eine paradiesische Insel im Ozean. Die Sonne steht hoch am Himmel, subtropische Gewächse blühen, ein kleines Boot wartet am Strand – und im Wasser ist ein Baumhaus auf einen kräftigen Pfahl gebaut. Es reckt sich der Sonne entgegen, und zu erreichen ist es nur über eine Strickleiter, die in diesem Moment hochgezogen ist. Die Fensterläden des kreisrunden Hauses mit einem Grasdach sind geschlossen. Darin schläft Thor den Schlaf desjenigen, der von einer besseren Welt träumt.

Dies war die Vorstellung des Achtjährigen vom Paradies. Und das, was wir auf diesem Bild sehen, ähnelt frappierend einer Szene aus der Welt Polynesiens, die Heyerdahl später kennen lernen sollte. Ohne es zu wissen, hatte er auf diesem Bild seine spätere zweite Heimat vorweggenommen. Aber hat er nicht später als junger Mann in Gesprächen mit Arnold Jacoby auch gesagt, dass die größten

Geheimnisse des modernen Lebens für ihn auf der pazifischen Osterinsel lägen?

Jetzt also, Thor ist inzwischen ungefähr siebzehn Jahre alt, ist sein Wunsch gefestigt, möglichst bald in jene Südsee-Regionen aufzubrechen, um seinen Wunschtraum wirklich vor Augen zu sehen.

Was interessierte den jungen Mann noch, außer Zoologie, Botanik und einem Leben in freier Natur? Natürlich das andere Geschlecht. Wie war es damit bestellt, jetzt, da er die schwierige Phase der Pubertät glücklich überstanden hatte? Er konnte sich ein »Zurück zur Natur« vorstellen – aber allein? Er wusste, die kleinste gesellschaftliche Zelle ist nicht das Individuum, sondern das Paar. Wäre es nicht wunderbar, eine gleich gesinnte Frau zu finden, die mit ihm seinen Weg ging? Wir schreiben die frühen 30er Jahre. Thor geht im Geist die Mädchen von Larvik durch, stellt fest, dass keine ihn wirklich interessiert. Und bevor er daran verzweifelt, taucht eine auf und reißt ihn aus seiner Melancholie. Sie heißt Liv Thorp.

Die beiden lernten einander im Jahr 1933 auf einem abschließenden Fest nach den letzten Schultagen kennen. Liv tauchte buchstäblich aus dem Nichts auf, niemals vorher war sie in Larvik gewesen. Sie war ein schlankes, hoch gewachsenes junges Mädchen mit dunkelblondem, wildem Haar, blauen Augen, Sommersprossen und einem Lächeln, wie es nur schöne junge Norwegerinnen in der Mittsommernacht hervorzubringen scheinen.

Liv kam aus bürgerlichen Verhältnissen; sie lebte in einer benachbarten Stadt, und ein Freund hatte sie zu der Party eingeladen. Es muss Liebe auf den ersten Blick gewesen sein. Denn keine Stunde später gingen die beiden draußen am Wasser spazieren, und Thor fragte sie, ob sie sich vorstellen könne, mit ihm ein Leben draußen in der Natur zu führen. Auf seine Kühnheit, zu der die helle Mondnacht am Fjord beigetragen haben mochte, reagierte Liv, wie es für sie typisch war, mit einer direkten Antwort: »Mit dir, überall.«

Thor Heyerdahl erzählte im Rückblick einmal lachend, dass dies ausgereicht hätte, einen Bund zu gründen, und dass dieser nicht einmal durch einen Kuss besiegelt wurde. Die beiden verstanden sich auf typisch norwegische Art, fast ohne Worte und ohne Sentimentalität.

Vorerst zog Thor jedoch nicht in die Wildnis, sondern nur nach Oslo. Seine Mutter nahm ihn im Herbst des Jahres 1933 dorthin mit, Thor war neunzehn Jahre alt und bereitete sich auf ein Zoologiestudium an der Osloer Universität vor. Und er verbrachte nun viel Zeit mit Bjarne Kroepelien, einem Freund seiner Mutter, der seine schwärmerische Liebe zur Südsee teilte. Kroepelien verhielt sich ihm gegenüber beinahe wie ein Ziehvater, und Thor genoss es, in der umfangreichen Privatbibliothek des Freundes zu sitzen und zu lesen.

Gezwungenermaßen sahen Thor und Liv einander nicht häufig. Aber ein Jahr nachdem Thor und seine Mutter nach Oslo gezogen waren, kam sie, um ebenfalls in Oslo zu studieren. Und jetzt durften sie beide erleben, wie sich sowohl ihre Beziehung als auch ihre Ideen bezüglich eines »Zurück zur Natur« innerhalb des vergangenen Jahres gefestigt hatten.

Das Paar probte in Sommertagen das Leben in der Natur, zog in die Wälder von Hornsjo und lebte dort tagelang das Leben von Einsiedlern. Es mag nachts am Lagerfeuer gewesen sein, dass sich in langen Gesprächen Thors Idee herausschälte, ein Eiland im Pazifik zu finden, auf dem sie gemeinsam Fauna und Flora studieren könnten. Für Thor wäre das ein Projekt im Rahmen seines Zoologiestudiums gewesen, für Liv ein Projekt innerhalb des Zusammenlebens mit Thor. Konnten solche romantischen und auch kühnen Träume aus zweierlei Perspektive Wirklichkeit werden?

Thors getrennt lebende Eltern waren auf den Plan ihres Sohnes vorbereitet. Livs Eltern jedoch, ein konventionelles bürgerliches

Ehepaar, fielen aus allen Wolken, als ihre Tochter ihnen eines Tages mitteilte, sie wolle einen Mann heiraten, von dem sie noch nie etwas gehört hatten. Ja, nicht nur das, Liv teilte ihnen mit, dass sie ihr Studium abbrechen werde, um künftig mit ihm das Leben ohne Komfort in der Wildnis zu führen.

Zu Weihnachten des Jahres 1936 heirateten die beiden. Liv war zwanzig, Thor zweiundzwanzig. Fotos aus dieser Zeit zeigen sie als harmonisches, glückliches Paar. Einen Tag nach der Hochzeitsfeier verließen sie die Zivilisation und fuhren in die Südsee.

MR. UND MRS. HIMMELBLAU: DIE FATU-HIVA-EXPEDITION

Von all den tausend Inseln und Atollen in der Südsee hatte Thor sich ein Eiland namens Fatu Hiva ausgesucht. Es war vulkanischen Ursprungs und besaß einen reichen Bestand an seltenen Pflanzen und Tieren. In diesem einsamen Inselparadies wollte er seinen Weg zurück zur Natur finden – zu den einfachen Dingen und dem eigentlichen Sinn des Lebens. Und war es nicht ein beinahe unfassbares Glück, dass er tatsächlich eine junge, schöne Frau gefunden hatte, die seine Sehnsucht teilte?

Thor und Liv hatten, auf der Suche nach einem unberührten Fleck, tausendmal die Karten der Südsee studiert, bis ihr Blick auf Fatu Hiva gefallen war. Es war eine jungfräuliche Insel in der Gruppe der Marquesas, vergessen von der übrigen Welt. Aber sie bot Trinkwasser und Nahrung – Fische, Wild, Früchte. Welche Menschen würden sie dort antreffen?

Die dreizehn Marquesas liegen im Zentralpazifischen Becken, etwa auf halber Strecke zwischen Südamerika und Australien, südlich des Äquators. Thor und Liv vertieften sich in die Literatur, die über diese Inseln existierte, und fanden neben einigen anderen Inseln, die ebenfalls in Frage gekommen wären, Fatu Hiva. Wie die meisten anderen Inseln auch, war Fatu Hiva bewohnt. Und es schien einer der üppigsten Orte in der gesamten Südsee zu sein.

Fatu Hiva schien der reale Garten Eden. Mit einer grünen, von hohen Bergen gesäumten Küstenlinie, weißem Sand, klarem Wasser. Zumindest für ein Jahr wollten die Heyerdahls hier als Adam und Eva vor dem Sündenfall leben.

Aber erst einmal galt es, die Anreise zu bewältigen. Das Ehepaar schiffte sich in Marseille ein und landete sechs Wochen später auf Tahiti. Sie verbrachten einige Tage in der Hauptstadt Papeete und nahmen dann einen Bus nach Osten, um einen Mann zu treffen, von dem Thors väterlicher Freund Kroepelien erzählt hatte. Dieser kannte den Häuptling Teriieroo aus früherer Zeit. Und nachdem die Heyerdahls bei diesem hohen tahitianischen Chief eingetroffen waren, wurden sie von ihm und seiner Familie sofort ins Herz geschlossen. Teriieroo nannte sie: Mr. und Mrs. Himmelblau.

Der Häuptling organisierte für die beiden einen Schoner, mit dem sie die rund tausend Seemeilen nach den Marquesas zurücklegen konnten. Aber zuvor unterwies er sie noch in polynesischem Lebensstil. Er nahm Thor zum Fischen und Jagen mit, und seine Gattin Faufau zeigte ihnen, wie man Wurzeln und Früchte schmackhaft zubereitet. In diesem zweiwöchigen Schnellkurs lernten die Heyerdahls mehr als in zwei Jahren Vorbereitungszeit in Norwegen.

Am Abend vor ihrer Abfahrt nach Fatu Hiva adoptierte der Häuptling Thor und Liv – jetzt hatte er nicht mehr 29 Kinder, sondern 31. Am nächsten Tag ging die Reise los.

Was muss dies für ein Augenblick gewesen sein! Vielleicht war er vergleichbar mit dem Moment, in dem Kolumbus von Palos de la Fronterra aus nach »Indien« aufbrach. Eine Reise ins Ungewisse auf jeden Fall. Und der vorläufige Endpunkt eines Lebenstraums.

Der Schoner »Tereora« nahm unter seinem Kapitän Brander, der zwischen den Südseeinseln hin und her fuhr, Kurs nach Nordosten. Er passierte die wie Tahiti unter französischer Verwaltung stehenden nördlichen Gesellschaftsinseln, dann das Gewirr des Tuamotu-Archipels, das Takapoto- und das Takaroa-Atoll und lief schließlich, nach einer knapp dreiwöchigen Fahrt, die ebenfalls französischen Marquesas an.

Und dann tauchte ihre Insel auf – steil aus dem blauen Wasser aufragend, mit braunen Felsen und grünen Wäldern, unter einem strahlend blauen Himmel, den weiße Wölkchen zierten. Fatu Hiva – was würde das gottverlassene Eiland ihnen bringen? Würden sie es wirklich schaffen, in der Wildnis zu überleben? Wie beide hinterher bekannten, fühlten sie nicht nur den Triumph des Augenblicks, sondern auch eine tief sitzende Angst.

Man suchte einen Landeplatz und fand einen, der Omoa hieß. Die Heyerdahls wurden mit einem Ruderboot ausgesetzt, und der Schoner stach wieder in See. Er wurde kleiner und kleiner, bald sahen sie nur noch seine beiden Masten, und schließlich verschwand er am Horizont. Die Heyerdahls waren auf Fatu Hiva – ohne Lebensmittel, ohne Waffen, mit nur dem Allernotwendigsten ausgestattet, um in ihrem wilden Paradies zu überleben.

Thor Heyerdahl beschrieb diesen Moment in seinem Tagebuch: »Da waren wir also am Strand mit all unserem Gepäck. Komischerweise befanden sich in den beiden Koffern noch Livs Hochzeitskleid und mein Abendanzug sowie all die üblichen Dinge, die wir gebraucht hatten auf unserer Erste-Klasse-Flitterwochenreise von Norwegen bis hierher. All das konnten wir nun nicht mehr gebrauchen.

Die Sonne und der Gesang der tropischen Vögel ringsum wärmten uns. Der Sandstrand in der Bucht war gesäumt von duftenden Blumen. Uns beide überwältigte das Gefühl von Abenteuer und

Glück. Dann bemerkten wir Menschen, die uns von den Bäumen aus beobachteten. Niemand bewegte sich, und niemand begrüßte uns. Der Gesichtsausdruck der meisten war hart, ja grausam. Aber die jungen Frauen und die meisten Kinder sahen sehr schön aus.

Eine alte Frau kam auf uns zu. Sie ging schnurstracks auf Liv zu, streckte ihre Hände nach Liv aus und stieß ihr einen Finger in die Wange. Liv verschlug es vor Schreck die Sprache. Es war, als wolle sie sehen, ob Livs helle Haut echt war. Anscheinend hielt sie sie für ein Mädchen von Tahiti, das sich umgezogen und weißgewaschen hatte. Weiße, wenn auch wie ich braun gebrannte Männer hatten die Einwohner schon gesehen, aber nie eine weiße Frau. Weiße Männer für die braunen Mädchen hier waren schon oft gelandet, aber niemals war eine weiße Frau zu den braunen Männern gekommen.«

Die erste Nacht verbrachte das junge Ehepaar in einer Holzhütte; sie gehörte einem Europäer, dessen Vater Paul Gauguin gekannt hatte, als dieser auf den Marquesas lebte. Sie schliefen nicht gut. Am nächsten Morgen bei Sonnenaufgang brachen sie von der kleinen Ansiedlung aus auf, um das Tal von Omoa zu erkunden. Wieder wurden sie begleitet vom allgegenwärtigen Gesang der vielfarbigen tropischen Vögel. In der warmen Luft lag das süße, schwere Dschungelaroma, und sie fühlten sich erneut, als wären sie in einen luxuriös ausgestatteten Garten Eden zurückgekehrt, den sie irgendwann einmal verlassen hatten.

Die Natur war üppig und wundervoll, überall standen Kokospalmen, doch schon nach wenigen hundert Metern schloß sich die Vegetation knapp oberhalb ihrer Köpfe, so dass sie nicht weiterkamen. Was sie sofort sahen, war: Nahrung gab es hier in Überfülle. Sie hatten nichts anderes zu tun, als all die Früchte von den nahen Bäumen abzuschneiden. Und mit all den Tieren, die durchs Unterholz sprangen, krochen, hüpften, flogen, würden sie ihren Mittagstisch ebenfalls bereichern können.

Die beiden kehrten zu dem kleinen Dorf der Einheimischen zurück, wo sie freundlicher als bei der ersten Begegnung begrüßt wurden. Und sie begannen, die nächsten Ausflüge gewissenhafter vorzubereiten.

Auffällig war, dass viele der Einheimischen offenbar an einer Krankheit litten, die man als Elephantitis oder Elefantiasis kennt. Ihre Arme und Beine hatten beinahe den Umfang des Rumpfes. Diese Krankheit war irgendwann vom weißen Mann eingeschleppt worden. Und schon hatte das Paradies seinen ersten dunklen Fleck bekommen.

Die Heyerdahls packten die lange, messerscharfe Machete aus, die Teriieroo ihnen geschenkt hatte, und brachen ins Inland auf. Dabei waren die vulkanischen Berge zu überwinden, und schon bald befanden sie sich in einer kompletten Wildnis tropischer Wälder. Schließlich kamen sie zu einem Hochplateau, wo nach Bekunden der Einheimischen vor langer Zeit der letzte König der Insel gelebt hatte. Das Plateau war bestanden von Kokospalmen, und ein rauschender kleiner Fluss, der seine Wasser über terrassenförmige Felsen ins Tal schickte, befand sich daneben. Es schien ein idealer Platz zu sein, um ein kleines Haus zu bauen.

Fatu Hiva, die südlichste der Marquesasinseln, war ungefähr 10 Kilometer breit und 25 Kilometer lang und besaß drei kleine Ansiedlungen – Hanavare im Nordwesten, Ouia im Osten und Omoa im Südwesten. Das Klima ist subtropisch, heiß und feucht, aber die vielen Wasser der Insel machen das Leben angenehm. Und auf ihrem Hochplateau fächelte eine stetige leichte Brise.

Die zweite Nacht auf dieser Insel verbrachte das Ehepaar im Freien. Und diesmal schliefen sie besser – unter einem klaren, weiten Himmel. Und es störten sie auch nicht die vielen unbekannten und befremdlichen Geräusche des Dschungels: das Knurren einer Wildkatze, das Grunzen eines Wildschweins, das Knarren eines unbekannten Tiers, das wie eine rostige Tür klang, ein Stöhnen, ein Auflachen, ein Zirpen. Sie fühlten sich wie Kinder der Natur, von den anderen nur unterschieden durch ihre europäischen Kleider.

Nachdem am nächsten Morgen die Sonne über dem Tauaouoho-Gebirge aufgegangen war, stärkten sie sich mit der Milch von Kokosnüssen, aßen Bananen und Ananas, wuschen sich im kristallklaren Wasser des Flusses und beschlossen, genau an dieser Stelle ein kleines Haus aus Palmblättern zu bauen. Ein Haus, das sie vor den Bestien des Dschungels, die sie in der Nacht schon vorsichtig beschnuppert hatten, schützen würde.

Drei Tage lang arbeiteten sie mit der Machete. Sie hieben sich einen Ausblick über das ganze Tal und die Berge dahinter frei. Dann konstruierten sie einen Plan für das Haus. Als sie damit fertig waren, brachten ihnen die Einheimischen aus Omoa ihre Koffer. Sie lachten, als sie sahen, welche Art von Hütte die Heyerdahls sich ausgedacht hatten. Wenn der Regen kam, würde diese niemals stehen bleiben! Besser wäre es, so argumentierten sie, sie würden das Haus selbst bauen, gegen ein Entgelt von 17,50 Franc pro Tag. Freudig stimmten die Heyerdahls zu. Am nächsten Morgen kamen sechs einheimische Polynesier, und die Arbeit begann.

Thor Heyerdahl zeichnete einen Plan, wie er sich das Anwesen vorstellte, und die Einheimischen ergänzten seine Ideen in unverständlicher Sprache, aber mit eindeutigen Gesten. Und so ging das Werk voran. Die Polynesier bauten ein Haus aus Bambus, die Heyerdahls den quadratischen Garten drumherum. Begrenzt von einem kleinen Steinwall, umstanden von Palmen, Brotfruchtbäumen, Apfelsinenbäumen und Bananenstauden, in der Mitte das Haus mit drei Fenstern und dem Palmwedeldach und daneben eine freistehende Küche auf Steinfundamenten.

Die Arbeit dauerte einige Tage und wurde immer wieder unterbrochen durch Einheimische, die kamen und Hühner und Fische brachten, und von langen Siestas, die bei der Hitze nötig waren. Als das Anwesen schließlich fertig war, blickten die Heyerdahls stolz und glücklich um sich. Ihre polynesischen Baumeister hatten sie verlassen. Sie waren wieder allein, Flitterwöchner im Paradies. Jetzt konnte ihr Aussteigerleben auf ihrer Dschungelterrasse beginnen.

Thor Heyerdahl erinnert sich an den folgenden Morgen: »Der Tag begann, als ein außerordentlicher, papageienfarbener Kuckuck den schlafenden Dschungel weckte mit Trompetenstößen. Gleich darauf fielen alle anderen Vögel des Dschungels in einen Chor der Freude ein ... Als das Konzert abbrach, waren wir längst aus dem Bett und unten beim kühlen Wasser. Dabei überraschten wir eine wunderschöne Wildkatze, die gar nicht erbaut darüber war, den Wasserfall mit uns zu teilen. Wir blickten um uns wie Kinder inmitten von Wundern. Die Wassertropfen auf unseren Körpern glänzten wie Diamanten in der Morgensonne, der Fluss tanzte nach seiner eigenen Melodie, lilafarbene Hibiskus-Blumen fielen von den Bäumen herab auf uns ...«

Durch das Blätterdach der Palmen fielen die Strahlen der Sonne auf den Bach mit den Stromschnellen und die Hochebene. Hinter dem Haus bot sich inzwischen ein freier Blick auf das Tal und die jenseitigen, grünen Berge. Die Heyerdahls fühlten, dass ihre Verbindung mit diesem Garten Eden bereits begonnen hatte, dass sie zu dessen Bestandteil geworden waren. Sie fühlten sich als Teil dieses Dschungels und des Universums gleichermaßen. Sie legten ihre europäische Kleidung ab und bekamen das Gefühl eines Reichtums, wie sie ihn niemals zuvor besessen hatten.

Dies mag das Gefühl eines jeden Aussteigers sein, der die materialistische Zivilisation hinter sich gelassen hat und in seinem ganz persönlichen Paradies angekommen ist. Bei den Heyerdahls kam hinzu, dass sie dieses Erlebnis miteinander teilten. Alles, was sie im folgenden Jahr auf der Insel taten, war gemeinsame Arbeit und bestand aus täglichen kleinen Wundern. Sie hatten das Gefühl, in Harmonie miteinander zu leben.

Die Tage waren zunächst natürlich angefüllt mit der Suche nach Nahrung. Vor allem Kokosnüsse und Bananen waren sozusagen frei Haus. Bei der Suche nach anderen Früchten fiel ihnen auf, dass von früheren Bewohnern der Insel ganze Wälder angelegt worden sein mussten. Eine spezielle Art von Bananen, die nur auf den roten Bergkuppen wuchsen, wurden ihr täglich Brot. Man konnte die Früchte am offenen Feuer rösten und diverse Saucen dazu essen. Die Kokosnüsse gaben Öl zum Braten und auch zum Einreiben gegen Moskitos und gegen Sonnenbrand. Wilde Kartoffeln und die Frucht des Brotbaumes vervollständigten den vegetarischen Speiseplan. Und überall zu greifen war der vielfältige Nachtisch: Papayas, Mangos, Orangen, Limonen und kleine, würzige Tomaten.

Thor Heyerdahl suchte die Wälder und Bergschluchten des Tauaouoho-Gebirges nach Tieren und Insekten für seine zoologischen Forschungen ab. Er durchstreifte tagelang die Insel – ohne Waffen. Das war ein nicht ungefährliches Unterfangen, denn es gab durchaus bedrohlich aussehende wilde Katzen auf Fatu Hiva. Und welche Tiere erst in den undurchdringlichen Regenwäldern lebten, das wusste er nicht; er hörte sie manchmal, bekam sie aber nicht zu Gesicht.

Eines Tages fiel ihm auf, dass der Wind, der über die Insel strich, sowohl immer die gleiche Stärke besaß als auch stets aus der gleichen Richtung kam, nämlich aus Osten. Das war eine Beobachtung, die für seine Forschungen noch zentrale Bedeutung bekommen sollte.

Jeder Tag brachte neue Entdeckungen. Da eröffneten sich plötzlich unter dem Dschungelgrün Steinterrassen und Plattformen, uralte Gebeine und Totenschädel in Höhlen und in Felsspalten. Und eines Tages entdeckte er einen bearbeiteten Giganten aus Stein. All diese Geister aus der Vergangenheit beflügelten seine Imagination auf eine Weise und in eine Richtung, die er vorher nicht geahnt hatte.

Die zoologische Forschung trat immer mehr in den Hintergrund. Thor Heyerdahl begann sich zu fragen, wie die polynesischen Ureinwohner den Weg zu dieser Insel gefunden hatten, lange vor der Zeit von Marco Polo, Christoph Kolumbus oder Captain Cook. Diese Fragestellungen gaben ihm das Gefühl, mit jedem Tag den Geheimnissen dieser Insel näher zu kommen – näher als durch das Sammeln von Insekten. Eines Tages, das wusste er, würde er wirklich auf Fatu Hiva angekommen sein. Vielleicht würde dies der Tag sein, an dem er wieder abreisen musste.

Thor Heyerdahl hatte inzwischen einen dichten Vollbart und langes Haar. Er sah sich selbst wie eine Art von Robinson Crusoe, gestrandet auf einem Eiland, mit dem Bemühen, durch Ausnutzung der natürlichen Ressourcen zu überleben. Liv, seine Frau, war dabei sein Gefährte Freitag.

Die Wochen vergingen. Je länger sie auf dem Eiland lebten, desto weniger fremd kam es ihnen in all seiner Wildheit vor. Thor Heyerdahl fragte sich, ob es nicht dies Leben sei, das er auch in Zukunft führen wollte. Er und Liv tauschten sich darüber aus, denn auch sie fühlte die Echtheit des Daseins auf Fatu Hiva. Als ein früher »Grüner«, der die Bedrohung der Natur durch die hochgerüstete Zivilisation schon damals fühlte und dachte, beschäftigte er sich immer stärker mit Fragen der Ökologie. Heyerdahl notierte in seinem bunt ausgestatteten »Tagebuch aus der Bambushütte in Omoa – Fatu Hiva«: »Der zivilisierte Mensch hat den Krieg gegen seine eigene Umgebung erklärt, und dieser Kampf wird auf allen Kontinenten geführt. Im Kampf gegen die Natur kann der Mensch zwar jeden gewinnen – nur den letzten nicht. Wenn er diesen gewönne, dann wäre er so wie ein Embryo, das sich die Nabelschnur abschneidet.«

Als eine Art gewohnheitsmäßiger Großstadtbewohner war der moderne Mensch daran gewöhnt, die Natur aus zweiter Hand zu erfahren, ihr aber wie aus erster Hand entgegenzutreten. Hier, im Dschungel von Polynesien, machten die Heyerdahls die ungeheure Erfahrung, ein direkter Teil der Wildnis zu sein, und erlebten, wie funktional und kooperativ die Natur war, indem die Einzelteile sich zum lückenlosen Ganzen zusammenschlossen. Auch der Mensch wurde ein homogener Teil, dessen Herz schlug, der atmen, essen und trinken konnte, der überleben konnte – wenn er sich des Angebotes der Natur nach deren Vorgaben bediente. Die Natur schien positiv geladen zu sein. Aber wer sie missachtete, der erlebte ihre Kehrseite.

Eines Tages nahm ein Einheimischer sie auf einen anstrengenden Trip durch den Regenwald mit. Und er zeigte ihnen eine so genannte Petroglypte, eine Steinfigur in Form eines Fisches, größer als eine Männergestalt. Beim näheren Hinsehen entdeckten sie im Unterholz noch andere Steingestalten, die Masken trugen. Und ihr Führer wisperte ehrfürchtig: »Tiki. Menui tiki!« Götter. Viele Götter. Diese Gestalten erinnerten Thor Heyerdahl sofort an die Vor-Inka-Kultur in Peru, nicht aber an Polynesien, nicht an Malaysia, Indonesien oder Asien.

Manche der Maskensymbole hatten nur Augen und Münder, andere Arme und Beine. Neben diesen Masken befanden sich eingeritzte Zeichnungen. Thor Heyerdahl traute seinen Augen nicht: Er sah Schiffe mit zwei Masten und vorn hochgezogenem Bug. Sie sahen aus wie alte Boote aus Ägypten oder Peru, nicht wie polynesische Kanus mit Segeln.

In der Nacht nach diesem Fund schlief er nicht. Wer hatte in den Höhlen gelebt und diese Zeichnungen angefertigt? Wer hatte die Steinmasken gehauen? Er wusste, dass die einhellige Meinung der Forscher die war, Polynesien sei in früher Zeit aus Asien besiedelt worden. Konnte dies bei dem zu beobachtenden stetigen Wind aus Osten, also vom südamerikanischen Festland her, überhaupt möglich gewesen sein? An diesem Punkt schlug Heyerdahls Interesse endgültig um. Er vergaß die Insekten für seine zoologische Sammlung. Sein Denken wandte sich von der Zoologie ab und zur Anthropologie hin.

Einmal geschärft in seiner Aufmerksamkeit für eine neue Problemstellung, nahm er mit jedem Tag neue Gedankenpartikel in sein Bewusstsein auf. Sein Denken schlug eine neue Richtung ein. Und die Geschehnisse der nächsten Zeit auf der Insel bestärkten ihn darin.

Eines Tages tauchte ein Einheimischer auf und berichtete, die »Seuche«, die einst mit einem Schoner auf die Insel gekommen sei, sei zurückgekehrt. Die meisten Bewohner des Eilandes seien bereits infiziert. Er meinte die Elephantitis, deren Auswüchse die Heyerdahls schon während der ersten Tage ihres Aufenthalts bei den Inselbewohnern gesehen hatten. Als sie dem Mann ins Dorf folgten, erschraken sie über den Zustand der Leute, einige waren tot, andere lagen regungslos darnieder. Hilfe war nicht möglich, einen Arzt gab es nicht. Die hygienischen Bedingungen im Dorf verschlimmerten die Situation. Und Thor Heyerdahl fragte sich, ob seine Vorstellung vom Ausstieg aus der so genannten Zivilisation hinein ins Paradies nicht purer Idealismus war.

Das Ehepaar fühlte sich auf seiner »königlichen« Terrasse in der Wildnis der Berge vorerst in Sicherheit vor der Seuche – aber konnte dies so bleiben? »Medizin ist Zivilisation«, sagte Liv eines Tages lakonisch. Damit äußerte sie einen Gedanken, den Thor bei seiner Frau noch nicht gehört hatte. Aber stimmte der Satz nicht wirklich? Zumindest war Medizin eine der Segnungen der Zivilisation, die hier fehlte. Oder war der Grund für die Krankheiten dieser Insel ein tieferer? Hatten die Menschen und ihre Zivilisation nicht schon längst die Selbstheilkräfte der Natur zerstört, hatten sie nicht das fundamentale Gesetz des natürlichen Seins verletzt, das da vorschreibt: ein Gleichgewicht zu halten zwischen den Arten? Wenn diese Überlegung stimmte, dann war sie zustande gekommen im gedanken- und respektlosen Austausch zwischen unterschiedlichen Kulturen.

Auf Fatu Hiva begann die Regenzeit und verwandelte den Untergrund in ein Meer aus Schlamm. Die Moskitos wurden endgültig zur Plage. Vor allem Liv litt darunter; am ganzen Körper, vor allem aber an den Beinen hatte sie nässende Beulen von den Stichen der Plagegeister.

Schließlich wurde ihnen klar, dass sie die Insel verlassen mussten, um medizinische Hilfe zu beanspruchen.

Die nächste Insel des Archipels, Hivaoa, war sechzig Meilen entfernt. Und der nächste Kopra-Schoner wurde erst in etlichen Wochen erwartet – dann konnte es zu spät sein. Thor Heyerdahl beschloss, ein altes Holzkanu der Einheimischen flottzumachen und die Reise über die stürmische See nach Hivaoa zu wagen. Ein Entschluss, der wiederum eine Markierung in seinem neuen Denken bewirkte.

Ein paar Einheimische halfen ihm und Liv. Und sie erreichten die größere und komfortablere Nachbarinsel. Sie suchten einen Mann auf, der in Tahiti Medizin studiert hatte. Und er half ihnen.

Durch diesen medizinisch gebildeten Einheimischen lernten sie einen Norweger kennen, der seit dreißig Jahren auf der Insel lebte. Sie freundeten sich mit ihm an, und er zeigte den Heyerdahls ein paar Dinge, die sie brennend interessierten. Im Puamau-Tal sahen sie weitere Giganten aus Stein in der Wildnis, Gestalten, die ihnen aus runden Augen entgegenstarrten, mit grotesk verzogenen Mündern und grimassierenden Maskengesichtern. Die Giganten bildeten einen derart ungewöhnlichen kulturellen Kontrast zu allem, was sonst auf diesen polynesischen Inseln zu sehen, hören, fühlen und bedenken war, dass Heyerdahl sich spontan erneut die Frage stellen musste, die fortan sein Leben bewegte: Wer, welche Kultur errichtete einst diese viele Tonnen schweren Kolosse aus rotem Stein? Denn dass dies keine polynesische Arbeit war, sahen er und Liv sofort. Und das Sonderbarste war: Den roten Stein, aus dem die Giganten waren, gab es auf diesen Inseln nicht.

Bei der Untersuchung des Umkreises bemerkten sie weitere Statuen, die umgestürzt im Unterholz lagen. Manche hatten zerbrochene Arme oder Köpfe, offensichtlich durch Einwirkung äußerer Gewalt. Weiterhin lagen abgeschlagene Köpfe ohne den dazugehörenden Körper in einer Art von Grab. Und sie entdeckten Mauern und Terrassen, die sie an jene auf Fatu Hiva erinnerten. War dies eine uralte Tempelanlage einer unbekannten Kultur? Es musste so sein. Die polynesischen Inseln mussten eine Kultur gekannt haben, die hier existierte, lange bevor die polynesischen Fischer eintrafen.

In der Bibliothek des Norwegers aus Hivaoa lernte Heyerdahl zum erstenmal Schriften und Legenden polynesischen Ursprungs kennen, in denen von einem Volk die Rede war, das rote Haare und Bärte besessen hatte, einen Sonnengott anbetete und vor den Polynesiern die Inseln bewohnte. Als Captain Cook im Jahr 1768 auf seinem Schiff »Endeavour« hier landete, waren er und seine Mannschaft begrüßt worden, als seien sie Angehörige dieses hochstehenden, in den Überlieferungen als gottgleich verehrten Volkes und seien nun zurückgekehrt. Wer waren diese geheimnisvollen Leute gewesen?

Es fiel Heyerdahl ein, dass die spanischen Eroberer des südamerikanischen Festlandes ähnliche Statuen aus der Vor-Inka-Zeit gesehen hatten – halb vom Urwald überwuchert, manche umgestürzt, manche auf Steinsockeln. Die Spur dieser Statuen hatte eine Linie gezogen von den nördlichen Anden bis zur Südspitze des Titicacasees. Und die Bewohner dort, in der Gegend von Tiahuanaco, die Aymara-Indianer, hatten den Spaniern erzählt, dass die rotblonden, bärtigen Männer des rätselhaften Volkes eines Tages auf Balsa-Floßbooten in Richtung der untergehenden Sonne auf dem Pazifischen Ozean davongefahren waren.

Der Zusammenhang mit dem, was Heyerdahl auf Fatu Hiva und Hivaoa gesehen und gehört hatte, war zu offensichtlich, um übersehen zu werden.

Als die Heyerdahls nach Fatu Hiva zurückkehrten, mussten sie erleben, dass ihr Haus in den wenigen Wochen der Abwesenheit unter wucherndem Urwald begraben worden war. Sie beschlossen umzuziehen. Man lud die Habe auf einige Maultiere und zog unter Führung eines Einheimischen über die Berge auf die andere Inselseite. Es war eine lange und gefährliche Wanderung, die getrübt wurde durch den Anblick der grotesk geschwollenen Fesseln ihres Führers – auch ihn hatte die Elephantitis bereits befallen.

Die Tatsache, dass auch sie gefährdet waren, trieb sie zur Eile an. Sie erreichten die andere Inselseite und bauten sich im Angesicht des Ozeans ein neues Haus. Es lag an der Ostküste der Insel, im Ouia-Tal, weit weg von den Moskitos und den Seuchen der Westküste.

Das neue Haus bestand aus dem gleichen Material wie das alte: Bambus und Palmholz, mit einem Dach aus Palmwedeln. Es besaß ein Obergeschoss, das über eine Leiter zu erreichen war, darunter lag die offene Küche. Die Heyerdahls legten sich eine Ziege zu, die ihnen Milch spendete. Ein weiteres, wichtiges Moment der neuen Behausung war der frische Wind vom Meer, der über die Bucht wehte, er trieb die Moskitos und die schwülfeuchte, modrige Luft wie mit einem großen Besen fort. Wenn sie hier am Morgen aufwachten und das goldene Licht der Sonne im Ozean tanzen sahen, gewannen sie das inzwischen beinahe verlorene Gefühl dafür zurück, dass Fatu Hiva doch ein Paradies war.

Die einzigen Bewohner der Ostküste schienen ein alter, bis auf den Lendenschurz nackter Mann und ein junges Mächen im blauweißen Tuchkleid zu sein. Der Mann hieß Tei-Tetua, das Mädchen, wie sich herausstellte seine Adoptivtocher, Tahia-Momo. Die beiden schienen hocherfreut über die Ankömmlinge und brieten am Abend am offenen Feuer einen Hund für sie.

Mit der Zeit lernten die Heyerdahls den alten Mann und seine Adoptivtochter gut kennen. Der Mann war ebenfalls von der verseuchten Westküste gekommen, wo er mit zwölf Frauen gelebt hatte. Er behauptete, der Häuptling eines Kannibalenstammes gewesen zu sein und als Letzter der hiesigen Insulaner Menschenfleisch gegessen zu haben. Nun war der Exkannibale ein netter alter Mann voller Erinnerungen geworden, der Hunde aß. Und die Heyerdahls sollten von ihm eine Menge Dinge erfahren, die ihren weiteren Weg entscheidend prägten.

Der alte Häuptling hatte wahrhaftig viel zu erzählen. Und sie besaßen alle Zeit der Welt. Abends saßen sie am Feuer zusammen, über ihnen wölbte sich der strahlende Sternenhimmel des dunklen Polynesien. Tei-Tetuas Vater war der bekannteste Krieger der Insel gewesen, ein Kannibale, der abgelagertes Menschenfleisch verzehrt hatte. Und er, Tei-Tetua, hatte es auch probiert – es schmeckte ähnlich wie Süßkartoffel. Und wie gebackene Süßkartoffel – oder gebackenes Wildschwein, wie es Tei-Tetua an den sich anschließenden Abenden den Heyerdahls vorsetzte – wurde es auch zubereitet, eingerollt in riesige Bananenblätter, gebacken zwischen heißer Asche und heißen Steinen. Damals aß man das Menschenfleisch, um den Hunger zu stillen, aber auch im Zusammenhang religiöser Zeremonien. Als eine Art von Rache, die den Feind ohne Rest vertilgte. Die Objekte waren erbeutete Kriegsfeinde oder Opfer zeremonieller Handlungen. Als das vorzüglichste Stück Menschenfleisch, das er je gegessen hatte, bezeichnete der alte Häuptling den

Unterarm einer jungen Frau, die ausgesehen habe wie Liv. An dieser Stelle wechselte Thor Heyerdahl das Thema.

Im Verlauf der weiteren Gespräche erfuhr Heyerdahl etwas von einem gewissen »Tiki«. Ein Wesen aus Fleisch und Blut, das die Vorfahren des Kannibalen auf diese polynesischen Inseln geschickt habe. Später erfuhr er den ganzen Legenden-Namen dieses Gottkönigs: Kon-Tiki Viracocha. Und als Heyerdahl interessiert nachfragte, woher sie denn gekommen seien, antwortete der alte Mann mit einer entsprechenden Geste: »Te-Fiti«. Und das hieß: aus Osten. Von daher also, wo kein anderes Land lag – ausgenommen, in weiter Ferne, die Westküste Südamerikas.

Diese Antwort elektrisierte Heyerdahl. Sie bestärkte ihn in Vermutungen, die er in den letzten Wochen häufig angestellt hatte. Alle Polynesier, die er bisher gefragt hatte, beschrieben ihr Herkunftsland als im Osten liegend. Aber die Wissenschaftler auf der ganzen Welt gingen übereinstimmend davon aus, Polynesien sei von Asien aus besiedelt worden.

In sein Tagebuch schrieb Heyerdahl über die Gespräche mit dem alten Mann: »Ich sah gedankenverloren über die See im Mondlicht. Amerika war weit entfernt ... Aber die asiatische Küste war doppelt so weit weg. Und der Wind über unseren Inseln hier kam kontinuierlich aus Osten ... Konnte es sein, dass gerade Fatu Hiva unter all den vielen tausend Inseln und Atollen in der Südsee der Ort war, den die europäischen Eroberer als Erste betreten hatten? Mussten die beschriebenen hellhäutigen, rothaarigen Fremden nicht auch Europäer gewesen sein? Und konnte es nicht sein, dass sie über Südamerika hierher in die Südsee gekommen waren? Als die Spanier 1595 Polynesien entdeckten, waren sie geradewegs aus Peru gekommen. Und es waren die peruanischen Inkas gewesen, die den Spaniern von ihren Vorfahren auf den polynesischen Inseln erzählt hatten.«

Die Gespräche mit dem alten Mann und deren Ergebnisse waren typisch für die nun folgende Theoriebildung des Wissenschaftlers aus Larvik in Norwegen. Er war kein Mensch, der sich am Schreibtisch sitzend These und Antithese ausdachte. Er ging zu den Betroffenen und hörte ihnen zu; er selbst, aus Fleisch und Blut, war es, der sich in Bewegung setzte, um etwas von den Geheimnissen dieser Welt zu erfahren. Er ließ diese Geheimnisse nicht »zu sich kommen« – um dann aus ihnen einen dünnen Extrakt von Wahrheiten herauszupressen. Es war seine praxisorientierte und aktive Vorstellung von Subjekt-Objekt-Beziehungen, die sein Weltbild prägte und weiterhin prägen würde.

Alles, was Thor Heyerdahl in den folgenden Wochen an Material sammelte, ließ darauf schließen, dass die polynesischen Einwohner von Fatu Hiva mit den typischen Eigenheiten von Asiaten nicht das Geringste verband. Kopfform, Nasenform, Haarfarbe, Statur, Körperbehaarung, Sprache – all das unterschied sich von asiatischen Besonderheiten, soweit Heyerdahl diese kannte. Aber es schien offenkundige Verbindungen zu südamerikanischen Besonderheiten zu geben. Dies ließ sich auch über eine Unmenge von botanischen Eigenarten der Insel sagen, zu denen sich Entsprechungen in Südamerika, nicht aber in Asien fanden. Und diese botanischen Eigenarten – Früchte, Pflanzen, Kultivierungstechniken – mussten mit Bedacht hierher transportiert worden sein; es war ausgeschlossen, dass sie per Zufall ein monatelanges Dümpeln in Salzwasser überstanden hätten.

Die Idee nahm in seiner Vorstellung immer mehr Gestalt an, dass die Wissenschaft bisher von falschen Annahmen ausgegangen war. Eine Folge von Übertragung und Gegenübertragung musste dazu geführt haben, unbeweisbare Vorurteile festzuschreiben.

Nach Wochen des Lebens an der Ostküste waren die Heyerdahls es leid. Der alte Häuptling hatte angefangen zu trinken und verwandelte sich in einen unangenehmeren Zeitgenossen. Das Ehepaar verließ die windige Ostküste. Und da sie auch im alten Bambushüttendorf auf der anderen Seite mit seinen kranken und ungepflegten Bewohnern nicht mehr sein wollten, ließen sie sich eine Zeit lang in einer Höhle in den Klippen nahe der offenen See nieder.

Es war an der Zeit, die Situation zu überdenken. Etliche Tage in der Höhle vergingen. Die Heyerdahls lebten wie in der Steinzeit zwischen ihren kärglichen Bündeln, und keiner getraute sich, als Erster über das zu reden, was beide im Grunde ihres Herzens fühlten. Liv brach schließlich das Schweigen.

»Was tun wir, wenn ein Schoner anlegt?«, fragte sie.

»Wir gehen schnell nach Omoa hinunter«, antwortete Thor.

»Und warum?«, erwiderte sie. »Wir laufen im Moment vor allem hier davon. Deshalb sind wir aber nicht hergekommen.«

»Wir schlagen doch nur noch die Zeit tot«, ergänzte Thor dankbar. »So wie die Einwohner, die herumsitzen und darauf warten, dass die Kokosnüsse herunterfallen.«

Sie redeten weiter. Liv sprach darüber, dass sie alle die Gefährdungen und Erfahrungen auf Fatu Hiva um nichts in der Welt missen wollte. Es klang wie eine Grabrede. Und Thor schlug innerlich ein paar Kreuze dazu. Gleichzeitig musste er daran denken, welch wundervolle Zeit sie auf der Insel gehabt hatten und dass sie ein tiefes Gefühl dafür entwickelt hatten, was die moderne Zivilisation aufgab in dem Wahn, sich von der Natur entfernen zu müssen. Nein, es gab auch keinen Weg zurück. Bei aller Einsicht in die Tatsache, dass das Paradies endgültig verloren war, konnten sie sich mit den Vorteilen des so genannten Fortschritts nicht mehr anfreunden. Sie mussten Fatu Hiva verlassen, aber sie ahnten, dass sie in der alten Welt auch nicht mehr ankommen würden.

Dies war der Preis und das Schicksal aller Zivilisationskritiker, die von ebendieser Zivilisation zutiefst geprägt worden waren.

Sie nahmen das nächste Schiff, das am Horizont auftauchte, den Kopra-Schoner auf seiner langen Route zwischen den Inseln. Das große Wagnis und die Zeit der fundamentalen Erfahrungen auf Fatu Hiva waren beendet.

ZURÜCK IN DER ALTEN WELT

Im März des Jahres 1938, ein Jahr vor Ausbruch des verheerenden Zweiten Weltkrieges, kamen die Heyerdahls nach Europa zurück. Die Zivilisation, mit all ihren Krankheiten und Beschädigungen, hatte sie wieder. Sie waren zurück in Norwegen.

Natürlich wurden beide sofort in Beschlag genommen von Verwandten, Freunden, Bekannten. Und spätestens an ihren eigenen Antworten auf all die Fragen erkannten sie, dass sie sich innerhalb des zurückliegenden Jahres verändert hatten. Die Antwort auf die Frage, ob es das Paradies wirklich gebe und ob sie es gefunden hätten, fiel leise und zögernd aus.

Thor Heyerdahl stürzte sich in Arbeit; er musste Geld verdienen. Fotos aus jener Zeit zeigen ihn schlanker, ernster, gereifter, ein 24-jähriger Mann mit unschätzbaren wissenschaftlichen Erkenntnissen und Lebenserfahrungen. Man sah ihm die zurückliegenden Strapazen nicht an und auch nicht das Glück seiner polynesischen Erlebnisse, aber er trug es in sich als kostbaren Schatz. Er mietete sich, zusammen mit Liv, im winterlichen Lillehammer ein und versuchte in Worte zu fassen, was er erlebt hatte; er las und vertiefte viel. Er hatte das Gefühl, die akademische Zoologie beenden zu müssen. Seine polynesische Sammlung übergab er der Universität von Oslo.

Liv nahm ihr Studium nicht wieder auf, und das war der Anfang eines Grolls, der sich in der kommenden Zeit unumkehrbar verstärken sollte. Dieser Groll führte schließlich zur Trennung des Ehepaares.

Thor Heyerdahls Arbeitsergebnisse schlugen sich in einem Manuskript nieder, das er »Auf der Suche nach dem Paradies« nannte; es mündete später in sein erstes Buch »Fatu Hiva: Zurück zur Natur«.

Die Hauptfragen, die er zu lösen versuchte, waren, wer die Menschen waren, die auf den polynesischen Inseln lebten, woher sie gekommen waren und warum sie einst ihr Heimatland verlassen hatten. Diese Fragen konnte bisher kein Anthropologe und Ethnologe auf der Welt beantworten, ja kaum ein Wissenschaftler hatte sich diese Fragen überhaupt je gestellt. Auch Thor Heyerdahl besaß noch keine endgültige Antwort darauf. Aber er hatte begonnen, die entsprechenden Fragen zu stellen.

Die tonangebenden Wissenschaftler verfochten unterschiedliche Theorien, aber in einem Punkt waren sie sich alle einig: Die Besiedelung der polynesischen Inseln musste von West nach Ost stattgefunden haben. Die entgegengesetzte Bewegung schien unmöglich angesichts der Entfernung von rund 2000 Seemeilen und der mangelhaften Beförderungsmöglichkeiten. War der Pazifik für die frühen Völker Südamerikas nicht eine gigantische und unpassierbare Barriere gewesen?

Es schien ausreichend Beweise für diese Theorie zu geben. All die Funde im botanischen, linguistischen, volkskundlichen, verkehrstechnischen Bereich schienen auf polynesische Gebräuche aus asiatischem Ursprung zu verweisen. Und wer war Thor Heyerdahl? Ein vereinzelter Student, der im Dschungel außerhalb seines eigentlichen Fachgebiets Aussteigerphantasien kultiviert hatte. Im Moment saß er in seinem kleinen, karg möblierten Arbeitszimmer im abgelegenen Lillehammer und schaute in die schneebedeckten Bäume vor seinem Sprossenfenster. Dieser Junge maßte sich an, alles anzuzweifeln?

Der Weg, den Thor Heyerdahl im Folgenden zurücklegen musste, um von der etablierten Wissenschaft wahrgenommen und ernst genommen zu werden, war länger als sein Weg nach Fatu Hiva, länger und beschwerlicher als sein Weg zurück zur Natur.

Und die Frage war, ob dieser stille, sensible Norweger die Energien aufbringen würde, um seine sich herausbildenden Theorien in der wissenschaftlichen Öffentlichkeit durchzusetzen. Diese Frage stellt sich im Nachhinein, angesichts des Lebenswerkes Heyerdahls überhaupt: Woher bezog er diese ungeheuren Antriebe? Die Kraft, die ihn mehrmals, unter extremen Bedingungen, rund um den Erdball reisen ließ, um seine Thesen zu beweisen?

Am 28. September 1938 erblickte Heyerdahls Sohn Thor das Licht der Welt. Die Geburt des Sohnes zeigte wie kein anderes Indiz an, dass die Familie Heyerdahl ihre Ausflüge in fremde und entfernte Paradiese beendet hatte und wieder am heimischen Herd angekommen war. Aber der Schein trog.

Durch die Hilfe eines norwegischen Farmers, der lange an der kanadischen Westküste mit Indianern gelebt hatte, machte Thor Heyerdahl eine Entdeckung. Als der Mann, er hieß Iver Fougner, ihm Fotos zeigte, glaubte Heyerdahl, sie stammten aus Fatu Hiva – die gleichen Gesichter und Gestalten, Gebrauchsgegenstände und Kultstatuen wie auf den polynesischen Inseln. Aber es waren Fotos von der Westküste Kanadas, aus British Columbia.

Die Indianer dieser Region waren anders als andere nordamerikanische Stämme, und sie siedelten im Tal von Bella Coola zwischen Alaska und der Staatsgrenze der USA. Ein paar Tage zuvor hatte Heyerdahl von der Urdaneta-Route gelesen, einer nordpazifischen Strömung, die von Indonesien, vorbei an den Philippinen und Japan, direkt zu jenem Tal von Bella Coola führt. Und genau von dort führen Winde und Strömungen zu den Marquesas und nach Tahiti. Alles passte zusammen.

Thor Heyerdahl wusste sofort, dass er sehr bald erneut reisen musste. Nach British Columbia, ins Tal von Bella Coola.

Es verging nicht viel Zeit, bis die Heyerdahls nach Kanada fuhren. Schon im Herbst 1939, Nazideutschland hatte den europäischen Krieg schon entfacht, war es so weit. Wenn es jemals einen Grund gegeben hatte, das dekadente, sich in nationalistischen Aggressionen verbeißende Europa zu verlassen und ein wie auch immer geartetes Paradies jenseits dieses waffenstarrenden Schauplatzes anzusteuern, dann war er jetzt gegeben. Deshalb fiel es den Heyerdahls leicht, erneut die Koffer zu packen. Wenngleich die Ursache ihrer Abreise mit dem Kriegsgeschehen nichts zu tun hatte.

Das Ehepaar verbrachte einige Zeit zusammen in British Columbia, Thor blieb insgesamt ein Jahr. Er recherchierte, sammelte, grub Felsbilder im altpolynesischen Stil aus und sprach mit vielen Einheimischen. Und das gesammelte Material brachte Heyerdahl die Gewissheit, dass es zwei unterschiedliche Wellen der Besiedelung Polynesiens gegeben haben musste. Zunächst um 500 n. Chr. durch die geheimnisvolle »weiße« Prä-Inka-Zivilisation mit ihrem Zentrum nahe des Titicacasees und entlang der peruanischen Küste. Und danach um 1100 n. Chr. eine Einwanderung, aus der sich die heutige polynesische Rasse entwickelt hatte – über Hawaii aus der Gegend von Bella Coola in British Columbia kommend.

Als sie wieder in Norwegen waren, geschahen drei Dinge von sehr unterschiedlicher Prägung, aber mit vergleichbar wichtigen Auswirkungen. Liv wollte zukünftig als Hausfrau und Mutter in Lillehammer bleiben und keine abenteuerlichen Ausflüge mehr mitmachen. Thor veröffentlichte seine bisherigen Ergebnisse und erntete Sturm. Norwegen wurde von Deutschland in den Krieg hineingezogen.

Thor hatte inzwischen ein Training als Funker und Fallschirmspringer absolviert. Und er wurde zu den Waffen gerufen. Seine

Aufgabe im Krieg sollte darin bestehen, zwischen der norwegischen Widerstandsbewegung und der norwegischen Exilregierung in London Kontakte hinter den feindlichen Linien herzustellen und zu halten. Und da dieser Job weder für ihn noch für seine Familie im von den Deutschen besetzten Norwegen ungefährlich war, bot ein Bekannter an, Liv und den Sohn nach New York zu holen. Nach kurzem Zögern stimmte sie zu.

Thor Heyerdahls Einsatz führte ihn zunächst nach Murmansk, ins russische Eismeer und hinüber in die Finnmark. Danach arbeitete er im Auftrag der Alliierten monatelang hinter den deutschen Feindlinien. Hier wurde Heyerdahl, der Zivilisationsflüchtling, unentbehrlich im schmutzigen Krieg einer pervertierten »Kultur«. Als er endlich wieder nach Norwegen kam, war Liv bereits in New York.

Der Krieg macht auch vor Liebesgeschichten nicht Halt, ja er schreibt besondere. Thor und Liv Heyerdahl blieben Jahre getrennt. Thor erfuhr aus der Ferne, dass Liv inzwischen – im September 1940 – einen weiteren Sohn zur Welt gebracht hatte. Und wie es vielen Paaren in jenen Jahren erging, so erging es dem Ehepaar Heyerdahl – es entfremdete sich voneinander. Sie stellten es beide fest, als Thor nach New York fuhr, um Liv und die Kinder zu sehen. Etwas stand zwischen ihnen und wurde immer stärker. Am Ende des Krieges und ihrer Trennung waren sie nicht mehr dieselben Menschen, die in den Flitterwochen nach Fatu Hiva ins Paradies gefahren waren.

In Amerika versuchte Thor als Wissenschaftler zu überleben. Doch seine schriftlich ausgearbeiteten Theorien stießen auf Unverständnis oder Ablehnung. Sein Geld ging zur Neige, er musste in ein norwegisches Seemannsheim im New Yorker Stadtteil Brooklyn umziehen, in dem er verköstigt wurde. Hier bewohnte er ein winziges Zimmer unter dem Dach und aß mit Matrosen. In Gesprächen mit den Seebären lernte er manches über die Gefahren des offenen Meers.

Auch die große Ethnologin Margaret Mead fertigte Heyerdahl mit einem negativen Urteil ab. Andere Kapazitäten erklärten ihm, in der Wissenschaft müsse man sich dafür entscheiden, ein einziges Feld zu beackern. Man legte ihm nahe, sich endlich zu spezialisieren. Sich zwischen Polynesien und Südamerika zu entscheiden. Aber genau in diesem Hinweis spürte Heyerdahl irgendeine vertrackte Art von Wahrheit – eine Wahrheit, die noch verschlüsselt schien und auf dem Kopf stand.

Später begriff er sie. Sie lag in der Tatsache, dass Spezialisierung oft die nahe liegende Kommunikation zwischen zwei Fachbereichen zerschneidet beziehungsweise nicht erkennt. Seine Aufgabe war es nun, sich nicht zu spezialisieren, denn er wollte ja gerade den Zusammenhang zwischen Südamerika und Polynesien und zwischen unterschiedlichen Bereichen des kulturellen Alltags beweisen. Und die Wege und Mittel nachweisen, die beide Welten verbanden.

Als Heyerdahl durch die Straßenschluchten von New York lief, fiel ihm der alte Kannibale von Fatu Hiva ein. Er erinnerte sich an dessen Erzählung vom Gottkönig Tiki, dem Sonnen-Tiki (Kon-Tiki). Und gleichzeitig fasste er einen kühnen Plan, der in den kommenden Wochen und Monaten immer mehr Gestalt annahm.

Im Herbst 1946 verfasste Heyerdahl einen Brief an seinen Freund Erling Schjerven in Oslo. »Ein Hauptargument meiner Gegner«, schrieb er, »ist, dass die Küstenbewohner Perus vor Kolumbus niemals die Fahrzeuge besessen haben können, um die Reise von Peru auf die Osterinsel, das sind rund zweitausend Meilen, zu machen … Mein Plan ist nun, eine genaue Kopie jener alten Fahrzeuge zu bauen, von denen wir Beschreibungen haben. Es ist meine Absicht zu beweisen, dass diese Reise möglich ist, wenn man die ozeanischen Strömungen und Winde nutzt. In anderen Worten, ich beabsichtige, eine Fahrt von Südamerika zu den Inseln der Südsee in einem primitiven Inka-Boot zu unternehmen …«

Ein Floß treibt über den Ozean

DIE »KON-TIKI«-EXPEDITION

»Wenn ich mich nach links wendete, hatte ich freien Ausblick auf die mächtige blaue See mit ihren schäumenden Wogen, die sich in endlosem Lauf vorbeiwälzten, einem ewig weichenden Horizont nach ...«

TH. H.

Es gibt Zeiten, die verdichten sich zu einer substanzschweren Masse, vieles geschieht fast gleichzeitig. Andere Zeiten scheinen substanziell, dienen jedoch nur zur Vorbereitung späterer Entscheidungen. Thor Heyerdahl bewegte sich im Jahr 1946 in einer Situation, die vor potenziellen Ereignissen zu bersten schien, ohne dass wirklich etwas geschah. Es hatte sich in seinem Leben, bedingt auch durch die vorangegangene aufgezwungene Passivität in Kriegszeiten, vieles angestaut.

Fast zeitgleich mit dem oben genannten Brief fand im exklusiven New Yorker »Explorer's Club« am Central Park ein entscheidendes Treffen statt. Thor, der aktives Mitglied des Clubs war, kam mit zwei Männern zusammen, die für seine weiteren Pläne hilfreich wurden. Dies waren der dänische Polarforscher Peter Freuchen und der norwegische Ingenieur Herman Watzinger. Freuchen war schon in primitiven Booten über sibirische Flüsse und entlang der arktischen Küste gefahren, Watzinger war ein enthusiastischer Organisator. Beide waren begeistert von Heyerdahls Plänen und halfen ihm, wo es möglich war.

Da Thor Heyerdahl seine Manuskripte auch weiterhin bei keinem Verlag unterbringen konnte, fehlte es ihm an Geld auch nur für die geringste Investition. Ein Wunder musste geschehen, wollte er seine Pläne verwirklichen. Und er brauchte unbedingt Helfer, die ihm zur Seite standen. In den Schluchten von Manhattan fühlte er sich manchmal einsamer als in der Wildnis von Fatu Hiva. Alle Türen schlossen sich vor seiner Nase endgültiger, als der Regenwald sich vor seiner Machete verschlossen hatte. Sein Mut sank hier, im Herzen des Kapitalismus, mehr als vor den Gefahren der Nacht im polynesischen Dschungel. Aber er gab nicht auf. Und mit der Freundschaft von Watzinger und Freuchen schaffte er es.

Der Erste, der seine Beziehungen spielen ließ und auch finanziell mit einer größeren Summe half, war der norwegische Militärattaché. Darauf konnte aufgebaut werden. Ein Angehöriger des nordamerikanischen Militärs stellte aus den Beständen der Luftwaffe eine komplette Ausrüstung für Testzwecke zur Verfügung. Sogar im Pentagon fand Heyerdahl Gehör und bekam den gesamten notwendigen Proviant sowie alle Ausrüstungsgegenstände für seine »kleine militärische Operation« gestellt. Durch Freuchen wurde die skandinavische Presse auf das Projekt »Kon-Tiki« aufmerksam; man erbot sich, einen Teil der Kosten vorzufinanzieren, wenn man die Auswertungsrechte bekam. Heyerdahl stimmte zu, und das Projekt konnte tatsächlich angepackt werden.

Die Zeit drängte. Wenn man vor dem Einsetzen schlechterer Witterung mit einem Balsafloß losfahren wollte, waren nur noch drei Monate Zeit. Jetzt musste dringend die Mannschaft zusammengestellt werden. Mit Herman Watzinger war schon ein Hydrologe und Thermodynamiker dabei. Die vier restlichen Mitglieder – es sollten sich insgesamt sechs Leute vier Wachen von jeweils vier Stunden teilen – mussten gut ausgewählt werden, denn es galt, sich über Monate hinweg in der Isolation des offenen Meeres zu verstehen.

Heyerdahl erinnerte sich an Knut Haugland, den er erstmals 1944 in England getroffen hatte. Er war als wagemutiger Experte für Radiotelegrafie eines der am höchsten ausgezeichneten Mitglieder

der norwegischen Widerstandsbewegung gegen Nazideutschland gewesen. Der andere alte Kumpan aus der Kriegszeit, an den er sich erinnerte, war Torstein Raaby. Ebenfalls ein Radiospezialist und mutiger Mann der Resistance, den er in den eisigen Weiten der Finnmark kennen gelernt hatte.

Beide sagten sofort zu. Jetzt fehlten noch zwei.

Er fand sie in Bengt Danielsson, Teilnehmer einer schwedisch-finnischen Expedition in der Amazonasgegend, und in dem norwegischen Wissenschaftler Erik Hesselberg, einem Jugendfreund. Damit war die Expedition komplett.

Und nach einigem Hin und Her mit Geldgebern, Politikern, Neidern und Sympathisanten, an dem die Reise noch zu scheitern drohte, flogen zwei der wagemutigen Forscher – Heyerdahl und Haugland – nach Südamerika, um mit dem Bau des Balsafloßes zu beginnen, das sie über Tausende von Meilen wild bewegten Meeres tragen sollte.

In Ecuador war die Reise zunächst beendet. In diesem Land am Äquator wuchsen jene Balsabäume, die Heyerdahl als Material brauchte. Das leichte und dennoch strapazierfähige Balsaholz war von den Angehörigen der frühen peruanischen Hochkultur für den Floßbau verwendet worden. Es wuchs zwar auch in Peru – aber hinter der unüberwindlichen Barriere der Anden. Deshalb hatten die Inkas das Holz aus Ecuador geholt – und das wollte nun auch, auf ihren Spuren, Thor Heyerdahl.

Nach all den organisatorischen Schwierigkeiten in der Phase der Vorbereitung begannen jetzt erst die Strapazen. Da die Regenzeit schon eingesetzt hatte, war es fast unmöglich, an das Balsaholz heranzukommen. Selbst der Balsa-Baron des Landes sah keine gangbare Möglichkeit. Aber Thor Heyerdahl verzweifelte nicht. Es zeichnete ihn aus, dass er in dem Augenblick, in dem alle Lösungen unmöglich erschienen, nach einem Ausweg suchte. Er musste auf eigene Faust losziehen, um so viele ganze Balsabäume zu erstehen, wie er für den Floßbau brauchte.

Im Quevedo-Dschungel jenseits der Kordilleren hofften er und Haugland zu finden, was sie brauchten. Und obwohl jeder sie warnte, der Weg dorthin sei wegen der wilden Waldindianer und Kopfgeldjäger mehr als gefährlich, brachen Heyerdahl und Haugland eines Morgens vom 3000 Meter hoch gelegenen Quito aus auf. Es begleitete sie ein abkommandierter ecuadorianischer Offizier in einem Jeep – bis an die Zähne bewaffnet und mit rigiden Instruktionen versehen, falls es zu Zwischenfällen kommen sollte.

Sie passierten die bizarre Welt der Bergindianer, immer die schneebedeckten Kordillerengipfel vor Augen, und gelangten in extrem gegensätzliche Klimazonen. Mal waren es staubtrockene Wüsten, dann wieder Schneefelder, über die der eisige Wind der Hochplateaus fegte. Keine Spur einer »weißen« Zivilisation. Hier war die Zeit seit den spanischen Eroberern des 16. Jahrhunderts stehen geblieben.

Schließlich fuhren sie die halsbrecherischen Abhänge an der Westwand der Kordilleren hinab – viertausend Meter steil hinunter in den brodelnd heißen Dschungel Ecuadors. In Richtung Ozean.

Noch bevor sie unten ankamen, wo sich eine Armee von grünen Phantasiegewächsen ihnen entgegenwälzte und bei der zunehmenden Feuchtigkeit vor ihren Augen zu wachsen schien, begann die Regenzeit. Die Wasser stürzten auf sie nieder, als wollten sie ihnen eine Vorahnung geben vom Abenteuer auf dem richtigen Wasser – dem Pazifischen Ozean. Sie übernachteten im Freien, klatschnass, zerstochen von allen Schmarotzern des ecuadorianischen Regenwaldes. Aber unbehelligt von Banditen und Kopfabschneidern.

Die Fahrt nach dem Aufbruch am nächsten Morgen endete abrupt am Hochwasser führenden Fluss Palenque. Als sie die Reise abbrechen wollten, erboten sich Indianer, sie und den Jeep hinüberzubringen. Auf einem Floß aus – Balsastämmen. Thor Heyerdahl triumphierte, als er die Wassertüchtigkeit des Floßes erlebte. Dann erreichten sie Quevedo.

Auf einer Baumplantage half man ihnen weiter. Nachdem sie zwischen Giftschlangen, Skorpionen und Fledermäusen eine unruhige Nacht verbracht hatten, suchten sie die Balsabäume, die sie brauchten, im regenüberfluteten Dschungel.

Die erste Erfahrung mit einem Balsabaum bestand aus harter Arbeit. Die Beile der Holzfäller konnten kaum etwas ausrichten, so geschmeidig trotzte der saftstrotzende Baum noch den wildesten Hieben. Als er schließlich lag, entfernten sie nach Indianerart die Rinde, indem sie sie mit einem zickzackförmigen Muster einschnitten. Elf weitere Bäume folgten, dann, nach einer Woche, war die Arbeit vollendet.

Nach polynesischer Sitte tauften Heyerdahl und Haugland ihre Bäume mit den Namen polynesischer Sagenfiguren. Man musste die Bäume bei Laune halten, schließlich sollten »Ku«, »Kane«, »Kama«, »Ilo«, »Mauri«, »Ra«, »Rangi«, »Papa«, »Taranga«, »Kura«, »Hiti« und »Kukura« sie bald übers offene Meer tragen. Jeder Stamm wog rund eine Tonne. Die Stämme wurden mit Pferden und Traktoren zur Plantage gezogen und dort ins Wasser des Palenque gelegt. Man verband sie mit Schlingpflanzen, und unter Begleitung zweier kundiger Einheimischer machte man die Leinen los und tanzte auf den Balsastämmen über die Wirbel und Schnellen des aufgeregten Flusses stromabwärts, dem Meer entgegen – vorbei an Siedlungen mit feindlichen Buschbewohnern, urzeitlichen Riesenechsen, Geiern, Krokodilen und anderen Ungetümen, die am Ufer oder auf Bäumen direkt über ihren Köpfen lauerten.

Heyerdahl und Haugland kamen glücklich in Guayaquil am Stillen Ozean an. Hier trennten sie sich. Haugland sollte die Balsastämme verladen und nach Peru bringen, Heyerdahl flog mit einem

Postflugzeug voraus, um einen passenden Platz in Peru zu finden, wo das Floß zusammengebaut werden konnte.

Von Lima aus fuhr Heyerdahl in die westlich gelegene Hafenstadt Callao hinunter. Hier schien der ideale Platz, um das Floß zu bauen. Aber dies musste unter dem Schutz des peruanischen Militärs geschehen, sonst konnte man den Bauplatz keine Minute aus den Augen lassen. Nach einer kuriosen Audienz beim damaligen Staatspräsidenten José Bustamante Rivero in dessen prächtigem Palast, bei der beide Seiten kein Wort von dem verstanden, was die andere meinte, wurde Heyerdahl schließlich gestattet, das Floß mit allerhöchstem Segen zu bauen.

Die sechs Forscher wurden unterstützt von zwanzig abkommandierten Marinesoldaten. Thor Heyerdahl beschrieb das Floß in seinem 1948 in Oslo veröffentlichten Buch »Kon-Tiki Ekspedisjonen«, und diese Beschreibung soll der Genauigkeit halber hier ausführlich wiedergegeben werden:

»Neun dicke Stämme bildeten die Grundlage. Tiefe Kerben wurden in das Holz geschlagen, um den Tauen ein Lager zu geben, da sie das ganze Floß zusammenhalten mussten. Nicht ein einziger Spreißel, weder ein Nagel noch eine Stahlseilzurrung wurden bei der Konstruktion benutzt. Die neun großen Stämme wurden zuerst lose Seite an Seite in das Wasser gelegt, damit sie sich frei in ihre natürliche Schwimmstellung hineindrehen konnten, bevor wir sie endgültig zusammenzurrten. Der größte Stamm, vierzehn Meter lang, wurde in der Mitte eingebaut und stand lang auf beiden Enden heraus. Daneben folgten symmetrisch immer kürzere Stämme, so dass die Seiten des Floßes rund zehn Meter betrugen und der Bug wie ein stumpfer Pflug vorstand. Achtern war unser Floß quer abgeschnitten, nur dass die drei mittelsten Stämme herausragten und die Unterlage für einen kurzen und dicken Balsaklotz bildeten, der quer lag und die Widerlager für das lange Steuerruder hielt.

Als die neun Balsastämme solide mit verschiedenen Rollen von fünfviertelzölligen Hanftauen zusammengebunden waren, wurden die dünneren Balsastämme quer darüber festgebunden mit ungefähr einem Meter Zwischenraum. Damit war das Floß fertig, mühsam zusammengebunden mit fast dreihundert verschiedenen Taustücken, jedes mit einem festen Knoten versehen. Ein Deck aus gespaltenem Bambus wurde darübergelegt, in Form von offenen Gittern festgebunden und mit losen Matten aus geflochtenem Bambusstroh belegt. Mitten auf dem Floß, aber näher dem Heck, bauten wir eine kleine, offene Hütte aus Bambusrohr mit Wänden aus geflochtenem Bambusstroh und einem Dach aus Bambusstreben, gedeckt mit lederartigen Bananenblättern, die ziegelförmig übereinandergelegt wurden. Vor der Hütte pflanzten wir zwei Masten Seite an Seite. Sie waren aus eisenhartem Mangleholz und lehnten schräg gegeneinander. An der Spitze waren sie über Kreuz zusammengebunden. Zwei Bambusstangen wurden sorgfältig zu einer Rah verbunden, die so das ganze vierkantige Segel mit doppelter Kraft tragen konnten.

Die neun Riesenstämme, die uns übers Meer tragen sollten, wurden vorher sorgfältig geglättet, damit sie das Wasser leicht durchschnitten. Niedrige Wellenbrecher befestigten wir über der Wasserfläche am Bug. An verschiedenen Stellen, wo große Zwischenräume zwischen den Stämmen blieben, steckten wir insgesamt fünf solide Kiefernbretter durch, die senkrecht ins Wasser eintauchten. Sie standen rundherum ohne System verteilt und reichten anderthalb Meter unter das Floß hinunter. Sie waren etwa einen Zoll dick und maßen ein paar Fuß in der Länge. Tauwerk und Keile hielten sie an ihrem Platz fest. Die Bretter dienten als kleine parallele Kiele oder Schwerter. Solche Senkkiele wurden auf allen Balsaflößen der Inkazeit längst vor der Entdeckung benutzt und sollten verhindern, dass die flachen Flöße bei Wind und Wetter quertrieben. Wir machten weder Reling noch Gurte rund um das Floß, nur ein langer Balsastamm lag als Halt für die Füße an jeder Längsseite.«

Und mit diesem sensiblen Gefährt, das leicht im Wasser liegen würde, sollte der Stille Ozean bezwungen werden? Ja. Denn es war penibel nach alten Angaben aus Peru und Ecuador gebaut worden. Die alten Inka-Schiffsbauer hatten die Konstruktion vorgegeben.

Noch während der Bauzeit in Callao musste ein Papierkrieg über mehrere Kontinente hinweg geführt werden. Um ein winziges Floß aus Balsaholz über den Stillen Ozean treiben zu lassen, schien es notwendig, die gesamten diplomatischen Beziehungen des Planeten spielen zu lassen. Da aber inzwischen auch die Weltpresse über die geplante Expedition berichtete, konnte keine politische Intrige mehr das Unternehmen verhindern. Und auch alle Fachleute, von norwegischen Seebären bis hin zu südamerikanischen Marineoffizieren, die das Floß allesamt kopfschüttelnd ansahen und seinen sofortigen Untergang auf hoher See prognostizierten, hielten die verschworenen sechs nicht von ihrem Projekt ab.

Elfhundert Liter Wasser, Proviantrationen und die Ausrüstung der Luftwaffe, für sechs Mann und auf vier Monate Reisezeit berechnet, wurden verstaut. Bengt nahm in seiner Kiste dreiundsiebzig Bücher mit, Erik eine Gitarre, Herman einen grünen, Spanisch sprechenden Papagei, Knut und Torstein brachten die Funkausrüstung mit, Heyerdahl wissenschaftliche Instrumente und Filmmaterial.

Das Floß wurde von seinem Bauplatz auf dem Marinegelände gezogen, und man taufte es in der Bucht mit Kokosmilch offiziell auf den Namen »Kon-Tiki«, was so viel heißt wie »Sonnen-Gott«. Und am Morgen der Abreise, am 28. April 1948, war der Kai schwarz von Menschen. Das dichte Gedränge vereinte politische Gesandte, Presseleute und Indios. Der Staatspräsident von Peru persönlich verabschiedete die Mannschaft. Das bunte Sonnensegel entfaltete sich.

Die Schlepptaue wurden endlich gelöst. Und die »Kon-Tiki« tanzte davon.

So begann am Ende des Abenteuers der Vorbereitung das andere, wirkliche Abenteuer. Die Fahrt ins Ungewisse der polynesischen Weite, quer über den unendlich scheinenden Pazifischen Ozean. Mit einem verspielt aussehenden, in bunten Farben schillernden Floß aus porösem, anfällig scheinendem Holz, das allem Anschein nach keiner einzigen der zu erwartenden Tausenden von großen Wellen würde standhalten können. Und selbst wenn dieses Wunder eintreten sollte, dann würde das Floß doch bei der riesigen Entfernung auf einem Viertel der Strecke vom Wasser durchtränkt einfach wie ein nasser Schwamm versinken.

Das Floß erreichte die kalte Strömung des Humboldtstromes, der aus der Arktis kommt, an der peruanischen Küste entlangführt und kurz vor dem Äquator nach Westen auf den Pazifik hinausführt. Das war die Fahrstraße, die von den alten Inkas und vielleicht auch schon von den geheimnisumwitterten Prä-Inka-Völkern benutzt worden war, um die Inselwelt Polynesiens zu erreichen.

Damit begann der eigentliche Floßabtrieb. Die Männer an Bord sahen einander an, wünschten sich, doch bang im Herzen, eine gute Fahrt – und das Floß trieb in lauer Dünung nach Westen.

Die Besatzung hatte zu ihrem Inka-Floß ein fast persönliches Verhältnis entwickelt. Und das lag nicht nur daran, dass auf dem Segel, von Erik Hesselberg handgemalt, das bärtige Gesicht des alten Inka-Gottkönigs Kon-Tiki prangte, eine getreue Kopie des Kopfes, der sich in rotem Stein in der bolivianischen Ruinenstadt Tiahuanaco befindet. Ein Gesicht, dessen Züge sich veränderten, wenn der Wind mit dem Segeltuch spielte. Es war, als kommentierte der Alte mit seiner wechselnden Mimik die Aktionen der Mannschaft.

Nein, die persönliche Beziehung zum Floß ergab sich auch dadurch, dass der Gefährte unter ihren Füßen Triumph oder Untergang bedeuten konnte, und man musste ihn einfach durch freundliches Verhalten bei guter Laune halten. So trieb man ihn an, wenn er munter über die Wellen tanzte, und bedauerte ihn zärtlich, wenn er in der Dünung schlingerte, man behandelte ihn achtsam und mit Respekt, gab ihm Kosenamen und säuberte ihn wieder und wieder. Das Inka-Floß nahm es würdevoll zur Kenntnis und arbeitete sich stoisch voran.

Das sechs Meter lange Steuerruder aus hartem Mangleholz mit einem Ruderblatt aus Kiefernholz beschäftigte allein zwei Männer. Wenn die Wogen dagegenschlugen, hatten sie alle Hände voll zu tun, es zu halten. Die drei anderen Männer mussten das Segel vor dem Wind halten, wollte man nicht eine Querdrift riskieren. Es war von der ersten Stunde an ein hartes Stück Arbeit. Es wurde zur Schinderei, wenn der Wind mehr und mehr zunahm. Überspülten die Brecher das Floß, dann tanzte es hilflos im Wasser herum wie ein Blatt Papier.

Bedenkt man, dass keiner der Männer Experte in Steuerung und Segeln war und dass niemand sich auskannte mit alten Inka-Segelflößen, dann war das Risiko, das die Mannschaft einging, als sie mit dem Balsafloß auf den Ozean hinausschwamm, wirklich groß. So groß, wie alle Wellen und Brecher zusammengenommen, die draußen auf Gefährt und Gefährten warteten.

Am ersten Nachmittag schon hatten sie den Passatwind in voller Stärke im Rücken. Er kam aus Südosten und baute Brecher auf, die von achtern über das Floß hinwegstürzten. Es wurde Ernst. Aber es gab auch kein Zurück. Die Expedition hatte nur einen Weg vor sich: nach Westen, quer über den ungestümen Ozean. Immer der untergehenden Sonne entgegen.

Die Stimmung an Bord schwankte zwischen Bangen, Hoffen und unbändigem Mut. Die Männer sahen zum bärtigen Antlitz von Kon-Tiki hinauf, und er flüsterte ihnen Optimismus ein. Sagte er nicht, sie sollten sich keine Sorgen machen, so wie er sich damals, vor rund eineinhalbtausend Jahren, keine Sorgen gemacht hatte, als er dem Weg der Sonne folgte? Den Männern schien es so.

Im grünen, kalten Wasser des Humboldtstromes ging es weiter voran; nicht nur der Passatwind, auch die Strömung selbst wirkte wie eine Fahrstraße durch den Ozean.

Die erste Nacht begann. Eine rabenschwarze Nacht für sechs unerfahrene Männer auf einem winzigen, dümpelnden Floß aus leichtem Holz, mitten auf einem Ozean, der Tausende von Seemeilen misst und einen Kontinent mit einem anderen verbindet. Ob er die Landmassen wirklich miteinander verbinde oder nicht im Gegenteil davon besessen sei, sie endgültig voneinander zu trennen, das fragten sich die Männer schon in dieser ersten Nacht. Der Nacht des schwersten Zweikampfes mit den Elementen.

Um den Kurs zu halten, hatte die Mannschaft achtern einen Rettungsbootkompass montiert. Nach den Sternen zu navigieren, wie es die Inkas getan hatten, war vorerst unmöglich, denn der Himmel war bedeckt mit schweren Regenwolken, und der Horizont war verdeckt durch die Wellen, die heranrollten, als wollten sie das Floß fressen. Zwei Mann standen in dieser ersten Nacht am Ruder, sie waren mit Tauen um den Leib am Floßende festgebunden, um dem Sturm Paroli bieten zu können. Die Arbeit am Ruder war die härteste Prüfung, und wenn die vier Stunden Wache herum waren, fühlten sich die Männer wie zusammengeschlagen von einer missmutig aufgewühlten Natur. An Schlaf war nicht zu denken.

Schon in dieser ersten Nacht erwies sich das Floß als genial konstruiert. Die Wellen überspülten das Gefährt zwar, verschwanden aber ebenso schnell wieder durch die Ritzen zwischen den Baumstämmen. Das Floß tanzte auf den Wellen, hob und senkte sich, verschwand schier in den Wellentälern und wurde mit den Kämmen hinaufgeschleudert. Aber es wankte nicht.

In brüllender See ging es drei Tage und Nächte weiter. Danach waren die sechs Männer ausgelaugt. Wer weiß, was geschehen wäre, hätte die See nach den ersten 72 Stunden nicht ein Einsehen gehabt und sich zur Ruhe gelegt.

Danach schien die Sonne. Das Meer rollte zwar immer noch schwer in langer Dünung, aber es schien berechenbar. Der Papagei krächzte fröhlich, die Männer rappelten sich aus ihren Schlafsäcken auf und reckten die steifen, grün und blau geschlagenen Glieder. Als sie das Floß und die Ausrüstung untersuchten, bemerkten sie keinerlei Schaden. Der Wind kam stetig aus Südosten und trieb in das geblähte Segel hinein. Sie machten flotte Fahrt.

Inzwischen hatte die Mannschaft das Funkgerät eingerichtet und sendete Peilsignale, die von der Bodenstation in Lima empfangen wurden. So hatten alle das beruhigende Gefühl, doch nicht jenseits der Erdkugel in einen Abgrund aus Einsamkeit gestürzt zu sein. Es gab noch andere Menschen auf der Welt.

Nach einigen Tagen bemerkten sie, dass die Balsastämme schwer Wasser gezogen hatten. Man konnte die Finger in das schwammige Holz hineintauchen. Wenn man einen Spreißel vom Holz abzog und ihn ins Wasser warf, versank er sofort. Und ein weiterer Gefahrenpunkt war nicht zu übersehen: Da die einzelnen Stämme des Floßes ständig gegeneinander in Bewegung waren, musste das Tauwerk Schwerstarbeit verrichten. War es nicht nur eine Frage der Zeit, bis die Hanfseile sich am Holz durchgescheuert hatten und das Floß in alle seine Einzelteile zerfiel?

Auf offener See landeten fliegende Fische auf dem Deck der »Kon-Tiki«. Eines Morgens fand man insgesamt 26 fette Exemplare vor. Die Mannschaft briet die fliegenden Fische zum Frühstück oder verwendete sie als Köder, mit dem große Eldoradofische zu kriegen waren – Mahlzeiten für mehrere Tage. Delphine, Blauhaie, Springwale und Thunfische gaben dem Floß das Geleit, oft zum Anfassen nahe. Der ganze Ozean schien zeitweise nur noch aus Fischleibern zu bestehen, die das Wasser verdrängt hatten.

Die Fische rückten immer näher, manchmal schienen sie wie geblendet von der Aussicht, mit einem von Menschen gesteuerten Floß Kontakt aufzunehmen. Und da die Mannschaft praktisch in Höhe des Meeresspiegels eines mehrere tausend Fuß tiefen Ozeans lebte und schlief, war das nicht immer harmlos. Eines Nachts landete eine gefährliche Schlangenmakrele (Gempylus) in der Schlafhütte mitten zwischen den Schlafenden. Dieser Fisch lebt tagsüber in tiefster Tiefe, noch niemand hatte ihn bis dahin lebend gesehen. Sein Maul ist bestückt mit rasiermesserscharfen Zähnen. In einer anderen, stockfinsteren Nacht verbiss sich ein solcher Fisch in das Rettungstau, das Heyerdahl um den Leib geschlungen hatte, als er Wache hielt. Um ein Haar hätte das Untier die Leine durchgebissen, und der Seemann wäre – von den Schlafenden unbemerkt – ins Wasser geschleudert worden.

In anderen Nächten starrten Riesentintenfische mit ihren phosphoreszierenden grünen Augen ringsherum auf das geheimnisvolle Floß, oder es leuchtete und blinkte von Plankton. Ständig bewegte sich etwas im Wasser, stumpf oder leuchtend, tauchte empor, schmatzte und verschwand, Köpfe erhoben sich und zogen sich wieder zurück. Es schien den Wachhabenden, als sei ihr Gefährt bei den Lebewesen der Tiefe annonciert worden und diese tauchten nun herauf, um sich ein Bild davon zu machen. Dass dies in stockfinsterer oder mondbeschienener Nacht unheimlich war, ist einleuchtend. Allein die Vorstellung, welche Ungeheuer direkt unter dem Boden ihres Gefährtes herumschwammen, gab manchmal ein ungutes Gefühl – aber man gewöhnte sich daran.

Auch am Tag bekamen sie manchmal ungewöhnlichen Besuch. Die bizarrsten, unwirklichsten Lebewesen der Meerestiefen gaben sich an den Seiten des Floßes ein Stelldichein oder verharrten stundenlang direkt unter dem Gefährt. Einmal, vierhundert Seemeilen südlich der Galapagosinseln, dockte ein groteskes Riesenungeheuer an. Ein fünfzehn Meter langer Walhai von einem so scheußlichen Aussehen, dass sich die »Kon-Tiki«-Besatzung in einen schlechten Horrorfilm versetzt fühlte. Einer der Floßfahrer ertrug schließlich den Anblick nicht mehr und rammte dem unaussprechlich häßlichen Monster eine Handharpune in den Schädel. Augenblicklich verschwand es in rasender Fahrt zurück auf den Meeresgrund.

Die Zeit verging in der Fülle der Aufgaben des täglichen Lebens und mit Experimenten. Alle Sorgen der Zivilisation fielen von den Floßfahrern ab. Was blieb, war einzig und allein der Kampf gegen die Elemente – und gegen die abenteuerlichen Bewohner dieser Elemente. Manchmal mussten die Forscher hinab in das Wasser, um verkantete Senkkiele zu lockern oder einfach nach der Unterseite des Floßes zu schauen. Das war nicht nur unangenehm, sondern auch gefährlich, denn das Floß war ständig von ungebetenen fischigen Gästen umgeben. Auch die Haie gaben ein stets einsatzbereites räuberisches Geleit. Aber wenn sie abgefüttert waren, konnten die Männer sich sogar den Sport erlauben, die Haie am Schwanz zu packen, um sie zu ärgern. Manchmal gelang es ihnen sogar, ein Exemplar auf das Floß zu ziehen – wo der Fisch allerdings zu einer gefährlichen Kampfmaschine mit teuflischen Sägemesserzahnreihen wurde.

Jeder an Bord hatte seine zugewiesene Rolle, und jeder erfüllte sie. Jeder war mal für die Wache, mal für die Küche, mal für den Fischfang, mal für wissenschaftliches Arbeiten zuständig. Und immer beriet man gemeinsam, bevor etwas getan wurde. Auch der Speiseplan entstand kollektiv.

Getrunken wurde pro Tag und Mann etwa ein Liter Wasser, je länger die Fahrt dauerte zu immer größeren Teilen aufgefangenes

Regenwasser. Gegessen wurden gebratene Fische, aber auch die mitgebrachten Rationen aus Armeebeständen. Kokosnüsse wurden zur Ergänzung ebenso herangezogen wie Flaschenkürbisse und Süßkartoffeln, Nahrungsmittel, die irgendwann in vorkolumbischer Zeit von Südamerika aus ihren Weg nach Westen über die Ozeane angetreten hatten. Und das sicher nicht aus eigener Kraft. Denn ihr südamerikanischer Name war auch auf den polynesischen Inseln gebräuchlich. Die Nahrungsmittel werden ihn kaum ohne menschliches Zutun nach Westen gebracht haben.

Eines Tages entdeckten die Seeleute die geradezu geniale Steuerungsfunktion der Senkkiele, die zwischen den Baumstämmen hindurch ins Wasser ragten. Durch Heben, Verschieben oder Senken der Bretter ließ sich ein neuer, stabiler Kurs ausstecken, ohne dass man am Steuerruder hantieren musste. Mit Hilfe dieser Senkbretter – die vorn, hinten und seitwärts im Verhältnis zum Fixpunkt Mast und Segel standen – ließ sich das Floß leichter steuern als mit dem langen Steuerruder.

Nach sechzig Tagen spülte eine böse Welle den grünen Papagei auf Nimmerwiedersehen über Bord. Und als einmal zwei besonders wagemutige Forscher auf dem Schlauchboot hinauspaddelten, schafften sie es nur unter Aufbietung aller Kräfte, zum Floß zurückzukehren. Denn das Floß konnte nicht wenden und zurückkehren. Es fuhr weiter geradeaus auf seiner »Fahrstraße«, die der Passatwind ihm vorgab. Und die Gefahr, besonders bei nächtlicher Wache unbemerkt über Bord zu gehen, war ständig gegeben. Ein einziger unbedachter Schritt oder zu große Müdigkeit konnte das Ende bedeuten.

Der Kontakt zu Amateurfunkern in Amerika und auch in Europa war gefährdet, aber doch vorhanden. Nacht für Nacht funkten Torstein Raaby und Knut Haugland ihre Signale über die Wasser und erhielten Antwort. Die immensen Ergebnisse der täglichen Forschungsarbeit mussten verwertet werden. Dazu dienten neben der radiotechnischen Übermittlung Foto- und Filmkamera sowie die handschriftlichen Eintragungen in diverse Log- und Tagebücher. Ein unersetzlicher Schatz an Beobachtungen und analytischen Auswertungen stand bald zur Verfügung – Ergebnisse aus fast allen naturwissenschaftlichen Fachbereichen, niedergelegt von bärtigen norwegischen Seefahrern.

Die Mannschaft gewöhnte sich allmählich an die Verhältnisse von Wind und Wetter und lernte, mit allen Gefahren umzugehen. Doch man durfte keine einzige Minute unachtsam sein. Plötzlich entstanden aus dem Nichts Wirbel auf der See, die das Floß herumschleuderten, oder es bauten sich haushohe Wellenkämme auf, die heranrasten und alles zu erschlagen drohten. Oder veritable Stürme machten sich ein Vergnügen daraus, das kleine, leichte Floß wie einen Spielball zu behandeln, und schickten brausende Wassermassen im Sturzflug aus der Höhe herab über Floß und Besatzung. An gewöhnlichen Tagen schwappten rund zweihundert Tonnen Wasser über das Heck herein, an besonders schlimmen, stürmischen Tagen waren es rund zehntausend Tonnen Salzwasser.

Dass die Männer auf diesem tanzenden Fleck im Ozean nicht seekrank wurden, grenzt an ein Wunder. Aber abgesehen von anfänglichem Unwohlsein blieben alle bei Kräften.

Dennoch ging bei einem Sturm, der fünf volle Tage anhielt, Herman Watzinger über Bord. Und es gelang den anderen nur um Haaresbreite, ihn wieder an Bord zu holen, bevor er hoffnungslos abgetrieben wurde.

Nach all den fürchterlichen Stürmen auf See war das Floß zwar noch immer tüchtig, aber mitgenommen. Die Taue hatten sich sowohl gedehnt als auch tief in das weiche Balsaholz eingegraben. Das Holz war voll gesogen mit Meerwasser. Da es jedoch kein trockenes, abgelagertes, sondern frisch geschlagenes Holz war, verhinderte sein Saft in der Stammesmitte, dass das Wasser es ganz durchdrang. Dies war das eigentliche Geheimnis des Balsaholzes.

Den Männern war klar: Es wurde Zeit, dass die Reise sich dem Ende näherte. Doch jetzt, da sie sich ungefähr zwischen den Marquesasinseln und den Inseln des Tuamotu-Archipels bewegten, mussten sie sich sorgen, nicht weitere zweitausend Seemeilen westwärts abgetrieben zu werden, in Richtung des Tonga-Rückens, ja vielleicht sogar nach den Neuen Hebriden, die Australien östlich vorgelagert sind. Wo würde die Reise enden?

Am 17. Juli 1947 gab es erste unwiderlegbare Anzeichen für Land im Westen. Zwei Vögel von den Inseln ließen sich nahe dem Floß auf den Wellen nieder. Sie mögen auch die Segler eintausendfünfhundert Jahre zuvor auf ihre Weise begrüßt haben, jene weißen und bärtigen Flüchtlinge, die vor ihren Verfolgern vom Festland auf die Inseln fliehen mussten. Oder die Inkas selbst, die sich rund eintausend Jahre später auf ihren Flößen hinausgewagt hatten.

Bei Vollmond, am 30. Juli, näherten sie sich Land. Und als am nächsten Morgen die Sonne die Schatten der Nacht vertrieben hatte, sahen sie »ihre« Insel. So ungefähr musste sich Christoph Kolumbus gefühlt haben, als er nach monatelanger Segelfahrt über den Atlantik im Oktober 1492 den Küstensaum der Bahamas erblickte. Die Insel – es war das Puka-Puka-Atoll der Tuamotu-Gruppe – zog einen dünnen Strich gegen den Horizont, darüber lagen Wolken.

Die Besatzung schaute ehrfürchtig hinüber. Vorbei waren die entbehrungsreichen dreiundneunzig Tage auf dem Ozean, wo kalte Fische in jeder Größe und Gestalt die einzige Begleitung gewesen waren. Jetzt hoffte die Mannschaft, allen voran Thor Heyerdahl, auf andere Lebewesen zu stoßen. Vielleicht auch auf Menschen, auf Polynesier.

Aber die Hoffnung, an Land gehen zu können, war trügerisch. So nahe am Ziel, musste die Mannschaft erkennen, dass keine Strömung sie auf die angepeilte Insel zuführte. Im Gegenteil, die Drift des Atolls erfasste sie – und zog sie wieder hinaus auf die Weite des Ozeans. Puka Puka verschwand allmählich in der Sonne, und die Salzluft des Pazifiks lag wieder über allem.

Erst vier Tage später erhielt die »Kon-Tiki« wieder Gelegenheit, eine Insel des Tuamotu-Archipels anzusteuern. Strömung und Wind waren günstig, aber jetzt drohte ein weiteres Ungemach. Vor den Küsten der Inseln in der Welt Ozeaniens befinden sich gefährliche Felsenriffe. Derjenige, den der Sog dagegen wirft, zerschellt ohne die geringste Chance. Die Riffe entdecken sich dem kundigen Auge nur indirekt. Dort, wo in ruhiger Dünung plötzlich das Wasser aufschäumt, als tobe ein Kampf blutgieriger Haie um Beute, dort lauert das Verhängnis, dem viele Seefahrer und Entdecker schon zum Opfer gefallen sind.

Die »Kon-Tiki«-Besatzung wagte nicht, näher zu kommen. Als sie die Insel einmal fast umrundet hatten, immer das tödliche Riff vor Augen, bemerkten sie plötzlich Menschen. Insulaner fuhren mit Kanus an einer schmalen Stelle durch die Felsen direkt auf sie zu. Bald wimmelte das ganze Floß von Menschen, die fassungslos den nicht vorhandenen »Schiffsmotor« suchten.

Es gab also eine Tür durch das tödliche Riff! Die Eingeborenen mussten sie der »Kon-Tiki« zeigen.

Ein hartes Stück Arbeit stand der Mannschaft nun bevor; sie mussten durch diese enge Tür hindurchfahren. Der Wind machte auf und schüttelte das Floß in einem gefährlichen Vor und Zurück. Wie sie es schon draußen auf See jeden Tag erlebt hatten – mit dem Wind war nicht zu spaßen, er war ein starker Gegner.

Nach einigen Abenteuern mit Wind, Wellen und Insulanern mussten die Männer einsehen, dass sie den Elementen ihren Willen nicht aufzwingen konnten. Die »Kon-Tiki«-Besatzung musste erleben, wie das Floß wieder von der Insel fortgetrieben wurde. Auch die tatkräftige Mitwirkung der Insulaner änderte nichts daran, dass sie sich bald erneut auf offener See befanden. Als die stockdunkle Tropennacht hereingebrochen war, befanden sie sich wieder auf der Fahrt nach Westen.

Dies war nun das hauptsächliche Problem. Die Inseln Polynesiens vor Augen, konnten sie nicht anlanden. Die Brandung rings um die schützenden Riffe zu überwinden, das war eine größere Aufgabe und Gefahr, als dreiundneunzig Tage mit einem offenen Balsafloß über die wild bewegte See gesegelt zu sein.

Und als sie nach Tagen flauer Brise erneut bei Nacht, Wind und Regen auf eine Formation aus Riffen und Untiefen zugetrieben wurden, da wurde es Ernst. Wenn sie an den Felsen zerschellten, würden sie leichte Beute der Haie werden, die ihnen schon jetzt als stumme Drohung folgten. Aber selbst wenn sie den Fischen entkamen – nicht nur das Floß, auch sie selbst mussten dann an den teuflischen Riffen mit gebrochenen Gliedern liegen bleiben, unfähig, sich zu helfen. Sie befanden sich in Lebensgefahr und berieten, was im Falle eines Schiffbruches zu tun sein werde. Ein Krisenszenario wurde blitzschnell entworfen – und es musste angewendet werden.

Die Riffe kamen immer näher. Jetzt konnten die Männer nur noch abwarten, was die Elemente mit ihnen vorhatten. Aller Ballast war abgeworfen, die Floßhütte zerstört, jeder Teilnehmer der Expedition war ausgestattet mit dem Nötigsten, anhand dessen er später identifiziert werden konnte – falls das noch nötig sein würde.

Es hob die Stimmung der Mannschaft nicht, dass sie plötzlich vor sich, am Ringriff, das die ganze Inselgruppe wie eine Barriere umgab, die Reste eines gestrandeten Schiffes im Meer dümpeln sahen.

Der Moment des Aufpralls kam.

Vier Riesenwogen von bis zu acht Meter Höhe hatten Floß und Besatzung mit Urgewalt überfallen. Aber noch hielt das Balsafloß.

Und die Männer klammerten sich mit aller Kraft irgendwo an den Tauen fest, um nur nicht über Bord zu gehen, wo sie nicht mehr sein würden als ein hilfloses Opfer der Gewalten.

Der Aufprall zerstörte das Floß.

Aber noch »im Sterben« schaffte es die »Kon-Tiki«, über die Felsenbarriere hinwegzukriechen. Auf der anderen Seite des Riffs fielen die Stämme in das flache Wasser der blauen Lagune und trieben an Land – gezogen von den lädierten, aber tatkräftigen Männern, die mit letzter Kraft im seichten Wasser wateten und retteten, was zu retten war.

Das war das vorläufig glückliche Ende einer unglücklichen Landung mitten in der Südsee. Die »Kon-Tiki« war nach 100 Tagen am Ziel.

Die Männer atmeten auf. Sie lagen sich in den Armen. Nach Momenten der Besinnung, der Freude über das Überleben und der Bestandsaufnahme suchten sie sich in der unbewohnten Korallenwelt ein trockenes Stück Insel. Denn niemand war sicher, wie hoch das Wasser über die flachen Sandbänke steigen konnte, wenn die Flut zurückkam.

Sie begannen, sich für die erste Nacht einzurichten. Überwältigt von dem Gefühl, »angekommen« zu sein, bereiteten sie ein Lager, sogen die süße, schwere Luft der Kokos-Insel ein, bereiteten sich auf dem geretteten Primuskocher eine erste Mahlzeit zu und sahen den leichten Passatwolken zu, die von Osten nach Westen zogen.

Nach dem ersten Hochgefühl, wieder festen Boden unter den Füßen zu haben, begann am nächsten Tag die Erkundung der kleinen Insel. Doch dies nahm nicht viel Zeit in Anspruch, denn das Eiland hatte nur rund zweihundert Meter Durchmesser. Zu essen und zu trinken war reichlich vorhanden, jetzt musste abgewartet werden, ob die Funksprüche in letzter Minute einen Adressaten gefunden hatten und die Rettung eingeleitet war.

In der Zwischenzeit barg die Besatzung die Überreste des Floßes. Es zeigte sich, dass das Funkgerät wieder zusammengesetzt werden konnte. Auch sonst hatten die Vorkehrungen vor dem Schiffbruch Erfolg gehabt, kaum etwas war verloren gegangen, jetzt spülten die Wogen nach und nach alles an den Strand. Die Funker bekamen Kontakt mit Tahiti, und es konnte nur eine Frage von wenigen Tagen sein, bis man sie fand.

Aber Tag für Tag verging. Nichts geschah. Nach einer Woche begann die Expedition, unruhig zu werden. Einzelne Erkundungsgänge über das Atoll und zu den umliegenden Inseln hatten scheußliche Erlebnisse mit giftigen Riesenaalen und bösartigen Riesentintenfischen mit sich gebracht. Im Inland lauerten Schlangen. Auch auf diesem winzigen Eiland erwies sich wieder, wie zwiespältig das Paradies war. Es war ein Traum in guten Momenten und ein Alptraum in schlechten – und beides oft zu gleicher Zeit.

Zu den guten Momenten gehörte, dass eines Morgens Auslegerboote von Insulanern in der Lagune ankamen. Auf den umliegenden Inseln hatten sie des Nachts Feuer gesehen und ein übernatürliches Ereignis vermutet; jetzt kamen sie, um ehrfurchtsvoll nachzuschauen. Es stellte sich heraus, dass die Insel Raroia hieß und dass es auf der Insel der Ankömmlinge ein 120-Seelen-Dorf mit einem Häuptling gab. Die Insulaner bereiteten den gestrandeten Weißen ein Fest. Und als am Tag darauf Hochwasser in die Lagune spülte, gelang es, die »Kon-Tiki« am Riff flottzumachen und an Land zu ziehen. Dort nahm das Floß an den Feierlichkeiten teil. Alle, Floß, Besatzung und Einheimische, waren beisammen.

Auf der Hauptinsel des Archipels kam es später zu einem noch größeren Fest. Begeistert vernahmen die Eingeborenen über einen Dolmetscher, der in Tahiti Französisch gelernt hatte, das Motiv für die Floßfahrt. Es war also wahr, was die Uralten erzählt hatten, dass nämlich ihr Stammahne Tiki tatsächlich einmal gelebt hatte und auf einem ebensolchen Balsafloß – sie nannten es Pae-Pae oder Rongo-Rongo – zu den Inseln herübergekommen war. Dass es weiße Männer waren, die dies nun zu beweisen versucht hatten, versetzte die Insulaner geradezu in Verzückung. Dementsprechend eindrucksvoll waren Speise und Trank und das Lächeln der Mädchen bei den folgenden Festlichkeiten.

Und als die Feier vorbei war, galt es als beschlossene Sache, dass die sechs weißen Männer adoptiert werden sollten. So geschah es. Die sechs erhielten polynesische Namen; Heyerdahl hieß fortan Varoa Tikaroa, wobei Tikaroa der Name des ersten Häuptlings war, der den Legenden zufolge hierher auf die Insel gekommen war.

Wenn aber die Einheimischen hofften, die weißen Männer würden nun auf der Insel verweilen und die Feste zu ihren Ehren würden einen ungestörten Verlauf nehmen, so sahen sie sich getäuscht. Inzwischen war ein französischer Regierungsschoner in Bewegung gesetzt worden, der die Gestrandeten im Auftrag des Gouverneurs der Kolonie nach Tahiti bringen sollte. Und das war ein Glück. Denn der routinemäßige Kopra-Schoner, auf den die Einheimischen schon seit einem Jahr warteten und der zwischen den Inseln Handel mit Kokoskernen und anderen Waren trieb, lag eines Nachts auf dem Riff – gestrandet. Seine Ladung musste in mühsamer Kleinarbeit an Land geholt werden. Das Schiff wiegte sich nun neben der spanischen Fregatte, die die Floßfahrer gleich bei ihrer Ankunft in der Brandung gesehen hatten, als weiteres Wrack vor den gefährlichen Felsen des Atolls.

Das Abenteuer war zu Ende. Die »Tamara« nahm die »Kon-Tiki« ins Schlepptau und deren Besatzung an Bord, und es ging hinaus auf die offene See in Richtung Tahiti. Und als man nach viertägiger Reise in den Hafen von Papeete einfuhr, wartete die ganze Insel. Gemessen an den Festen, die nun folgten, waren die zurückliegenden üppigen Tage auf dem Eiland Raroia nur ein Vorgeplänkel gewesen.

Die sechs Männer der »Kon-Tiki« mussten mehrere Wochen auf Tahiti verbringen, bevor der norwegische Viertausendtonner »Thor« sie nach Amerika mitnahm.

Auf der Schiffsreise zurück zu dem Kontinent, von dem Heyerdahl glaubte, er habe die Entdeckung und Besiedelung des polynesischen Raumes eingeleitet, hatte der Forscher ausgiebig Gelegenheit, über den Erfolg der »Kon-Tiki«-Expedition nachzudenken. Was hatte das Wagnis an greifbaren Ergebnissen gebracht?

Der wichtigste Punkt war nach wie vor: Die »Kon-Tiki« hatte den Nachweis erbracht, dass die früheste Besiedelung Polynesiens tatsächlich von Peru aus möglich gewesen sein konnte. Denn es hatten dafür die Verkehrsmittel und die Routen zur Verfügung gestanden. Ob die Vor-Inka-Zivilisation wirklich dieselbe direkte Route genommen hatte wie die norwegische Expedition oder einen Umweg, ob die Besiedelung zielgerichtet gewesen war oder zufällig, das blieb natürlich ungeklärt.

Und was hatte die Reise Thor Heyerdahl persönlich gebracht? Zum einen war er nun weltweit bekannt geworden. Für einen Fachwissenschaftler, der er war, genoß er auf einen Schlag einen geradezu sensationellen Ruhm. Eine ganz andere Seite jedoch war die Diskussion seiner Taten in den Gremien der Wissenschaft. Hier tat sich so gut wie nichts. Ein amerikanischer Wissenschaftler bemerkte: »Das Einzige, was Heyerdahl bewiesen hat, ist, dass Norweger gute Seefahrer sind.« Und eine andere typische Reaktion kam von dem führenden Polynesien-Experten Sir Peter Buck: »Ein nettes Abenteuer. Aber sie können niemanden davon überzeugen, dass es sich hier um eine wissenschaftliche Expedition handelte.«

Dies ist die auf den Punkt gebrachte Crux des wissenschaftlichen Umgangs mit Thor Heyerdahls Werk. Bis heute hat sich daran nicht viel geändert. Wissenschaft, die nicht am Schreibtisch geschrieben wird, sondern vor Ort, durch das Zusammenspiel von Verstand, Erfahrung, Handwerk und Phantasie, zählt dem Establishment nichts. Im Gegenteil. Durch Expeditionen wie die Heyerdahls und seiner Gefährten fühlen sich Wissenschaftler herausgefordert und provoziert. Sie schrecken aus ihren Thesenpapieren hoch und fühlen sich gestört. Eine Reise dieser Art kommt ihrem eingeschliffenen Austausch über Arbeitsergebnisse unangenehm in die Quere. Die »Kon-Tiki« durchschnitt sozusagen empfindlich ihren Horizont.

Und im Großen und Ganzen ist das bis heute so geblieben. Thor Heyerdahls Ruhm als Ethnologe und Anthropologe ist, trotz seines großen Hauptwerks »American Indians in the Pacific. The Theory behind the Kon-Tiki-Expedition« (1952) nicht groß geworden. Nicht so groß, wie er es verdient hätte. Dafür ist sein Ruhm als Abenteurer umso größer. Dass jedoch Wissenschaft als Abenteuer betrieben werden kann, ja gegebenenfalls betrieben werden muss, um Spuren zu sichern, das will der etablierten Wissenschaft vom Menschen nicht einleuchten.

Um es aber klar zu sagen: Die Größe Thor Heyerdahls liegt nicht darin, aus vorhandenen Theorien über Polynesien eine neue kumuliert zu haben. Sie liegt darin, einen neuen Zugang zu diesen Theorien gefunden und gewiesen zu haben. Einen Zugang, der sie glaubwürdiger macht, teilweise aber auch widerlegt. Und dass er diesen Zugang mit seinen eigenen Lebensenergien immer wieder freischaufelte und freihielt, das macht ihn auch zu einer faszinierenden, in seinem Bereich zu einer einzigartigen Persönlichkeit.

Zurück in der Heimat, plante Heyerdahl zuallererst, sich mit Liv zu treffen. Obwohl sie seine Wege in den zurückliegenden Monaten verfolgt hatte, hatte es keinen Kontakt zwischen den beiden gegeben. Als sie sich nun in Washington trafen, stand die Weltpresse, die ihn als Abenteurer begrüßte, Spalier. Dies gefiel Liv überhaupt nicht. Sie warf Heyerdahl vor, den Auftritt für seine publizistischen Zwecke manipuliert zu haben. Der Bruch zwischen den Ehepartnern war nicht mehr zu kitten.

Bilder aus dieser Zeit zeigen Thor Heyerdahl mit ernstem, fast verschlossenem Gesicht. Die jungenhafte Freude über all die Wunder der Welt war daraus gewichen. Er war nun 34 Jahre alt, auf dem Höhepunkt seiner Schaffenskraft, aber um seinen Mund traten Spuren von Bitternis und Trauer zutage. Das Scheitern seiner ersten Ehe hatte ihn mehr gezeichnet als die zurückliegenden Strapazen mit der »Kon-Tiki«.

Liv und Thor blieben dennoch Freunde. Aber nachdem Heyerdahl eines Tages eine junge, großäugige Frau mit Namen Yvonne über den Weg lief und schon beim ersten Treffen (remember Liv!) bereit war, mit ihm in Brasilien Fallschirmspringen zu trainieren, war eine neue Liaison angebahnt. Es zeugt von der Freundschaft zwischen Liv und Thor, dass er Yvonne nach Lillehammer mitnahm, um die Frauen miteinander bekannt zu machen. Und Liv sagte zu ihm: »Du hast einen Engel kennen gelernt.«

Auch wenn gegenseitiger Respekt ihr Verhältnis bestimmte, ließen Liv und Thor sich scheiden. Heyerdahl, besessen von seinen Ideen, begann mit der Auswertung der »Kon-Tiki«-Expedition. Sein Privatleben schien nur der Untergrund zu sein für seine wissenschaftliche Arbeit – nicht etwa umgekehrt.

Thor Heyerdahl wollte in der folgenden Zeit ein wissenschaftliches Werk vorlegen, das auf seinen eigenen Recherchen in Kanada, Peru und Polynesien basierte. Er hoffte, damit in der akademischen Welt endlich ernst genommen zu werden.

Yvonne war freundlich und begeistert genug, mit ihm nach England zu gehen. Sie bezogen ein kleines Steinhaus in Dartmoor, im Westen des Landes. Und inspiriert von der besonderen Atmosphäre der Region, begann Heyerdahl mit der Arbeit an seinem Buch »American Indians in the Pacific«. Darin versuchte er, die Summe seiner bisherigen Kenntnisse über die Besiedelung der Inselwelt Polynesiens zu ziehen.

Das Buch erschien im Sommer 1952, und es löste ein wohlwollendes Echo aus. Dennoch blieben viele angesehene Fachwissenschaftler auch weiterhin bei ihrer ablehnenden Haltung. Theorien, die seit Jahren und Jahrzehnten verkündet wurden, werden nicht über Nacht umgestoßen. Niemand verliert gern sein Gesicht. Und da Thor Heyerdahl ein sensibler, großzügiger Mensch ist, konnte er diese Haltung – in gewissen Grenzen – auch akzeptieren.

Auch nach Abschluss seines Buches arbeitete Heyerdahl an der Beweisführung weiter. Er fuhr erneut nach Amerika, um sich mit Fachwissenschaftlern auszutauschen. Und ein alter Bekannter, Dr. Alfred Métraux, der schon eine Expedition auf die Osterinsel geleitet hatte, lud ihn zu einer Reise auf die Inseln der Galapagos-Gruppe ein. Erneut begab sich Heyerdahl in das Land seiner Träume. Und wieder ging es um das, was ihn umtrieb: Er hatte eine Fotografie gesehen, auf der eine Steinstatue abgebildet war, die angeblich auf einer der Inseln stand, halb verdeckt vom Busch. Sie ähnelte exakt denen, die er auf Fotos von der Osterinsel gesehen hatte. Diese Statue musste er unbedingt finden.

Er fragte sich, ob eine solche Statue von der Osterinsel auf die Galapagos gekommen sein konnte. Auf welchem Weg und mit welchem Motiv? Oder war sie von Peru aus direkt auf die Galapagos gekommen – auf denselben Routen, die auch auf die Osterinsel führten? Konnte eine solche Statue die Migrationsbewegungen vom südamerikanischen Festland aus in die nördliche und südliche polynesische Inselwelt beweisen?

Diese Überlegungen elektrisierten Heyerdahl. Und so setzte sich Anfang 1953 eine kleine Expedition, bestehend aus dem nordamerikanischen Archäologen Erik Reed, dem norwegischen Archäologen Arne Skjolsvold und Heyerdahl, in Bewegung. Man landete an der James Bay auf den Galapagosinseln, sechshundert Seemeilen westlich von Ecuador, baute Zelte auf und begann zu suchen. Und es dauerte nicht lange, bis man Beweise dafür gefunden zu haben glaubte, dass die Inseln von südamerikanischen Indianern wenn nicht dauerhaft, dann doch sporadisch besucht worden waren, lange bevor die Inka-Zeit anbrach. Man grub Töpferprodukte und kleine Steinpfeifen aus, die aus der Prä-Inka-Zeit Perus bekannt waren. Die Statue allerdings fand Heyerdahl nicht. Besser gesagt: Er fand sie, aber sie war kein Zeugnis aus der indianischen Besiedelungszeit, sondern ein Naturstein, bemalt von einem Deutschen, der damit seine Kinder hatte erfreuen wollen.

Auch solche Enttäuschungen müssen verwunden werden.

Es spricht für Heyerdahls Einstellung zum Leben, dass er trotz aller wissenschaftlichen Besessenheit über die Fälschung lachen konnte.

Nach ihrer Rückkehr konnten Heyerdahl und seine Begleiter in Ecuador mit Küstenindianern über die Frage diskutieren, wie die frühen Seefahrer vom Festland aus auf die Galapagos gekommen waren. Und noch wichtiger: wie sie zurückgesegelt waren, gegen den Wind aus Osten. Man erzählte ihnen einige interessante Einzelheiten über die so genannten »guaras«, jene meist künstlerisch verzierten Schwertkiele, die Heyerdahl auf der »Kon-Tiki« schon benutzt hatte, allerdings ohne ihre Möglichkeiten wirklich zu kennen. Er erfuhr, dass im Zusammenspiel von Segel und »guaras« ein Balsafloß ungeheuer beweglich wurde. Und mit der Hilfe seiner beiden Gefährten ließ Heyerdahl ein neues Floß bauen; nicht so groß und teuer wie die »Kon-Tiki«, denn es diente nur einer Demonstration.

Und siehe da: Unter Mithilfe seitens der Indianer erwies sich, dass bei gleichzeitiger Manipulation von Segel und Schwertkielen das Floß auch gegen den Wind segeln konnte. Wäre Heyerdahl diese Technik vorher vertraut gewesen, dann wäre die »Kon-Tiki« möglicherweise nicht an den Riffen eines Südsee-Atolls gestrandet.

Heyerdahl war perplex über den einfachen und genialen Einsatz der »guaras«. Damit war ein weiteres wichtiges Geheimnis der Prä-Inka-Seefahrer gelüftet. Sie waren nicht auf die ozeanischen »Fahrstraßen« angewiesen gewesen, sondern hatten die Ozeane in beliebiger Richtung mit ihren Flößen überqueren können.

Sie waren die Herren des Pazifiks gewesen.

Die Geheimnisse der einsamsten Insel der Welt

DIE OSTERINSEL-EXPEDITION

»Wer hier lebt, der wartet immer auf irgendetwas Unerhörtes, er spürt unbewusst, dass er vor etwas Größerem steht, das seine Fassungskraft weit übersteigt.«

KATHERINE ROUTLEDGE

Zu Ostern des Jahres 1722 landete der holländische Seefahrer Jacob Roggeveen als erster Europäer auf einer Insel westlich der chilenischen Küste. Er nannte das seltsame Eiland deswegen »Osterinsel«. Er glaubte, die Insel »entdeckt« zu haben, doch sie war natürlich – im emphatischen Sinne – schon immer dort gewesen, und vor allem: Sie war bewohnt. Und das seit Jahrtausenden und von einer so hochstehenden Kultur, dass deren Zeugnisse einen rätselhaften Kontrast bildeten zu allem, was sich auf dieser Insel vulkanischen Ursprungs an natürlichen Gegebenheiten fand.

Seit diesem Tag der »Entdeckung« existiert das Geheimnis der Osterinsel. Jahrhundertelang hat es die Menschen bewegt und beschäftigt.

Die Einheimischen nennen die Insel »Rapanui«. Aber der ältere, polynesische Name der Insel war und ist: »Te-Pito-o-te-Henua«. Das heißt nicht weniger als »Der Nabel der Welt«. Und dieses kleine, gottverlassene Inselchen in einer der abgelegensten Regionen der Erde sollte damit gemeint sein? Woher kam dieser Name, und von welcher Bedeutung kündet er?

Thor Heyerdahl hatte, wie wir gesehen haben, auf der Südsee-Insel Fatu Hiva bereits Erfahrungen gesammelt. Er hatte die »Kon-Tiki«-Expedition glücklich hinter sich gebracht. Er hatte auf den Galapagos geforscht. Er war auf dem südamerikanischen Festland tätig geworden. Das verbindende Glied zwischen all diesen Punkten fehlte noch. Er glaubte, es sei die Osterinsel.

Zu dieser Annahme veranlasste ihn die Tatsache, dass auf der Insel gewaltige Steingiganten existierten. Sie waren Zeugnis einer so ungewöhnlichen Kultur und eines so rätselhaften religiösen Ritus in früherer Zeit, dass deren Erkundung geradezu auf der Tagesordnung einer neuen Forschungsexpedition stehen musste. Die mehr als vierhundert haushohen Steingiganten stellten eine der größten »handwerklichen« Unternehmungen aller Zeiten dar, vergleichbar dem Bau der Pyramiden im alten Ägypten oder dem der Stufentempel im mittelamerikanischen und südamerikanischen Bereich. Zudem erinnerten diese Kolosse auffällig an bestimmte Zeugnisse der peruanischen Inka-Kultur. Wer also waren die Baumeister gewesen? Woher waren sie gekommen? Und welche Motive hatten sie bewegt?

Überraschenderweise hatte es bisher nur zwei archäologische Expeditionen auf die Insel gegeben. Die Engländerin Katherine Routledge hatte die erste im Jahr 1914 – also im Geburtsjahr Thor Heyerdahls – angeführt. Zwanzig Jahre später waren Franzosen und Belgier zu einer gemeinsamen Unternehmung auf die Insel gekommen, der französische Expeditionsleiter Métraux war derjenige, der Heyerdahl später auf die Galapagos begleitet hatte. Auf den Arbeitsergebnissen dieser beiden Expeditionen basierte das Bild, das die Öffentlichkeit von der Osterinsel hatte.

Bevor Heyerdahl jedoch Mitte Oktober 1955 zusammen mit fünf professionellen Kollegen – darunter Arne Skjolsvold, der ebenfalls auf den Galapagos dabeigewesen war – auf einem für ein Jahr gemieteten grönländischen Trawler samt Besatzung zu der Insel aufbrechen konnte, mussten einige Dinge geregelt werden. Es waren überwiegend private Dinge.

Sein Sohn Thor aus der Ehe mit Liv, inzwischen 17 Jahre alt, wollte ihn auf der Reise begleiten und musste von der Schule freigestellt werden. Das gelang dem Vater. Und auch seine jetzige Frau, Yvonne, legte Wert darauf, die Reise mitzumachen. Ja, nicht allein das. Sie nahm ihre inzwischen zweijährige Tochter Anette auf den Arm und bestand darauf, auch sie dabeizuhaben. Mit drei zusätzlichen Heyerdahls an Bord konnte nichts schief gehen! Im September des Jahres 1955 schiffte sich die Familie ein, begleitet von einer Hand voll Fachkollegen.

Als die Insel nach vierzehntägiger eintöniger Fahrt im Westen auftauchte, machte sie auf ihre Besucher einen ihrem Ruf entsprechenden geheimnisvollen, ja düsteren Eindruck. Man umrundete das im Durchmesser rund 20 Kilometer große Eiland – die einsamste Insel der Welt, abseits jeder Verkehrsroute, bestückt mit den rätselhaftesten Kulturzeugnissen der Welt. Als der nächste Morgen anbrach, ging es in Höhe des Ortes Hangaroa an Land.

Man hatte Thor Heyerdahl an den eigentlichen Herrscher der Insel verwiesen, den Pater Sebastian Englert. Als dieser hoch gewachsene, stolze Mann sie mit den herzlichen Worten »Willkommen auf meiner Insel!« begrüßte, wusste Heyerdahl, dass ihm die Tore der Osterinsel während der nächsten Wochen nicht verschlossen bleiben würden. Für eine Expedition, die auf einheimische Hilfe angewiesen war, konnte dies im Hinblick auf die objektiven Arbeitsergebnisse entscheidend sein.

Gleichzeitig lernten die Gäste den chilenischen Gouverneur Arnaldo Curti und den »Bürgermeister« der Einheimischen, Pedro Atan, kennen. Da beide Männer freundlich waren und mit ihren Erzählungen nicht hinter dem Berg hielten, war der Start in eine intensive, arbeitsreiche Zeit sehr günstig. Um den Bürgermeister der Einheimischen lag dabei noch ein besonderes Geheimnis, das Heyerdahl zu einem späteren Zeitpunkt in Erstaunen versetzen sollte.

Thor Heyerdahl kannte aus Büchern bereits die Erzählungen aus früherer Zeit der Osterinsel, und jetzt hörte er sie wieder.

Da waren die Geschichten des bereits erwähnten Holländers Roggeveen, der von Einheimischen berichtete, die hellhäutig waren und Bärte trugen. Einigen von ihnen hingen die Ohrläppchen bis auf die Schultern. Viele Eingeborene waren nackt und besaßen am ganzen Körper Tätowierungen, andere bedeckten sich mit bunten Rindenstoffen und trugen Federkronen oder merkwürdige Hüte auf dem Kopf. Sie beteten morgens die aufgehende Sonne an und entzündeten vor den Steinkolossen Feuer. Die Bewohner schienen bitterarm und teilweise auch krank zu sein, ihre Hauptnahrung war die Süßkartoffel, die aus Südamerika bekannt war. Das kulturelle Niveau der Menschen entsprach etwa dem der Steinzeit.

Aber sie besaßen diese haushohen Steinstatuen. Das Rätsel war entdeckt – die Lösung nicht.

Erst viele Jahre später landete die nächste Expedition, angeführt von dem Spanier Don Felipe Gonzales. Er kam mit einigen Priestern und okkupierte die Insel für sein Land. Seitdem hieß sie »San-Carlos-Insel«. Auch Gonzales berichtete von hellen und hoch gewachsenen Menschen, übrigens fast ausschließlich erwachsenen Männern, die Bärte, teilweise rote Bärte, trugen und eher wie Europäer denn wie Polynesier aussahen.

Als Kapitän Cook einige Jahre später (1768) die Insel ansteuerte, glaubte er, ein schweres Verhängnis müsse seit dem letzten Besuch der Spanier über die Bewohner hereingebrochen sein. Sie wirkten müde und apathisch. Und auch viele der Steinkolosse befanden sich nicht im alten Zustand, viele waren bewusst umgestürzt und zerstört worden. Als der Kapitän die Terrassen untersuchte, auf denen die Steinfiguren standen oder gestanden hatten, erstaunte ihn die perfekte Steinmetzarbeit. Auf den Plattformen fand er Skelettreste, die offensichtlich von Bestattungen herrührten. Und in der Nähe Spalten im Boden, die – nach seiner Vermutung – in ein weit verzweigtes System von unterirdischen Höhlen führten.

Cooks Vermutungen konnte der Franzose La Pérouse bestätigen, der im Jahr 1786 als Nächster kam. Diesmal wimmelte die Insel von Tausenden von Menschen, Männern, Frauen und Kindern, und es war klar, dass sie in Höhlen unter dieser baumlosen Mondlandschaft wie in einem natürlichen Untergeschoss lebten.

Die Osterinsel war und blieb ein Ort der Rätsel und der Experimente. Nicht viele der Besucher, die das Eiland ansteuerten, hegten gute Absichten. So hatte schon die erwähnte holländische Expedition einige Insulaner im Streit einfach erschossen. Anfang des 18. Jahrhunderts kamen dann Amerikaner, die Arbeitskräfte für eine Robbenfangstation suchten und einfach einige Bewohner kidnappten. Als man ihnen nach drei Tagen die Fesseln abnahm, sprangen sie sofort ins Wasser. Der Kapitän ließ sie ertrinken, steuerte das Schiff zur Insel zurück – und kidnappte nach blutigen Kämpfen erneut einige Männer und Frauen. Die Osterinsel war das wilde Eiland, auf dem sich jeder nach Herzenslust bediente.

In der Folgezeit wehrten die Insulaner mit Waffengewalt jeden Ankömmling ab.

Die Zeiten wurden wieder friedlicher, die Erinnerungen verblassten, und die Besuche waren seltener geworden, doch dann kamen peruanische Sklavenjäger mit sieben Schiffen und tobten über die Insel. Es kam zu einer blutigen Metzelei, wer nicht in Ketten gelegt werden wollte, wurde erschossen. Nachdem die Peruaner mit mehr als tausend Sklaven abgezogen waren, versank die Insel in Stille und Ödnis. Von den tausend Verschleppten kamen fünfzehn Insulaner zurück. Aber sie schleppten vom Festland die Pocken mit und löschten damit unwillentlich fast alle Einwohner aus. Es blieben nach der Epidemie ganze 111 Bewohner auf der Osterinsel am Leben.

Ein kurz darauf eintreffender christlicher Missionar versuchte, die Überlebenden zum »richtigen« Glauben zu bekehren, wurde aber mit Hilfe eines französischen Abenteurers vertrieben, und dieser selbst wurde ermordet. Die Chilenen annektierten die Insel Ende des 18. Jahrhunderts. Immer wieder kamen und gingen Neugierige, die vom Rätsel dieser Insel gehört hatten – und sie schleppten das Inventar mit, um es zu verhökern oder in Museen rund um die Welt zu verstreuen. Langsam kehrte die »Zivilisation« des 20. Jahrhunderts auf der Osterinsel ein. Und im 20. Jahrhundert bemühten sich die schon erwähnten beiden Expeditionen erstmals gründlicher um die Geheimnisse der Insel, ohne jedoch zu graben.

Als Thor Heyerdahl auf der Osterinsel landete – in friedlicher Absicht, wie sich versteht –, lebten in einer kleinen weißen Kolonie auch ein Gouverneur, ein Priester, mehrere Nonnen, ein Schulmeister, zwei Polizisten und ein Arzt zusammen mit den rund neunhundert Einheimischen. Man hatte inzwischen Dörfer gegründet und kleine, weiß gestrichene Holz- und auch Steinhäuser gebaut. Die chilenische Marine besaß einen Stützpunkt und benutzte die Insel als eine Art riesige Farm zur Schafzucht. Selbst eine solche Insel wird irgendwann einmal in das grelle Licht der Neuzeit hineingerissen. Aber die Rätsel blieben nach wie vor ungelöst. Heyerdahl wusste, die Insel gab diese Rätsel nicht auf den ersten Blick preis, man musste auf der Osterinsel graben, um an die tieferen Schichten ihrer Geheimnisse heranzukommen. Genau das hatte bisher noch niemand getan.

Deshalb war er hier.

Als die ersten Tage im Trubel der Begrüßungen vergangen waren, angefüllt mit Besuchen, Erzählungen, kleinen Festen und dem Kennenlernen der freundlichen, aber schlitzohrigen und sehr phantasiebegabten Insulaner, konnte endlich darangegangen werden, die Arbeit vorzubereiten.

Man brachte die gesamte Ausrüstung an Land, was sich wegen der unberechenbaren Brandung als ein gefährliches Unterfangen erwies. Dann schlug man ein Zeltlager im Anakenatal auf, das auch

»Tal der Könige« heißt, eben dort, wo nach den Legenden in grauer Vorzeit der allererste König der Insel mit Namen Hotu Matua gelandet war und sein Haus gebaut hatte. Wann war das gewesen, und woher war Hotu Matua gekommen? In der Höhe über dem Strand befanden sich von seinem Palast noch drei tempelartige Plattformen aus mächtigen Steinquadern, überall standen oder lagen Steinfiguren in Menschengestalt. Von ihren Köpfen abgefallen waren riesige rostrote Zylinder, die sie früher auf dem Scheitel balanciert hatten. Es gab kaum einen interessanteren Platz auf der Osterinsel, um mit den Grabungen zu beginnen.

Die ersten Funde machten die Archäologen dort, wo angeblich die Küche des uralten Königs der Osterinsel gestanden hatte. Man legte in vorsichtiger Arbeit ein altes Steingefäß, Speerspitzen und andere Geräte aus vulkanischem Glas frei. Beim weiteren Vordringen fand man Fischhaken aus Menschenknochen. Weiter und immer tiefer wurde gekratzt und gegraben. Und plötzlich kamen unter der »Küche« an der Oberfläche Reste einer genau gleichen, anderen Küche zum Vorschein. Man konnte sich also tatsächlich auch auf der Osterinsel durch die Jahrhunderte graben. Und jene Archäologen waren schon bei diesen zufälligen Ergebnissen widerlegt, die behauptet hatten, es gebe eigentlich keine Erdablagerungen auf der Insel, da es ja auch keinen Waldbewuchs, sondern nur vulkanischen Stein gebe, man brauche also gar nicht erst zu graben.

Die Resultate der ersten Grabungen waren ermutigend genug, um weiterzumachen. Die Forscher rekrutierten nun Einheimische, um auf größerer Fläche in die Tiefe zu gehen.

Thor Heyerdahl, der ja selbst kein Archäologe ist, zog unterdessen mit zwei einheimischen Frauen, die Pater Sebastian ihm empfohlen hatte, los, um alte Höhlen zu erforschen. Das Höhlensystem auf der Insel war überwältigend. Manche der natürlichen Höhlen war offen, andere waren mit Steinen vermauert. Was bargen sie?

In den Höhlen hatte die Urbevölkerung der Insel gehaust. Hier hatte sie auch Zuflucht gesucht, wenn Fremde auftauchten, in denen man – meist zu Recht – Feinde witterte. Den Boden der Höhlen bildete kalte, vulkanische Erde, die Wände bestanden größtenteils aus natürlichem Fels, stellenweise mit Mauerwerk verkleidet.

Heyerdahl fand Spuren von Kannibalismus, immer wieder angesengte Menschenknochen. Hatten nicht die Legenden von wilden Kriegern erzählt, die Menschenfleisch aßen, weil sie so stärker und mutiger wurden? Geschichten von Kannibalismus waren aus der Zeit überliefert, als die »Kurzohren«, also die Vorfahren der jetzigen Bevölkerung, die »Langohren« vernichtet hatten. Die Langohren entstammten einer früheren Stammbevölkerung, sie hatten die Aristokratie der Insel gebildet, nach ihrem Angesicht waren die Steinkolosse gebaut worden. Als Herrscher der Insel hatten sie die anderen, ebenjene Kurzohren, zur Arbeit gezwungen. Eines Tages versank die Insel in einen Bürgerkrieg, die Langohren zogen den Kürzeren, sie wurden sämtlich verbrannt. Danach ging man daran, die Statuen umzustürzen und zu zerstören; errichtet wurde von diesem Tag an wohl keine einzige mehr.

In einer besonders schwer zugänglichen Höhle auf der Ostseite der Insel, die Pater Sebastian Thor Heyerdahl zeigte, waren in früheren Zeiten junge Mädchen monatelang festgehalten worden – ohne Sonnenlicht, damit ihre Haut bleiche. Damit wurden sie tauglich für den Kult der weißen Haut, ein religiöser Reflex der Verehrung für früheste Bewohner der Insel, die angeblich weiß gewesen waren, mit rotblonden Haaren und blauen Augen. Nach dem Ausbruch der Pockenepidemie hatte niemand mehr die Mädchen in der Höhle aufgesucht, und sie waren elendig verhungert.

In dieser Höhle erlebte Heyerdahl eine klaustrophobische Situation, die an Urängste rührte. Auf der Suche nach einer Begräbnisstätte und Skeletten musste er sich – gefolgt von einem einheimischen Begleiter – durch eine lange Felsröhre schieben. Die Röhre war gerade breit genug, um sich mühsam, Zentimeter für Zentimeter, vorwärts zu schieben. Nachdem er in einer Höhlenblase die menschlichen Überreste gefunden hatte, die er suchte, machte er sich wegen Sauerstoffmangels schnell auf den Rückweg. Als er wieder in dem Felskanal steckte und kaum noch Kraft hatte, um sich in dem engen, feuchten, kalten und schlecht durchlüfteten Gang vorwärts zu arbeiten, musste er plötzlich feststellen, dass die Felsröhre endete. Er kam nicht weiter. Entweder hatte sich der Fels hinter ihm geschlossen, oder er hatte einen falschen Rückweg eingeschlagen. Der Forscher steckte fest in einem unterirdischen Felsen von mehreren hundert Meter Dicke, der von allen Seiten auf ihm lastete.

Dass Heyerdahl in diesem furchtbaren Moment die freie Fahrt mit der »Kon-Tiki« über die Weite des Pazifischen Ozeans phantasierte, ist verständlich. Seine Situation war verzweifelt, die Luft wurde knapp, er konnte sich praktisch nicht mehr bewegen; er war nicht mehr als ein menschlicher Wurm in einem tonnenschweren Felsen.

Der Begleiter hinter ihm geriet in Panik. Er wollte nicht zurück – aber es blieb ihm nichts anderes übrig. Sie robbten also Zentimeter um Zentimeter, rückwärts wie Krebse, zurück durch den steinernen Schlauch. Und sie begriffen plötzlich an einem Knick, dass die Röhre sich hier teilte. Sie hatten den falschen Weg genommen. Aber geschwächt von der Anstrengung und dem Sauerstoffmangel funktionierte Heyerdahls Gehirn nicht mehr richtig. Er nahm wieder den falschen Weg. Und kam erneut an die Stelle, wo es nicht weiterging. In diesem Moment war er entschlossen aufzugeben. Er würde hier ebenso sterben wie sein Begleiter.

Irgendein Impuls, vielleicht dachte er an Yvonne und die Kinder, ließ ihn dennoch weitermachen. Wieder krochen er und sein Begleiter, inzwischen völlig apathisch, zurück. Nur nicht wieder den falschen Gang nehmen! Sie tauchten in die Abzweigung ein und robbten vorwärts. Und nach furchtbaren weiteren Minuten spürten sie plötzlich einen Hauch salziger Luft vom Meer. Bald waren sie gerettet.

Heyerdahl ahnte ihn diesem Augenblick, dass die Skelette in der tiefen Höhle vermutlich nicht von einer Begräbnisstätte stammten. Es waren lebende Menschen gewesen, die den Weg nach draußen nicht mehr gefunden hatten.

In der Zeit nach diesem Abenteuer erkundete Heyerdahl die Insel nur an ihrer Oberfläche. Immer dicht unter einem blauen Himmel, den Seewind in der Nase, die Geräusche des Ozeans im Ohr ...

Die Osterinsel ist übersät mit Vulkanen. Einige davon sind mit Wasser gefüllt. Der merkwürdigste dieser Vulkane heißt Rano Raraku. Um diesen Krater herum haben die frühesten Bewohner der Insel ihre intensivste Tätigkeit entfaltet. Warum gerade hier? Und eines Tages haben sie ihre Arbeit schlagartig beendet. Warum?

Der Vulkan bot sich Heyerdahl dar wie eine Art großer Torte, die von Tausenden von Messern zerstückelt worden ist. Zehntausende von Kubikmetern massiven Gesteins, in das nicht die schärfste stählerne Axt eindringen kann, wurden hier herausgehauen und wegtransportiert. Und inmitten der offenen Wunde des Bergmassivs liegen hundertfünfzig Steingiganten – in allen Stadien ihrer Entstehung, manche fertig zurechtgehauen. Am Fuß des Vulkans stehen die haushohen Steinmänner wie eine unwirkliche Armee von außerirdischen Wächtern und starren den Besucher feindlich, hochmütig – wie es scheint – und höhnisch grinsend an.

In seinem Buch »Aku-Aku – Das Geheimnis der Osterinsel« schreibt Heyerdahl: »In Rano Raraku fühlt man sich dem Geheimnis der Osterinsel am nächsten. Die Luft schwirrt von Rätseln: Man erstarrt unter dem stummen Blick von hundertfünfzig augenlosen Gesichtern. Von überall her sehen einen die riesigen Gestalten an, von jeder Felsstufe, aus jeder Höhle im Berg, wo ungeborene und gestorbene Kolosse wie in Krippen oder auf dem Krankenbett liegen, leblos und hilflos, da die planenden und schaffenden Kräfte sie verlassen haben. Nichts regt sich als die Wolken, die über ihnen dahinziehen. So war es, seit die Bildhauer verschollen sind, und so wird es immer bleiben. Hochmütig, stolz, mit zusammengepressten Lippen stehen die ältesten noch vollendeten Gestalten da, als wüssten sie, dass kein Meißel, keine Macht und Gewalt ihnen je wieder den Mund öffnen und sie zum Reden bringen wird.«

Vom Tal bis zum äußersten Rand des Kraters hinauf und an der anderen Seite wieder hinunter bis in den Kratersee – überall steinerne Leiber, tönerne Köpfe, blicklose Blicke aus der Vergangenheit.

An diesem unheimlichen, befremdlichen Ort, einem der bizarrsten Orte der Erde, ist die Luft erfüllt vom Schweigen der Vergangenheit. Und doch scheinen von überall her die Giganten zu sprechen – von den ungeheuren Geschehnissen, die sich hier vor Jahrhunderten abgespielt haben müssen. Hier grub man. Und es zeigte sich, dass die Riesenköpfe einen steinernen Leib besitzen. Der massige Körper reicht als vollständiger Rumpf bis hinunter zum Bauch, noch einmal so viel Meter, wie oberhalb des Halses und über der Erde emporragen. In Höhe der Hüften endet er beinlos in einem glatten Fundament. Der ganze Koloss misst rund zwölf Meter Höhe. Ein derart befremdlicher und imposanter Anblick, dass man sprachlos wird. Dass vor manchen Statuen Menschenknochen und Reste von Scheiterhaufen gefunden wurden, verstärkte bei den Forschern den Eindruck, sie seien auf einem fremden Planeten am Rand des Universums gelandet. Oder man sei auf der Fahrt über den Ozean unversehens über den Rand der Erdenscheibe hinausgefahren und erhalte nun Einblicke in eine unheimliche Welt dahinter – die Welt der Hölle und ihrer Fabelwesen, von der die Seefahrer vergangener

Jahrhunderte wie aus eigenem Augenschein anschaulich berichtet hatten.

Da Thor Heyerdahl jedoch ein nüchterner Forscher ist, brachte er sich schnell wieder zur Vernunft. Er fragte sich einmal mehr, wie diese Kolosse hergestellt worden waren – noch dazu mit Werkzeugen aus Stein. Und vor allem: Wie hatte man den roten »Hut« – in der einheimischen Sprache eigentlich der »Haarknoten« –, der immerhin bis zu zehn Tonnen wog, also so viel wie zwei ausgewachsene Elefanten, auf ihren Kopf setzen können, in einer Zeit, die weder Kräne noch Eisenwerkzeuge gekannt hatte? Und in einer Umgebung, in der es keinen höheren Punkt gab als jene Riesen, von dem aus man etwas hätte auf sie hinabsenken können?

Die Forscher fühlten sich angesichts dieser Rätsel wie kleine Kinder, die zu der unbekannten Welt der Erwachsenen hinaufstaunen.

Als sie die riesige »Werkstatt« am Rano Raraku genauer untersuchten, begriffen sie nach und nach etwas von der Art und Weise der Steinmetzarbeit; der Entstehungsprozess der Giganten wurde deutlicher. Die Figuren waren immer aus dem Fels herausgemeißelt worden und immer bis zuletzt mit dem Rücken in der Felswand hängen geblieben. Dann hatte man die rund fünfzig Tonnen schwere Statue mit Steinen verkeilt und den letzten Felsgrat weggemeißelt. Und danach begann die Reise an Tauen abwärts zum Fuß des Vulkans – unten dann schloss sich die Feinarbeit an der gesamten Statue an. Darauf folgte die Reise über die Insel bis hin zum Bestimmungsort. Dort wurde die Statue aufgerichtet und auf ein mehr als mannshohes Podest aus Steinen gestellt, und zuletzt wurde der »Haarknoten« oder »Hut« darauf gehievt. Am Ende meißelte man die Augen heraus und ließ die Steinkolosse sehen.

So musste es gewesen sein, aber geklärt war nicht, wie man es geschafft hatte. Es sah aus, als hätte man eine Armee von Helikoptern zur Verfügung gehabt, die die Figuren über die anderen, noch nicht fertigen Figuren hinweg und aus dem Vulkankrater heraus über die Insellandschaft, manchmal bis zum äußersten Rand auf der anderen Seite, transportiert hätte. Jedenfalls hatten die ältesten Bewohner der Insel hier, am Ende der Welt, eine Leistung vollbracht, die noch heute einfach unverständlich erscheint.

Aber dies kann man nur sagen, wenn man diese Leistungen im gegenwärtigen Kontext der natürlichen und kulturellen Umgebung der Insel sieht. Wie aber, wenn man sich vorstellt, die Ureinwohner seien aus einer Region gekommen, in der man seit Unzeiten Erfahrungen besaß im Verfertigen und im Transport solcher rothaarigen Riesen mit so verächtlichen Gesichtern?

Heyerdahl fragte sich: Was für eine Region – nimmt man einmal als ursprüngliche Einwanderungszeit ungefähr 500 n. Chr. an – könnte das gewesen sein? Die Antwort auf diese entscheidende Frage fand er erst viel später, nachdem er ein Glied ans andere gefügt hatte und eine Verkettung sah, die für ihn persönlich auf Fatu Hiva anfing und im alten Mesopotamien endete, genealogisch gesehen aber möglicherweise bei den Vor-Inka-Völkern in Südamerika begann und über die Hochkulturen im Morgenland zurück bis nach Polynesien führte.

Aber die Steingiganten waren nicht die einzigen Rätsel auf der Osterinsel. Die Forschungsgruppe beschäftigte sich nach wie vor vor allem mit Grabungen nach anderen Zeugen der Vergangenheit. Da waren einmal die seltsamen, Rongo-Rongo genannten Holztafeln mit unentzifferbaren Hieroglyphen, von denen bereits einige Originale in den großen Museen der Welt liegen. Auf der Osterinsel gingen Gerüchte um, es lägen noch solche Rongo-Rongos, für die Eingeborenen heiliger Besitz, in versiegelten Höhlen, so genannten Tabu-Höhlen. Ob solche Tafeln oder auch Keramik, Kultgefäße, Skulpturen, Waffen, Werkzeuge – die Forscher suchten alles. Und sie mussten manchmal groteske Versuche der Insulaner über sich ergehen lassen, ihnen angeblich »Altes« aufzuschwatzen. Die Bewohner der Osterinsel sind Meister der Überredungskunst – und ein wenig auch der Lüge.

Die Hieroglyphen der Rongo-Rongos waren bis dahin nicht gedeutet worden; sie stellten eine Form der sprachlichen Äußerung dar, die sonst nirgendwo auf der Welt vorkommt. Diese Tatsache verstärkte die mystische Aura um jene Tafeln, die auch dadurch genährt wurde, dass Erzählungen zufolge jene Eingeborenen, die das Tabu verletzten und eine Tafel aus einer heiligen Höhle holten, daraufhin wahnsinnig wurden oder starben.

Eines Tages führte ein Einheimischer Heyerdahl und seine Leute zu einer vorgelagerten Klippeninsel. Dort, auf Motunui, der sagenumwobenen Insel der »Vogelmenschen«, hatte sich noch im vorigen Jahrhundert ein rätselhafter, die Osterinsel beherrschender Kult abgespielt. Alljährlich fand nämlich ein Wettkampf statt, der von der Kultstätte der Vogelmenschen Orongo, auf der Spitze des Osterinsel-Vulkans Rano Kao, ausging. Ziel dieses Wettkampfes war es, das erste Vogelei von Motunui zu holen. Wer es fand, stieg in den Rang einer weltlichen Gottheit auf, er wurde rituell bemalt und in einer Behausung am Fuß des Vulkans Rano Raraku für ein Jahr eingeschlossen. Dort lebte er, unberührbar für andere, als heiliger Vogelmensch des Jahres, bis zum nächsten Frühjahr, wenn der Wettkampf erneut entbrannte.

Auf dieser einsamen Klippeninsel, bewohnt nur von Vögeln, existieren unzählige Höhlen. In diesen Höhlen lagen Skelette und ganze Galerien von menschlichen Schädeln. Auf den Felswänden befinden sich Zeichnungen, darunter rot angemalte Köpfe mit Spitzbärten, wohl in Erinnerung an die Ureinwohner der Insel.

Die Vogelinsel erschien den Forschern so seltsam, dass sie beschlossen, hier in Zukunft gründlicher zu suchen. Im Moment fanden sie keine Höhle, in der so etwas wie ein Rongo-Rongo gelegen hätte. Aber sie spürten, dass diese Klippeninsel noch ein Geheimnis barg. Und sie sollten recht behalten.

Inzwischen gruben die Archäologen des Teams bei der Ortschaft Vinapu. Dort befindet sich die berühmteste Tempelterrasse der Insel. Sie wird von den Einheimischen als »Ahu« bezeichnet. Ahus sind große, rechteckige Zeremonialplattformen, die den einzelnen Stämmen der Insel als Grabanlage und Heiligtum dienten. Das Ahu von Vinapu zeigt Formen und Darstellungen, die verblüffend an die Meisterwerke der Vor-Inka-Zeit auf dem südamerikanischen Festland erinnern. Nirgendwo auf den Tausenden von Südsee-Inseln gibt es sonst etwas Ähnliches. Das Ahu von Vinapu spricht am deutlichsten für die Vermutung Heyerdahls, peruanische Steinmetze seien in früheren Jahrhunderten vom Festland aus nach Westen gesegelt und unter anderem auch auf der Osterinsel gelandet.

Am Ahu in Vinapu gelang es den Forschern, den Schleier über den früheren Besiedelungen der Osterinsel ein wenig zu lüften. Hier, an den Steinbauten des Tempels, ließen sich deutlich drei Bauabschnitte unterscheiden, drei Arbeitstechniken unterschiedlicher Kulturvölker kamen zum Vorschein. In der ersten Periode war hier das Kulturvolk der Vor-Inka-Zeit tätig gewesen, man baute hochspezialisierte Kultstätten aus hartem Basalt in kunstvoller Ausführung und perfekter Form. In der zweiten Periode wurden die Tempelanlagen umgebaut, die Steinkolosse wurden verfertigt, herangeschafft und auf den Überresten der Mauern auf Sockel gestellt. In die Tempel wurden Grabkammern hineingebaut. Auf dem Höhepunkt dieser Schaffensphase fielen Krieg und Kannibalismus über die Osterinsel her. Alle Kulturtätigkeit kam zum Erliegen. Die vorläufig letzte der drei Perioden, eine tragische und blutige Periode, begann. Der Kult der Vogelmenschen spielte dabei eine Rolle.

Die Forscher kamen voran. Sie gruben und fanden Skulpturen, die aus einer früheren Besiedelungszeit der Osterinsel stammten, aus einer Zeit vor dem Kulturideal der langohrigen Steingiganten. Sie legten kleinere, völlig andersartige Figuren frei, die ebenfalls auf dem südamerikanischen Festland ihre Heimat zu haben schienen. Und so bekam die geheimnisvolle Geschichte der Osterinsel immer mehr Tiefe, und ihr Verlauf wurde erhellt von stummen Steinzeugen, die allein durch ihr Aussehen zu sprechen begannen.

Zu den großen Geheimnissen der Insel gehört das jähe Ende der so genannten Langohren, die für die Kultur der Steingiganten verantwortlich gewesen waren. An einer Ecke der Insel, dem so genannten Ikos-Graben, muss sich – den immer noch lebendigen Erzählungen der Einheimischen zufolge – ihr letzter Kampf abgespielt haben. Dort, im so genannten Erdofen der Langohren, sollte es zur letzten Schlacht des zurückgedrängten Volkes gekommen sein. War dies nur eine Legende, wie die Fachwissenschaftler überwiegend glaubten, oder Tatsache?

In der zweiten Besiedelungsphase der Osterinsel lebten die Langohren, benannt nach ihrer Sitte, ihre Ohrläppchen durch Gewichte zu verlängern, mit den Kurzohren, also den Vorfahren der heutigen Population, zusammen. Die Kurzohren wurden gezwungen, in den Steinbrüchen zu arbeiten. Eines Tages erklärten sie ihren Herren den Krieg. Die Langohren liefen auf der Halbinsel Poike, einem hoch aufragenden, kahlen Felsplateau, zusammen; dort befahl ihr Führer Iko, einen drei Kilometer langen Graben auszuheben, in den alles Brennbare geworfen wurde. Als die Kurzohren sich anschickten, das Plateau zu stürmen, wurde der Graben in Brand gesetzt und der Weg versperrt. Doch Verrat in den Reihen der Langohren machte es den Feinden möglich, das Halbinselplateau zu überrennen – und die Langohren selbst wurden in den Feuergraben gestürzt. Bis auf drei verbrannten sie alle. Von den dreien ließen die Kurzohren einen am Leben, der auf der Insel leben durfte – als Zeuge der nun überlegenen Kultur der siegreichen Kurzohren.

Wenn man über die rätselhafte Kultur der Langohren Genaueres erfahren wollte, was lag dann näher, als ebenjenen Graben zu erforschen, der die Halbinsel Poike von der übrigen Insel abriegelte? Mussten nicht an diesem Ort die Geheimnisse der Osterinsel wie in einem aufgeschlagenen Buch zu lesen sein?

Man begann an verschiedenen Stellen zu graben. Und schon nach kurzer Zeit zeigte sich in den Gruben ein rostrotes Band aus verkohlter Asche, umgeben von schwarzen Kohleresten. Hier musste irgendwann ein gigantisches Feuer gebrannt haben. Das Feuer, in dem die Langohren verbrannten? Man fand jedoch keine Knochen. Da Holzkohle von Archäologen relativ genau datiert werden kann, machte man sich sofort an die zeitliche Bestimmung und kam zu dem Schluss, das Feuer müsse vor rund drei- bis vierhundert Jahren gebrannt haben.

Und wenn der Graben mit Holz gefüllt war, um zu brennen, woher war das Holz gekommen, da die Insel doch angeblich immer kahl gewesen war? Heyerdahl gab Anweisung, eine Serie von Pollentests zu machen. Das Ergebnis war verblüffend. Man fand Beweise dafür, dass die Insel in früheren Jahrhunderten von Wäldern und Buschwerk bedeckt gewesen sein müsse. Darunter spezielle Arten von Palmen und andere Gewächse, die nur aus Südamerika bekannt sind. Ob eine natürliche Katastrophe die üppige Vegetation vernichtete oder systematisches Handeln von Menschen – darüber schwiegen die Funde.

Die Archäologen gruben weiter. Und man fand weitere Brandstellen, die bis um das Jahr 400 n. Chr. zurückgingen. Die Verteidigungsanlage der Halbinsel Poike bestand also schon lange Zeit vor der Zeit der Langohren, die sie nur für ihre Zwecke genutzt hatten. Thor Heyerdahl gibt in seinen schriftlichen Arbeitsergebnissen an, dass dies die älteste Datierung sei, die man bis dahin im gesamten polynesischen Raum ermittelt hat.

Der heimliche König der heutigen Insel, der bärtige und weise Pater Sebastian, half Heyerdahl, den Nachfahren des in der Katastrophenzeit einzig überlebenden Langohrs, der Ororoina hieß, ausfindig zu machen. Der Nachfahre und seine Familie lebten noch auf der Osterinsel. Und wie verblüfft war Heyerdahl, als er erfuhr, dass dies kein anderer war als der Bürgermeister der Einheimischen, der kleine, seltsame Pedro Atan!

Da sich Heyerdahl in den Kopf gesetzt hatte, zur Erprobung der Werkzeuge von früher selbst eine Statue aus dem Fels herausschlagen zu lassen, und dies nach Art der früheren Kultur von Langohren selbst, heuerte er den Bürgermeister als Arbeitskraft an. Es war bekannt, dass Don Pedro der allerbeste Holzschnitzer der Insel war, ein wahrer, wenn auch unterschätzter Künstler. Als dieser von Heyerdahls Plan erfuhr, war er stolz. Er rief seine Brüder zusammen, alle reinrassige Nachkommen der Langohren, und die Arbeit mit Steinbeilen konnte beginnen.

Was danach folgte, verblüffte alle Zeugen. Es war, als würde die Zeit zurückgedreht. Die Einheimischen, außer Pedro Atan noch sechs an der Zahl, verwandelten sich tiefernst in ihre eigenen Vorfahren. Zunächst sangen sie in der Nacht vor dem Arbeitsbeginn ein fremdartig klingendes Lied, das rituelle Lied der uralten Bildhauer; sie setzten Masken auf und riefen einen geheimnisvollen Gott Atua an. Am nächsten Tag begannen sie mit der Arbeitsvorbereitung. Ganz sicher hatten sie niemals in ihrem Leben im Steinbruch gearbeitet. Aber jetzt saß jeder Handgriff. Es sah so aus, als seien sie die Steinmetze der Langohren, die hier vor rund dreihundert Jahren letztmalig ihre Giganten aus dem Fels des Vulkans herausgemeißelt hatten. Die primitiv wirkenden Steinwerkzeuge begannen in ihren Händen eine Art Eigenleben zu führen und schnitten sich in den stahlharten Basalt hinein. Die weißen Forscher, die vorher mit Stahläxten versucht hatten, Steine aus dem

Felsen herauszuschlagen, aber nur Funken produziert hatten, trauten ihren Augen nicht.

Die wackeren Steinmetze mussten allerdings schon Tage später, mit blutenden Händen, pausieren. Sie waren es nicht gewöhnt, so anhaltend mit den eckigen Steinbeilen zu arbeiten. Für ihre Holzschnitzereien benutzten sie feinere Messer. Die Pause nutzte der Bürgermeister jedoch für eine Demonstration, die alle verblüffte. Er behauptete plötzlich zu wissen, wie die Steingiganten aufgerichtet und zu ihren Bestimmungsplätzen transportiert werden könnten – eines der größten Geheimnisse der Osterinsel. Was steckte noch an rätselhaftem Wissen der Vorväter in diesem unscheinbaren Mann?

Und die Nachkommen der Langohren gingen tatsächlich daran, die größte umgestürzte Statue, einen Koloss von rund dreißig Tonnen und sieben Meter Länge, auf seine ehemalige, jetzt vier Meter über ihm liegende Basis, das Ahu, zurückzustellen.

Heyerdahl traute seinen Augen nicht. Er hatte bei Nachfragen schon von den Einheimischen gehört, dass die Giganten damals natürlich von selbst, aus eigener Kraft gegangen seien. Jetzt sah er es. Der Gigant ging tatsächlich auf eigenen Beinen. Er lebte. Jedenfalls schien es den Umstehenden so.

Alles war so genial wie einfach. Mit Hilfe von drei runden Holzstämmen und Steinen in unterschiedlicher Größe kam der Riese auf die Füße. Man schob Kiesel unter ihn, drückte ihn mit den Balken in eine leichte Schräglage, schob weitere Kiesel unter ihn, hob ihn dann auf der anderen Seite an, schob wieder Kiesel darunter, vergrößerte die Kiesel nach und nach, so lange, bis der Gigant schließlich einen Meter hoch auf den Steinen lag. Am zehnten Tag lag er auf einer Steinpyramide in vier Meter Höhe, also in Höhe seines Bestimmungsplatzes, der Plattform. Und als sie ihn am achtzehnten Tag an Tauen, die fest verpflockt waren, von der Steinpyramide rutschen ließen, ein minutiöses Unterfangen, das höchste Berechnungskunst verlangte, da stellte er sich plötzlich aufrecht hin. Und dann »ging« er auf einer Unterlage aus eirunden Steinen voran, bis er auf seinem angestammten Platz in der Mitte der Plattform stand, von wo man ihn vor Jahrhunderten mit Gewalt vertrieben hatte.

Nach diesem kleinen Wunder aus jahrhundertelang verschüttetem Wissen und technischem Genie, das niemand für möglich gehalten hatte, demonstrierte Don Pedro, gewissermaßen als Zugabe für seinen Freund Heyerdahl, wie die Steinkolosse über viele Kilometer transportiert worden waren. Mit selbst geflochtenen Tauen und Baumstämmen und vielen Helfern zog man einen anderen Giganten über die Wiesen. Ebenso musste es mit den roten Steinzylindern, der Kopfbedeckung der Riesen, gegangen sein. Und wie waren sie auf deren Kopf gelangt? Ganz einfach. Mit Hilfe ebenjener Steinpyramide, mit der es der Gigant geschafft hatte, auf die Tempelplattform hinaufzuhüpfen. Wenn man diese Steinpyramide hinterher wegräumte, sah es so aus, als sei der Riese mitsamt seiner voluminösen Kopfbedeckung aus eigener Kraft hinaufgeklettert. Und wenn man die Langohren und ihr ebenbürtiges Geschöpf aus Stein zusammendachte, dann war es ja in gewisser Weise auch so.

Heyerdahl bewunderte die naiven und ungebildeten einheimischen Männer, die solches zuwege brachten. Später, in den 80er Jahren, konnte er ihre technische Begabung erneut überprüfen. Bei einer neuerlichen Expedition schafften sie es unter seiner Anleitung, die Giganten hoch aufgerichtet zum Gehen über die Landschaft zu bewegen. Dazu brauchten sie nicht mehr als acht starke Seile, die an Kopf und Basis der Figuren angebracht wurden. Durch geschicktes Ziehen und Nachgeben auf beiden Seiten, oben und unten, fing der Koloß tatsächlich an, über die Wiese zu »schlendern«! Zwar wirkte er dabei eher wie ein Betrunkener denn wie ein hochnäsiger langohriger König, aber er ging vorwärts!

Was die Einheimischen betraf, so vermutete Thor Heyerdahl schon damals, dass sie noch andere Dinge kannten und zum Leben zu erwecken verstanden. Aber wenn man sie fragte, taten sie unwissend und stellten sich sogar dumm an. Manche spielten die Trottel, und Heyerdahl argwöhnte, sie täten das bewußt, um die Weißen zu täuschen. Er kam mit den Einheimischen gut zurecht, und deshalb insistierte er nicht weiter. Und da er auch Pater Sebastian und Bürgermeister Pedro Atan auf seiner Seite hatte, bohrte er nicht in Dingen, die man ihm nicht freiwillig offenbarte.

Aber eines Tages wurde er, ohne etwas dafür zu tun, in etwas Geheimnisvolles hineingezogen. Es war der Auslöser einer gefährlichen Situation, die ihm über den Kopf zu wachsen drohte.

Ein junger Mann aus der Arbeitsgruppe von Don Pedro, dankbar für die gute Verpflegung und die Zigaretten, schenkte ihm eines Tages einige Kultgegenstände. Heyerdahl erkannte auf den ersten Blick, dass es nicht die üblichen touristischen Kopien waren. Sie besaßen einen unvorstellbaren ethnologischen Wert. Nach einer Weile kam heraus, dass der Mann sie aus der »Familienhöhle« seiner Frau geborgen hatte. Und als Heyerdahl die Figuren dem Bürgermeister zeigte, äußerte der entsetzt, dies seien heilige Dinge, die heute niemand mehr herstellen könne.

Dies geschah zu einer Zeit, da die Einheimischen anfingen zu glauben, Heyerdahl sei ein Abgesandter einer Herrscherfamilie, die die Insel schon vor Generationen verlassen hatte. Wenn er keine göttlichen Gaben, keine übersinnlichen Beziehungen besaß, wie hatte er dann wissen können, wo auf der Insel all diese Kultstätten lagen, die seine Männer nun ausgruben? Darauf wusste auch der Norweger keine plausible Antwort.

Nun überschlugen sich die Ereignisse. Ein anderer Einheimischer kam zu ihm und berichtete, in seiner Familienhöhle befänden sich jene mit der Schrift der Osterinsel versehenen Holztafeln aus alter Zeit, die man Rongo-Rongo nannte. Er würde Heyerdahl gern eine schenken, aber ein Aku-Aku, also ein Geist, bewache diese heiligen Dinge. Heyerdahl war von dieser Nachricht wie elektrisiert. Es gab in den Museen der ganzen Welt nur wenige jener geheimnisvollen Rongo-Rongos mit den unentzifferbaren Hieroglyphen. Wer eine solche Kulttafel in den Händen hielt, war im Besitz einer einzigartigen kulturgeschichtlichen Kostbarkeit. Aber er war damit auch im Visier eines bösen Geistes, der diese Tafel eigentlich in der geheimen Höhle zu bewachen hatte.

Nachdem der Forscher jedoch die verantwortlichen Einheimischen davon überzeugen konnte, dass sie keine Angst vor der Rache der Geister und Teufel zu gewärtigen hätten, weil sein eigener Schutzgeist, also sein Aku-Aku, viel stärker sei, brach er den ängstlichen Widerstand der Insulaner, die felsenfest in ihrem Aberglauben verharrten. Bis dahin glaubten sie sterben zu müssen, wenn sie einen Fremden in ihre heiligen Höhlen ließen. Sie waren schließlich so beeindruckt von all den Aktivitäten des weißen Gastes, dass sie versprachen, ihn in ihre geheimen Familienhöhlen hineinzulassen, damit er all die einzigartigen Dinge sehen könne, die dort warteten.

Vorerst gingen sie jedoch daran, Heyerdahl einige Kostproben ihrer Schätze zu überreichen. Darunter waren einige einzigartige Kostbarkeiten, die jeden Museologen der Welt in Entzücken versetzt hätten. Im Moment versetzten sie den Forscher selbst in nicht enden wollendes Erstaunen.

Das Auffälligste an den geschenkten Stücken war, dass sie nichts glichen, was man bis dahin auf der Osterinsel gesehen hatte. Darunter waren Tier- und Menschenfiguren, Angst einflößende Fabelwesen, Mensch-Tier-Kombinationen, ein Langohr-Kopf und auch ein großartiges Binsenboot mit drei Segeln, gefertigt aus erstarrter Lava. Und als Höhepunkt wurde Heyerdahl eine alte, halbvergilbte Kladde vorgelegt, die nicht nur die mysteriösen Rongo-Rongo-

Hieroglyphen enthielt, sondern auch noch deren polynesische und lateinische Entsprechung. Entweder waren all diese Dinge geschickte Fälschungen, oder sie stammten wirklich aus alter, ja sehr alter Zeit. Und im Fall des Rongo-Rongo-Heftes handelte sich um eine echte Sensation, denn niemand hatte die Bildersprache der Osterinsel bisher entziffert.

Mit erstaunlicher Freigebigkeit verschenkten einige der vertrauten Eingeborenen ihre heiligen Dinge – nicht zuletzt deshalb, weil sie hofften, damit auch die bösen Geister loszuwerden, die in den ererbten Figuren saßen. Einige besondere Figuren, so genannte Schlüsselsteine, dienten angeblich als Wächter der Tabu-Höhlen und Inkarnationen des Teufels.

Eines Tages erhielt der Forscher tatsächlich Zutritt zu einer tabuisierten Höhle. Nach etlichen geheimnisvollen Ritualen, die dazu dienten, die Aku-Akus zu besänftigen, landete er mitten in öder, steiniger Osterinsel-Landschaft in einem unterirdischen Versteck, das das Vulkangestein bildete. Solche Verstecke durchzogen offenbar die gesamte Insel wie ein unterirdisches Labyrinth, als habe sie eine zweite Realität.

Die Höhle war voll gestellt mit den bizarrsten Figuren, die er jemals gesehen hatte, sie repräsentierten eine unbekannte, lange zurückliegende Kunst und Kultur. Und jedes Einzelteil bedeutete eine ethnographische Sensation ersten Ranges.

Doch das war erst der Anfang. Heyerdahl, von dem die Einheimischen mittlerweile annahmen, er besäße ein wirklich mächtiges Aku-Aku, bekam Zugang zu einigen der wichtigsten Höhlen. Dabei galt es jedoch, beachtlichen Widerstand bei gewissen Insulanern zu überwinden, die sich in durchaus gefährlicher Weise als Verkörperung der Geister der Vergangenheit betrachteten. Sie traten ihm in einer Mischung aus Verachtung, körperlicher Bedrohung und verhexendem Hokuspokus gegenüber.

Im Tabu-Versteck des Bürgermeisters Pedro Atan schließlich hoffte er die letzten Geheimnisse der unterirdischen Welt, der wahren Unterwelt von Rapanui, der Osterinsel, bewundern zu können. Heyerdahl hoffte, dass Atan, wie er ihm schon lange versprochen hatte, ihn in eine Höhle führen würde, die einst dem letzten Langohr gehört hatte, das nach dem Abschlachten durch die Kurzohren am Leben geblieben war: ebenjenem Ororoina – dem direkten Vorfahren des jetzigen Bürgermeisters.

Der Weg in diese Höhle würde – so Heyerdahls Vorahnung – ein Abstieg in die Unterwelt der Osterinsel sein.

Und Atan zeigte ihm Höhlen, in denen wertvolle und weniger wertvolle Kultgegenstände lagerten. Aber die eigentliche Höhle, die Höhle Ororoinas, die bekam er selbst nach vielen nächtlichen Ausflügen und äußerst seltsamen Erlebnissen nie zu Gesicht.

Und das hatte nichts mit dem guten Willen des Bürgermeisters zu tun, denn der wollte seine Geheimnisse unbedingt preisgeben. Es lag einzig und allein daran, dass der Aku-Aku dieser Höhle zu mächtig war. Der Geist zwang dem Bürgermeister, und mit ihm Thor Heyerdahl, seinen Willen auf.

THEORIEN

Die Zeit auf der Osterinsel wirkte lange in Heyerdahls Bewusstsein nach. Er hatte zwar einen Zugang zu vielen Geheimnissen des Eilandes gefunden, aber die Schlüsse daraus mussten vorsichtig gezogen werden. Erst einmal galt es, die Fakten vorzulegen. Dann konnte man über neue Theorien philosophieren.

Die Forschungsergebnisse, die er und sein archäologisches Team mitbrachten, faszinierten die Fachwelt. Menschenknochen, Steinwerkzeuge, Blutproben, Asche und Holzkohle, Pflanzen und

Pollen – alles wurde genauestens untersucht. So manches Rätsel konnte dabei gelöst werden, andere kamen allerdings neu hinzu. Die Wissenschaftler aller Länder begannen, ihren Blick auf den Pazifik und Südamerikas vorgeschobene Inseln zu werfen. Und nicht nur diese. Auch ganz normale Sterbliche interessierten sich plötzlich für die Rätsel jener Osterinsel, den »Nabel der Welt«, an der stillsten Stelle des Stillen Ozeans.

Und das war kein Wunder; auch für Heyerdahl selbst ist die Osterinsel der geheimnisvollste Platz der Erdkugel geblieben. Eine solche Dichte an unentschlüsselbaren Rätseln scheint es nirgends sonst zu geben. Immer wieder, auch in den folgenden Jahrzehnten, kam er hierher zurück – mit Reisen in der Realität und in Gedanken sowie in schriftlichen Reflexionen. So veröffentlichte er noch im Jahr 1997 ein Buch, in dem er seine ausführlichen Gespräche mit den Osterinsulanern (und anderen Völkern Amerikas) dokumentiert (»So lasst sie endlich sprechen«). So ist es verständlich, dass der Forscher bei allen seinen späteren Expeditionen versuchte, Parallelen zu finden zwischen der Kunst der geheimnisvollen Insel und Kulturzeugnissen anderer Regionen. Und es kann an dieser Stelle vorweggenommen werden, dass es rund um den Globus verblüffende Parallelen zur scheinbar einzigartigen Entwicklung auf der einsamen Insel im Pazifischen Ozean gibt. So fand Heyerdahl später bei einem Aufenthalt in Syrien, wo einst das Volk der Hethiter siedelte, und – auf der anderen Seite der Erdkugel – in Mexico City, auf dem alten Grund der Azteken, erstaunliche Dinge. Sie erschienen ihm wie ein Hinweis darauf, dass die rätselhaften Giganten vom Rano Raraku vor langer Zeit einmal gereist sein mussten. Und sie hatten es nicht versäumt, ihre Visitenkarten zu hinterlassen.

Durch Heyerdahls Expedition erwachte auf der Osterinsel selbst das archäologische Interesse. Ein junger Mann mit Namen Sergio Rapu wurde der erste einheimische Archäologe, und er machte eine wichtige Entdeckung. Er fand nämlich ein Auge aus weißen Korallen, das perfekt in die, wie bislang angenommen, leeren Augenhöhlen der Giganten passte. Die gleichen Augenformen hatte man auf der amerikanischen Landmasse und im Orient gefunden.

Solche bis dahin fehlenden Bindeglieder zwischen den Kulturen waren es, die Heyerdahl immer suchte. Und er musste sie finden, denn nur damit war eine Fachwelt, die skeptisch auf ihren eigenen Schlüssen beharrte, von seinen Hypothesen zu überzeugen.

Inzwischen ist die Osterinsel aus ihrem geheimnisvollen Schlaf erwacht und zur touristischen Attraktion geworden. Das mögen viele bedauern, denn die Hotels, Diskotheken und der Flugplatz haben das Gleichgewicht auf der Insel durcheinander gebracht. Aber die Menschen dort haben sich kaum verändert. Und die Geheimnisse der Osterinsel sind noch längst nicht alle gelüftet. Das musste auch der 1. Wissenschaftliche Kongress konstatieren, der 1984 dort unter dem Vorsitz des Norwegers tagte. Und Heyerdahl selbst, der auch in den 90er Jahren immer wieder nach Rapanui zurückkehrte, findet immer aufs Neue, dass die Rätsel dieser Insel den Schlüssel zum Verständnis der Welt bilden. Die Osterinsel ist tatsächlich das geblieben, was sie in der einheimischen Sprache einmal war: »Der Nabel der Welt«.

In den 50er und 60er Jahren indessen waren diese Geheimnisse noch »geheimnisvoller«. Sie schienen den Zeitgenossen hermetischer; deshalb verschlang man begierig die Forschungsergebnisse Thor Heyerdahls und diskutierte seine Hypothesen von der Besiedelung der Osterinsel durch Völker Südamerikas. Alles schien zusammenzupassen. Doch einen schlüssigen Beweis konnte auch Heyerdahl nicht liefern. Vielleicht jedoch ist genau dies der Grund gewesen für die bis heute anhaltende Faszination des Themas.

Heyerdahls gesunder Schausteller-Instinkt, seine Fähigkeit, die eigene Begeisterung auf seine Zuschauer und Leser zu übertragen, hat das Faszinosum Osterinsel lebendig gehalten. Nein, er ist kein vertrockneter Wissenschaftler. Und bei Interviews in der Mitte der 90er Jahre musste der Autor des vorliegenden Buches erfahren, dass die meisten Zeitgenossen – junge wie alte – den Namen Heyerdahl überwiegend mit abenteuerlichen Expeditionen und weniger mit wissenschaftlichen Theorien in Verbindung bringen. Diese Tatsache war nicht nur Anstoß zu diesem Buch, sondern entspricht auch der Selbsteinschätzung des großen norwegischen Ethnologen und Anthropologen.

Wenn wir aber zurückblenden in die Zeit nach seinem ersten Aufenthalt auf der Osterinsel, fällt auf, dass die nächste Expedition, die er organisierte, ganze 14 Jahre auf sich warten ließ. In der Zwischenzeit saß auch der »Wissenschaftler als Abenteurer« am Schreibtisch, las, exzerpierte und schrieb. Er veröffentlichte eine Unmenge von Artikeln in Fachzeitschriften, schrieb die Bücher »Aku-Aku – Paskeoyas hemmelighet« (1957) und »The Archaeology of Easter Island« (1961, zweite Folge 1965).

Und er führte ein an Aktivitäten reiches, befriedigendes Privatleben, in dem die wissenschaftliche Gesellschaft, vor allem aber Frau und Kinder die Hauptrollen spielten. Stolz konnte er die Geburt zweier weiterer Töchter aus der Ehe mit Yvonne vermelden. Die fünfjährige Anette erhielt mit Marian (1958) und Bettina (1959) zwei Geschwister. Und da Heyerdahl trotz allem eine unruhige Natur blieb, suchte er für sich und die Familie ein neues Zuhause.

Er fand es an der Riviera di Ponente in den ligurischen Alpen oberhalb von Alassio. Dort in den zweieinhalbtausend Meter hohen Bergen entdeckte er ein altes, pinienumstandenes Haus mit wunderbarem Grundstück, inmitten des Bergdorfes Colla Micheri, das aussieht, als wäre dort seit dem Spätmittelalter keine Uhr auch nur eine Minute vorgerückt. Er baute sich auf dem Grundstück ein norwegisches Holzhaus, in dem er arbeiten konnte. Hier fand er die notwendige Balance zwischen wissenschaftlicher Auswertung seiner Erfahrungen und körperlicher Betätigung in Haus, Garten und Wald.

Bis in die Mitte der 60er Jahre hinein »verschwand« Thor Heyerdahl der Abenteurer aus dem Gesichtsfeld der Medien. Dafür aber tauchte Thor Heyerdahl der Schriftsteller in Colla Micheri auf. Das hieß jedoch nicht, dass er sich aus seinem neuen italienischen Domizil nicht mehr wegbewegte.

Bei allen Reisen, die er unternahm, trieb ihn immer seine zentrale Frage an: Welche Kulturen hatten in früheren Jahrtausenden miteinander kommuniziert, mit welchen Mitteln und auf welchen Wegen war das vonstatten gegangen, und wie hatten die Verkehrsmittel ausgesehen?

Von frühesten Höhlenmalereien, Zeichnungen und Steinmetzarbeiten her wissen wir, dass die ersten Boote aus gebundenem Schilfrohr und nicht aus Nutzholz oder anderem Material gebaut waren. Und sie besaßen keine Planken. In den großen Museen der Welt stehen heute die erhaltenen Beispiele dieser Bauweise. Die ältesten bekannten Modelle gehen auf eine Zeit zurück, die man mit 4000 v. Chr. angeben kann.

Das erste Schilfrohrboot, das Thor Heyerdahl in Verwendung sah, fuhr über den Titicacasee in Peru. Es sah genauso aus wie die gebräuchlichen Boote am Indus, am Nil oder zwischen Euphrat und Tigris. Nirgendwo sonst in der Welt schienen Boote in dieser Form verwendet zu werden. Die Frage war also, ob es eine kulturelle Verbindung gegeben haben konnte zwischen diesen Regionen der Erde und ob das genannte Verkehrsmittel dabei eine Rolle gespielt hatte.

Konnte es möglich sein, dass die erste Atlantiküberquerung in einem Schilfrohrboot stattgefunden hatte? In einem »Papierboot« gewissermaßen, so leicht, dass ein Kind es bewegen konnte? Die bekannten Boote aus alter Zeit schienen ja viel zu klein zu sein, um auf dem Ozean zu bestehen. Und warum sollte gerade im Orient der Wunsch entstanden sein, weit zu segeln?

Als man in den späten 60er Jahren in Ägypten vier große Plankenschiffe aus der Zeit der Pharaonen fand, die aus libyschem Zedernholz bestanden, erhielten dementsprechende Spekulationen neuen Auftrieb. Die Boote waren neben der Cheopspyramide vergraben, an jeder Seite eins, und schienen von ihrer Form her für große Seereisen gebaut. Ob ihre Holzplanken starkem Seegang allerdings standhalten würden, war schwer zu entscheiden. Thor Heyerdahl, der bei einem Besuch in Ägypten 1965 andere Boote gesehen hatte, glaubte dies nicht.

Er hatte weiterhin die leichteren Versionen aus Schilfrohr im Visier. Seine Erfahrungen mit der »Kon-Tiki« hatten ja bewiesen, dass andere Werkstoffe und Formen als allgemein angenommen für das offene Meer geeignet waren. Und er wusste vom Titicacasee, dass dort kleine Schilfboote mit hochgebogenem Bug und Achtersteven in Gebrauch waren, die auch schon in der Vor-Inka-Kultur als Transportschiffe für Baumaterialien benutzt worden waren, beispielsweise um die große Tempelstadt Tiahuanaco zu erbauen. Aber es fehlte das verbindende Glied, um eine Beweisführung dafür anzutreten, dass einst eine Bereisung der Neuen Welt durch Bewohner des Nahen Ostens auf Schilfrohrbooten stattgefunden hatte.

Es blieben viele Fragen offen. Was hatten die Wandmalereien im ägyptischen Tal der Könige und peruanische Keramik gemeinsam? Beide zeigten dieselben Motive von Schilfbooten. Was verband die Abbildungen von Vogelmenschen auf peruanischen Booten, auf Darstellungen der Pharaonen und auf den Felsen der Osterinsel, dort, wo die frühere Kultstätte Orongo gewesen war, miteinander?

Deutlich war lediglich, dass Schilfboote und Männer mit Vogelmasken irgendwie zusammengehörten. Auf entsprechenden Abbildungen tauchen beide Motive immer wieder auf. Und gerade auf der Osterinsel – Heyerdahls Drehscheibe für interkulturelle Theorien – hatte er ja erlebt, wie im alten Sonnenobservatorium Orongo, genau gegenüber der kleinen Klippeninsel der Vögel, wo er Höhlen entdeckt hatte, der Kult des Sonnengottes mit der Darstellung von Segel-Schilfbooten und Vogelmenschen-Masken Hand in Hand gegangen war. All dies tauchte nun sowohl in Peru und Bolivien als auch im alten Ägypten auf.

Im alten Ägypten war das Wort für den alles beherrschenden Kult der Sonnenanbetung, für die Sonne und den vogelköpfigen Sonnengott: Ra. Und auch die Urbevölkerung der Osterinsel verwendete dieses Wort für die Sonne. Darüber hinaus hatten die Architekten des Sonnenkultes in Peru und Ägypten die gleichen Pyramiden gebaut. Auch die »Olmeken«, jene rätselhafte Urbevölkerung am Golf von Mexiko, eben dort, wo die Fahrströme des Atlantiks von Osten her enden, bevorzugten den Pyramidenbau nach altägyptischem Aufriss. Welche Schlüsse waren daraus zu ziehen?

Mit solchen Fragen im Kopf startete Thor Heyerdahl in den späten 60er Jahren einige Reisen. Sie führten ihn erneut zum Titicacasee und nach Mexiko. Ein weiteres Ziel kam dazu: der Tschadsee südlich der Sahara. Auf diesem See fuhren die Eingeborenen in äußerst stabilen Booten aus goldgelbem Schilf, Papyrus, herum, die denen aus Ägypten, vom Euphrat und aus Peru verblüffend glichen.

Afrika! Vielleicht fand Heyerdahl dort das fehlende entwicklungsgeschichtliche Verbindungsglied zwischen so unterschiedlichen Völkern?

Das Schilfboot im Wind

DIE »RA«-EXPEDITION

»Papyrus lässt sich in der Badewanne testen. Wissenschaftler arbeiten in Bibliotheken, in Museen, in Laboratorien. Sie spielen nicht Wilde auf dem Atlantik.«

TH. H.

Eine Papyrusbinse besteht aus einem saftigen Stengel, sehr weich und leicht biegbar. Wenn man sie trocknet, bricht sie schnell und brennt wie Papier. Vor der Einführung von Holzpapier schrieb man auf Papyrus, also eingeweichtem und festgeklopftem Schilfrohr. Auf diesem Material wollte Thor Heyerdahl zu Ende der für ihn wertvollen 60er Jahre von Afrika über den Atlantischen Ozean nach Mittelamerika fahren.

Die Einheimischen am Tschadsee, dort, wo Nigeria, Niger, Sudan und der Tschad eine gemeinsame Grenze haben, nennen die Papyrusboote, mit denen sie herumfahren und Lasten transportieren, »Kaday«. So ein Kaday wollte Thor Heyerdahl. Er hatte sie auf alten Zeichnungen studiert.

Aber waren es nicht zwei völlig verschiedene Dinge, ob man auf dem Tschadsee oder auf dem stürmischen Atlantik mit solch einem Boot herumfuhr? Sicher. Aber Heyerdahl hatte eine Ahnung, dass die alten Ägypter Letzteres vor Tausenden von Jahren getan hatten. Und wenn sie, warum nicht auch er?

Vor allem: Wie war angesichts der Faktenlage anders zu beweisen als mit einem seetüchtigen Papyrusboot, dass die alten Ägypter der Pharaonenzeit Kulturimpulse nach Mittelamerika und Südamerika gebracht hatten? Auf diese Beweisführung hatte sich der norwegische Forscher inzwischen eingeschworen. Denn ihm war eine Liste eines amerikanischen Wissenschaftlers in die Hände gefallen, der exakt sechzig ungewöhnliche Eigenarten aufzählte, die im alten Mittelmeerraum typisch waren – und genau diese sechzig Eigenarten tauchten auch bei den vorkolumbischen Kulturvölkern in Peru auf. Eine davon war die Kunst, Schilfboote mit hochgezogenem Bug und Achtersteven zu bauen. Wie war es zu diesen verblüffenden Parallelen gekommen?

Und da bloßes Nachdenken an diesem Punkt nicht weiterhalf, schritt Thor Heyerdahl zur Tat. Sein Weg führte ihn zunächst nach Mexiko. Dort, am Rand der Sonorawüste, gegenüber der langgestreckten Wüstenhalbinsel Baja California, bauten angeblich die letzten Seris-Indianer Schilfboote. Auch ihre Technik galt es zu studieren. Hatten die Handwerker am Golf von Kalifornien den gleichen Bauplan wie die Leute am Tschadsee?

Die Enttäuschung war groß. Die Indianer erklärten, längst keine »Askams«, Schilfboote, mehr zu bauen. Auch hier hatte also die »Zivilisation« ihren Einfluss geltend gemacht. Und die Nachfahren des einst stolzen Stamms der Seris hatten keine Lust, auch nicht gegen gutes Geld, für die weißen Besucher ein Askam zu bauen. Auf der Tiburon-Insel, in Höhe des Rio Sonora, wuchs zwar immer noch das Süßwasserschilf, das sie brauchten und das sie seit Jahrhunderten dort angebaut hatten, weil sich an dem Platz eine Sickerquelle befand. Aber jetzt holten sie es nicht mehr zum Bau von Schilfbooten.

Heyerdahl schloss daraus, dass dies nicht die Heimat des Baus von Schilfbooten war. Aber jahrhundertelang waren die Indianer ebenso wie ihre entfernten Verwandten, die Indianer in Peru und Bolivien, mit Schilfbooten über die Wasser gefahren. Auf Booten aus Süßwasserschilf. Wer hatte sie den Anbau gelehrt?

Nach diesem Ausflug in spätindianische Gefilde reiste Heyerdahl in den Tschad. Die arme Republik im Herzen Afrikas ist ein

Schmelztiegel, weiße und schwarze Ethnien haben sich in seiner Geschichte vermischt. Und als Heyerdahl mit seiner Expeditionsgruppe dort eintraf, befand sich das Land am Rand eines Bürgerkriegs zwischen Arabern und Schwarzen. Die Gruppe fuhr von der Hauptstadt Fort Lamy am Schari-Fluss zum Tschadsee durch Rebellenland und entging nur knapp einem Überfall.

Der Tschadsee sieht aus wie ein Teil des Paradieses, aber der Schein trügt. Der See ist verseucht mit dem Bilharzia-Wurm, einem der tückischsten Parasiten Afrikas. Der nadeldünne Wurm bohrt sich in Menschenkörper und legt dort seine Eier ab; die geschlüpften Würmer fressen den Körper von innen auf. Auf diesem bösartigen See fahren schwarze Männer auf goldenen Schilfbooten und fischen.

Einheimische Schwarze vom Stamm der Buduma begannen, das zwei Meter hoch wachsende und unten rund vier Zentimeter dicke Schilf, dessen Innenraum gelb, schwammig und elastisch ist, abzuschneiden und in Bündeln zu einem vier Meter langen Boot zusammenzuflechten. Zum Binden benutzten sie Seile, die aus den Fasern der Dompalme gewunden waren. An einem einzigen Tag wurde das Boot fertig.

Und es schwamm so sicher auf dem Tschadsee herum, als gäbe es keine anderen Boote auf der ganzen Welt, die dieses Kunststück fertig bringen könnten. Das kleine Boot war äußerst tragfähig, und das war auch nicht verwunderlich; Heyerdahl hatte von den Einheimischen sogar von Booten gehört, die bis zu zweihundert Mann transportiert hatten.

Es gehört zu den Kuriositäten am Rande, dass dieses perfekte kleine Boot der Handwerker vom Tschadsee nie dort ankam, wo die Expedition es haben wollte, nämlich in Fort Lamy, der Hauptstadt. Da es auf dem Dach eines Jeeps durch das Land eines beginnenden Bürgerkrieges gefahren werden musste, ging es verloren. Und mit ihm der Jeep und die Fahrer.

Also musste ein neues tragfähiges Papyrusboot gebaut werden. Irgendwo anders. Von anderen Bootsbauern, die das uralte Handwerk beherrschten.

Die ältesten Abbildungen von Schilfbooten finden sich in ägyptischen Wandmalereien. Schon 5000 v. Chr. fuhren Altägypter auf Schiffen aus Papyrus den Nil hinauf und hinunter. Die Sümpfe am Nil standen voller Papyrusstengel. Papyrus und Ägypten gehören in kultureller Hinsicht ebenso zusammen wie Stein und Ägypten. Papyrus und Pyramiden – und schon taucht die Pharaonenzeit auf aus dem Nebel der Geschichte. Und da Tschad ein zu großes Wagnis mit zu vielen Fragezeichen geworden war, zog es Heyerdahl in das riesige Land zwischen Rotem Meer und Sahara, zwischen Sinai und Libyen – nach Ägypten.

Aber am Nil wuchs kein Papyrus mehr. Er stellte es fest, als er an beiden Ufern des Flusses und auch auf dem Wasser selbst flussabwärts fuhr. Aus Gründen, die niemand verstand, war der Papyrus, obwohl er keine Kulturpflanze ist, die gehegt und gepflegt werden muss, ausgestorben. Lag es daran, dass niemand mehr auf seinen Nutzen setzte? Hatte die Pflanze sich zurückgezogen, weil niemand sie mehr brauchte? Wahrscheinlicher ist wohl, dass der Papyrus vernichtet wurde, weil auf ihm jene Schnecke lebt, die den Bilharzia-Wurm aufzieht.

Am ägyptischen Nil gab es also keinen Papyrus mehr. Aber es gab ihn am 1750 Meter hoch gelegenen Tanasee in Äthiopien, dort, wo einer der beiden Nilzuflüsse, der Blaue Nil, entspringt. Warum also nicht in das zentrale Bergmassiv Äthiopiens fahren und den Papyrus von dort holen?

Der Tanasee liegt ähnlich wie der Tschadsee tief im Inneren eines riesigen Landes. Von der südlich gelegenen Hauptstadt Addis Abeba aus erreicht man ihn jedoch in einer halben Stunde Flugzeit. Und auf den ersten Blick sah man, dass auf diesem See die Fahrt im

Papyrusboot so selbstverständlich war wie in London die Fahrt mit der »tube«. An den Ufern wuchs Papyrus, und die Einheimischen bauten daraus ihre Fischerboote. Hier, in einem der Länder der Erde, in denen die Wiege der Menschheit stand, lebte man immer noch wie in vergangenen Jahrhunderten, und dazu gehörte die Fortbewegung im Papyrusboot.

Bei koptischen Mönchen auf einer Insel im See wurden die Forscher eingewiesen. Die Mönche lebten hier schon jahrhundertelang und hatten im Anbau von Papyrus sowie in dessen Verarbeitung große Raffinesse erlangt. Das Papyrusboot war für sie im Zeitalter der Mondlandefähre das einzige Verkehrsmittel. Aber sie bauten nur sehr kleine Boote, was ihren Bedürfnissen entsprach; für ein größeres hatten sie keine Verwendung.

Im Südwesten des Sees standen die größten Papyrussümpfe; es waren die größten Anbauflächen von Schilf, die Heyerdahl je gesehen hatte. Und sein Entschluss stand fest: Von hier würde man das Schilf holen. Aber bauen musste man das Boot woanders. Möglichst in Ägypten, wo man den Bauplan direkt von den Wänden der pharaonischen Grabkammern ablesen konnte. Und wer würden die besten Baumeister sein? Natürlich die Leute vom Tschadsee. Sie waren nicht nur die schnellsten, sondern auch die perfektesten Ingenieure von »Papierbooten«.

Wie die Mönche des Tanasees war auch eine andere christliche Gruppe von den Nilquellen her eingewandert. Es war das Volk der Laki, das seit dem 16. Jahrhundert am Swanisee, südlich der Hauptstadt Addis Abeba, lebt. Sie siedeln zurückgezogen auf insgesamt fünf kleinen Inseln, und ihr einziges Verkehrsmittel ist das Papyrusboot. Sie bauten es als kleines Zweimannboot, um zu verhindern, dass neben dem Ruderer mehr als eine Person die Stille ihrer von koptischen Ritualen geprägten Emigration auf den Inseln stört. Da sie die Einzigen sind, die überhaupt Boote besitzen, haben sie es geschafft, völlig zurückgezogen die Jahrhunderte zu überdauern. Nur zum Fischen oder zum Handel beziehungsweise zum Erwerb notwendiger Dinge bewegen sie sich auf ihren behenden Booten aus Papyrus zum Festland hin.

Eingeladen auf eine der größten Inseln, konnte sich Heyerdahl davon überzeugen, dass hier Papyrus in Hülle und Fülle wuchs. Und er erlebte die Gastfreundschaft dieser tiefreligiösen Menschen, die hier mit all ihren kostbaren Kirchenschätzen außerhalb der Zeit leben. Sie pflegen intensiv ihre Traditionen, zu denen auch gehört, die Kunst des Papyrusboot-Baus an die nächste Generation weiterzugeben. Heyerdahl lernte jedoch auch, dass die kleinen Boote sehr anfällig waren. Nach jedem Gebrauch mussten sie zum Trocknen aufgestellt werden, sonst wurden sie bald schwammig und faulig. Konnte man mit einem Papyrusboot wirklich eine Reise von Afrika nach Amerika wagen?

Diese Frage erhielt bald eine unerwartete Antwort.

Genauer gesagt waren es mehrere Antworten. Die Erste kam vom Papyrus-Institut in Kairo. Nein, es sei undenkbar, mit einem Papyrusboot auf den Atlantik hinauszuschwimmen. Das Boot würde sich bald in seine Bestandteile auflösen.

Die Wissenschaftler vom Papyrus-Institut waren Experten. Wenn sie also der Meinung waren, es ginge nicht …

Thor Heyerdahl wollte es dennoch selbst ausprobieren. Er erhielt die offizielle Erlaubnis, in der Nähe der Gizehpyramide ein Boot zu bauen. Die zu erlangen war nicht leicht gewesen, denn man schrieb das Jahr 1968, und Ägypten befand sich im Krieg mit Israel. Das ganze Gebiet um den Suez war hermetisch abgeriegelt. Vielleicht lag letztlich diese Tatsache Heyerdahls Idee zugrunde, seine zukünftige siebenköpfige Besatzung möglichst international zusammenzustellen. So konnte der Gedanke friedlicher Völkerverständigung gerade in Kriegszeiten ausgedrückt werden.

Heyerdahl reiste herum, um die Besatzung zu rekrutieren. Vom Tanasee in Äthiopien kam das Schilf, insgesamt 150 Kubikmeter, das waren fünfhundert Papyrusbündel. Die ägyptischen Arbeiter standen bereit. Und als Heyerdahl endlich seine schwarzen Freunde vom Stamm der Budumas am Tschadsee, Abdullah, Omar und Mussa, an seiner Seite hatte, die am optimistischsten davon ausgingen, ein seetüchtiges Papyrusboot bauen zu können, hätte es eigentlich losgehen können. Doch es fehlte an Wasser, um die Papyrusstängel zu wässern. Sie waren nach dem Schnitt im Tschad in der ägyptischen Sonne getrocknet worden. Aber jetzt mussten sie eingeweicht werden, um für die Bearbeitung biegsam zu sein. Also wurde Wasser in einzelnen Benzinfässern in die Wüste geholt.

Und nachdem man noch einmal gemeinsam die alten Zeichnungen von Papyrusbooten in den Grabkammern der Pyramiden studiert und alle Einzelheiten durchgesprochen hatte, begann der Bau eines 15 Meter langen und fünf Meter breiten Bootes, mit Masten, Takelage, Segel, einer vier mal drei Meter großen Unterkunftshütte mit gewölbtem Dach in der hinteren Hälfte und einem ausgeklügelten Steuermechanismus. Ein besonderes Problem stellte die Befestigung der Masten für das Segel auf dem Schilfboden dar. Dafür mussten die Fresken in den Pyramiden besonders genau studiert werden. Auch über die Ausführung der gebogenen Ausläufer an Bug und Achtersteven gab es unterschiedliche Auffassungen und lange Diskussionen. Es war auf jeden Fall ein Wagnis. Das kleinste Detail konnte sich auf hoher See als entscheidend erweisen, während andere Dinge, die jetzt im Vordergrund standen, sich später als unwesentlich erweisen würden.

Als das Boot gebaut war, musste es nach Safi in Marokko transportiert werden. Dort beginnt die Kanarenströmung, die über den Atlantik nach Amerika führt. Dort, in dieser früher bedeutenden Hafenstadt, sollte gestartet werden.

Fünfhundert Männer zogen das Boot auf Holzschlitten von seinem Werkplatz vor den Pyramiden fort. Es war eine wahrhaft biblische Szene, und die Beobachter fühlten sich an die Zeit der Pharaonen erinnert. Dann verlud man das Gefährt auf einen riesigen Container und rollte es am Nilufer entlang bis zur Mündung am Mittelmeer. Hier sah das Boot, das man zu Ehren des altägyptischen Sonnengottes mit marokkanischer Ziegenmilch auf den Namen »Ra« taufte, zum erstenmal seinen Bestimmungsort, das Meer. Es wurde in einen Ozeanriesen verladen und nach Marokko verschifft. Dort wartete es im Hafen acht Tage lang auf seinen Stapellauf, damit sich der Papyrus unter der Wasserlinie mit Salzwasser vollsaugen konnte. Das war, nach Meinung vieler Experten, schon die Hälfte seiner Überlebensdauer. Währenddessen wurden etliche Tonnen Proviant, Ausrüstung und Verpackung auf das fragile Schiff geladen.

Die Besatzung bestand aus Abdullah Djibrine aus dem Tschad, Papyrusexperte; Norman Baker aus den USA, Navigator; Juri Senkewitsch aus der UdSSR, Expeditionsarzt; Carlo Mauri aus Italien, Alpinist und Kameramann; Santiago Genovés aus Mexiko, Anthropologe und Proviantmeister; Georges Sourial aus Ägypten, Chemie-Ingenieur und Froschmann; und Thor Heyerdahl als Leiter der Expedition. Dazu kamen ein Äffchen und eine Ente.

Am Morgen des 25. Mai 1969 startete die Expedition mit dem Papyrusboot, wie es schon die alten Ägypter vor 5000 Jahren auf dem Nil – und vielleicht auch auf dem Atlantik – benutzt hatten, zu ihrer abenteuerlichen Reise. Vier offene Boote von Sardinenfischern aus Safi zogen das Boot aus dem Hafen hinaus. Heyerdahls Frau Yvonne, die bei allen Vorbereitungen tatkräftig mitgeholfen hatte, winkte mit beiden Armen, bis das kleine Schiff von der frischen Brise, die vom Land hinauswehte, gepackt wurde und verschwunden war. Sie hatte über ihre bangen Ahnungen mit ihrem Mann gesprochen, doch der war unerschütterlicher Optimist. Nein, die Experten würden nicht Recht behalten, die »Ra« würde nicht Wasser ziehen und untergehen!

Als die Mannschaft das große burgunderfarbene Segel aus schwerem ägyptischem Segeltuch mit dem roten Sonnenball darauf setzte und der Nordwestwind blies, ging allen das Herz auf. Endlich hatte die »Ra« freie Fahrt und konnte zeigen, was sie vermochte. Allerdings mussten nun auch die Seefahrer zeigen, was sie konnten. Beispielsweise mit den beiden je acht Meter langen Steuerrudern, die noch kein Mensch der Neuzeit ausprobiert hatte. Man hatte sie so gebaut, wie sie auf den Wandmalereien in den Königsgräbern gezeichnet waren. Ebenso war man mit dem Mast verfahren. Diese beiden Punkte waren die neuralgischen.

Als der Wind der offenen See das Boot erfasste, tanzte die »Ra« souverän auch über die höchsten Wellen. Alles schien gut zu gehen, und die Mannschaft begann, sich nach den Aufregungen der vergangenen Tage zu entspannen. Da setzte die erste Katastrophe ein. Die Ruder hielten nicht. Beide Schäfte aus Irocoholz – das libysche Zedernholz, das die alten Ägypter verwendet hatten, war nicht zu bekommen gewesen – brachen direkt über dem Blatt am Hals quer ab und schwammen an Tauen hinter dem Boot her.

Heyerdahl war drauf und dran, die Expedition sofort abzubrechen. Die Ruder waren lebenswichtig, allein mit dem Segel konnte die Fahrt nicht gelingen. Aber plötzlich sah er, dass die beiden Ruder, die vorn noch immer als Kielschwerter festgebunden waren, nun erst begannen, ihre Funktion zu erfüllen. Sie brachten die »Ra« auch ohne breite Ruderblätter auf Kurs und hielten sie dort. Sie wirkten wie die alten Schwertkiele, die »guaras« der Inkas, die Heyerdahl schon auf der »Kon-Tiki« ausprobiert hatte. Jetzt, im Zusammenspiel mit dem Segel, erbrachten sie erst ihre eigentliche Leistung.

Die Manövrierfähigkeit, die die Steuerruder gewährleisten sollten, hatte die Expedition allerdings eingebüßt. Jetzt konnten die Männer sich nur noch auf Wind und Strömung verlassen und mit Segel und »guaras« korrigieren. Alles das würde sie in den folgenden Tagen und Wochen automatisch nach Amerika treiben. Und das war es schließlich, was sie wollten. Die Fahrt wurde fortgesetzt.

Nach wenigen Tagen sahen die Expeditionsteilnehmer, dass die »Ra« sich den Gesetzen des Meeres gut anpasste. Man hatte streng darauf geachtet, nur nach den Regeln des Altertums zu bauen, hatte Mast, Hütte und Brücke nicht fest mit dem Papyrus der Bootsunterlage verbunden, sondern nur locker festgebunden. Jetzt schwankten die Aufbauten zwar im Seegang, aber genau das rettete das Boot. Hätte man modernen Werkstoff wie Drähte, Nägel, Ketten verwendet, würden die Trümmer der »Ra« bereits auf den hohen Wellen treiben. Zwar musste sich die Besatzung erst einmal daran gewöhnen, dass auf dem Boot praktisch alles ständig in Bewegung war, aber gerade dadurch bot es den zupackenden Fäusten des Ozeans nirgends ausreichend Angriffsfläche. Die »Ra« schob ihre Papyrusmassen elegant, wenn auch ächzend über die Wasser.

In den nächsten schweren Stürmen verlor das Boot sein Segel. Die Besatzung wagte nicht mehr, es zu setzen, nachdem der ständig drehende, böige Wind es zu zerreißen und den Mast zu knicken gedroht hatte. Danach brach die Rahstange mit einem herzzerreißenden Stöhnen mittendurch. Jetzt, nach dem Verlust von beiden Rudern und Segel, trieb die »Ra« gänzlich ausgeliefert auf dem Ozean. Immerhin besaß sie noch die »guaras«.

Und noch immer war die Expedition nicht auf dem offenen Atlantik! Das Boot trieb an der afrikanischen Küste entlang nach Süden, und die Gefahr bestand, dass man auf die Riffe oder Sandbänke der Kanarischen Inseln auflief. Die Gefahr wurde so groß, dass man sich entschloss, die Rahe notdürftig zu flicken und ein

Notsegel zu setzen, um mit dem Nordostwind die Kanaren umkurven zu können. Auch eins der Steuerruder war gesplisst worden und konnte bei der Kurskorrektur helfen. Tagelange, anstrengende Arbeit gegen Wind und Wellen lag vor der tatkräftigen Mannschaft.

Mit knapper Not und Mühe schafften sie es, an der vorgelagerten Küste von Kap Juby vorbei die offene See zu erreichen. Jetzt lagen sie praktisch auf dem Rücken der kanarischen Fahrstraße, die hinüber nach Amerika bis zum mexikanischen Golf führt. Und die »Ra«, seit fünfzehn Tagen im Wasser, zeigte keine Ermüdung ihres Materials. Die Verluste an Rahe, Ruder und Segel waren einzig und allein der Tatsache geschuldet, dass die moderne Besatzung des altägyptischen Papierbootes keinerlei seemännische Erfahrung besaß.

Eines wurde immer deutlicher: Die gesamte Konstruktion des Bootes war perfekt. Vor allem die Takelage erwies sich als bewunderungswürdig durchdacht. Und Heyerdahl schrieb schon nach wenigen Tagen in sein Bordbuch: »Diese Takelung ist das Resultat langer Navigationserfahrung auf offener See und wurde nicht auf dem ruhigen Nil ersonnen.« Mit anderen Worten: Die altägyptischen Seefahrer hatten Boote gebaut, mit denen sie andere Reisen vorhatten und antraten als die auf einem Fluss oder auf Binnenseen.

Eine Einzelheit der ägyptischen Schiffsarchitektur blieb noch rätselhaft. Die »Ra« besaß einen nach innen gebogenen Schnörkel des hochgebogenen Achterstevens. Wozu diente er? Welche Funktion bei der Navigation besaß dieser Teil, den die Konstrukteure sorgfältig auf den alten Zeichnungen studiert hatten? Dass sie es nicht wussten, erwies sich bald als verhängnisvoll.

Noch beim Bauen des Schiffes hatten die Handwerker aus dem Tschad ein Tau gekappt, das den Schnörkel nach unten zum Deck gezogen hatte. Denn beim besten Willen konnten sie darin keinen Sinn erblicken. Ein Tau, das ihn in die Höhe gezogen hätte, war gar nicht erst vorgesehen. Doch nun drückte der Achtersteven dort, wo der Schnörkel wie ein Schwanenschwanz in die Höhe stand, immer mehr ins Wasser. Achtern schwappten die Wellen immer stärker über die Bootsfläche. Und bis Heyerdahl den Fehler erkannte, war es im Grunde zu spät.

Kleine Ursache, große Wirkung! Das gekappte Tau hatte nicht die Funktion gehabt, den Schwanz nach unten zu ziehen, sondern die, den ganzen Achtersteven in der Höhe zu halten. Da der hintere Teil frei schwang und nicht an den Schrägmast angebunden war, musste dieses Tau die Funktion der Steuerung des hinteren Teils übernehmen. So war das Boot praktisch in zwei Teilen gedacht, was in schwerem Seegang sein Auseinanderbrechen verhinderte. Wer hätte ahnen können, dass diese Riesenarbeit einem einzigen Tau zugedacht war, das die Rückfront nach unten, zum Deck hin, zog! Aber es hielt den hinteren Teil wie eine Feder straff gespannt, und jetzt, da es fehlte, drohte achtern alles wegzusacken!

Als die Seefahrer ihren Fehler begriffen, war es zu spät. Drei Wochen im Wasser hatten den hinteren Teil des Bootes absacken lassen. Das Boot bestand nun tatsächlich aus zwei Hälften, aber im gefährlichen Sinne. Der goldene Achtersteven aus Papyrus senkte sich ins Meer und wirkte bald wie eine große Bremse. Würde das Boot diesen Verlust eines seiner integralen Bestandteile überstehen?

Man versuchte, hier und da zu flicken. Die schwere Kiste mit dem Gummi-Rettungsboot wurde über Bord gehievt, das Schaumgummi des Bootes für die Reparatur des Achterstevens verwendet. Aber die alten Ägypter besaßen kein Schaumgummi, also konnte dieses Flicken den Achtersteven nicht auf Dauer retten. Die Katastrophe nahte unaufhaltsam, und mangelhaftes Studieren der exakten altägyptischen Wandzeichnungen, die ein unsinkbares Papyrusboot abbildeten, hatte sie verursacht. Aber wer wollte den Seefahrern einen Vorwurf machen? Ihr Fehler war nicht, dass sie eine Lektion missachtet hätten, denn niemand war in der Lage gewesen, ihnen vor Antritt der Reise einen Rat zu geben. Die Einzigen, die das hätten tun können, lagen seit 5000 Jahren tot unter der Erde.

Wieder brach das reparierte Notruder in schwerer See wie ein Streichholz. Sturzfluten ergossen sich über den hinteren Teil der »Ra«. Wieder trieb das Boot steuerlos in den Gewalten des offenen Atlantiks. Vorübergehend jedoch bewirkte der mit Schaumgummi geflickte Achtersteven, dass das Boot besser im Wasser lag. Konnte das auf die Dauer gut gehen?

Nach Überquerung des 40. Längengrades geriet die »Ra« in amerikanische Gewässer. Die Seefahrer versuchten für alle Fälle, über ihr Funkgerät Kontakte zu bekommen und zu halten. Der nächste schwere Sturm, das wussten sie, würde ihr Boot auseinander reißen. Alles hing von den Launen der Natur ab. Ohne Stürme konnten sie in ein paar Wochen an der amerikanischen Küste anlanden.

Die folgenden Tage vergingen in gespannter, trügerisch scheinender Ruhe. War es die Ruhe vor dem großen Sturm? Immer häufiger flogen nun Landvögel über ihr Boot, und Pflanzen schwammen auf dem Wasser – untrügliche Zeichen dafür, dass im Westen Land lag.

Von der amerikanischen Küste aus kam ihnen eine Yacht entgegen, die Thor Heyerdahl sicherheitshalber angefordert hatte, nachdem zu sehen war, dass der Achtersteven immer tiefer sank. Die Yacht sollte die »Ra« begleiten und filmen. Bevor das kleine Schiff längsseits eintraf, liefen sie in den Teil des Atlantiks ein, in dem die Orkanzeit begonnen hatte. Und bevor sie darüber in Unruhe verfallen konnten, packte ein schwerer Sturm die »Ra« und machte ihr den Garaus.

Der Sturm hatte sich lange durch Wind und Regen angekündigt. Er zerrte an den Aufbauten der »Ra« und legte das ganze Schiff langsam, aber sicher schief. Immer mehr Wasser überspülte das Boot, drang in die Schlafhütte ein und bedrohte die Proviantkisten. Längst gab es keine trockene Stelle mehr an Deck, und die Nachtwache lebte doppelt gefährlich auf dem schief liegenden Schiff. Ein falscher Schritt, und man wurde ins Wasser geschleudert. An Steuern war schon lange nicht mehr zu denken. Die »Ra« war ein Spielball der Elemente. Aber die Strömung trieb sie noch immer genau auf das amerikanische Festland zu, immer nach Westen.

Die Besatzung bemerkte voller Schrecken, dass die Haupttaue, die dafür sorgten, dass die äußere, um das Schiff herumlaufende Papyrusrolle festgezurrt war, durchgescheuert waren. Es konnte nur noch eine Frage der Zeit sein, bis die Rolle abfiel und das Boot sich in alle Einzelteile verabschieden würde. In der ersten Panik schien allen die Fahrt zu Ende, doch dann setzte ein wütender Überlebenskampf ein. Man versuchte noch einmal zu flicken, was zu flicken war. Mit Tauen ging man dem auseinander fallenden Boot zu Leibe und schaffte es auch, den Verfallsprozess für einige Zeit aufzuhalten. Dennoch blieb auf der »Ra« alles in Bewegung, hervorgerufen durch ständigen Wassereinbruch, Schieflage des Schiffsbodens und heftige Winde.

Zu diesem Zeitpunkt, Anfang Juli, existierte praktisch kein Schiff namens »Ra« mehr, es befand sich nur noch schwimmender Papyrus auf dem Wasser.

Der große Sturm holte sie in der Nacht ein. Es war wie die Rache düsterer alter Götter, die nicht wollten, dass die »Ra« mit ihrem hellen Sonnensegel ihre Mission erfüllte. Bald dominierten die Farben Schwarz und Weiß – schwarze Wellen, weiße Gischt –, und der Rest, die Nuancen, ging im Chaos unter. Die »Ra« versuchte, durch wahnsinnige Fahrt auf den Wellen zu entkommen. Aber sie konnte kaum noch Gegenwehr leisten. Die Elemente bearbeiteten sie mit blanker Gewalt drei Nächte lang. Sie sank nicht. Aber sie hing am nächsten Morgen, nachdem der Sturm abgeflaut war, wie ein todmüder Boxer in den Seilen. Sie schwamm steuerlos umher, ein

Bündel unsinkbarer Papyrusbinsen, die nur noch per Zufall zusammengehalten wurden.

Dennoch blieb die gesamte Besatzung erstaunlicherweise guter Laune. Man schwebte in Lebensgefahr, aber man fühlte sich andererseits sicher, solange man sich auf dem Papyrus befand. Die Binsen erzeugten ein blindes Vertrauen bei der Crew, die unter sich den Ozean fühlte, der durch alle Ritzen drang und mit Gurgeln, Glucksen, Schäumen und Peitschen alles in sich aufnehmen wollte. Ein Boot aus Papyrus zu bauen und sich damit hinauszuwagen war richtig gewesen. Hätte man den Fehler mit dem Tau am Achtersteven rechtzeitig erkannt, wäre die »Ra« ohne Verletzungen bis nach Amerika geschwommen – und wenn es notwendig gewesen wäre, auch wieder zurück.

So aber kam das Ende schnell.

Unter der Gewalt der Orkanböen legte sich die »Ra« auf die Steuerbordseite. Die Aufbauten verschwanden größtenteils im Meer. Ebenso die Küche. Nur die geräucherten Würste und Schinken hingen noch pendelnd an der schiefen Mastleiter. Gefährliche portugiesische Quallen, deren giftige Nesselfäden Menschen lähmen und töten können und die sich jetzt um alles wickelten, was in ihre Nähe kam, machten sich auf der »Ra« breit. Der Ozean mit seinen Ausgeburten holte sich unbarmherzig alles vom Schiff, was er bekommen konnte.

Am 16. Juli, nach achtwöchiger Reise, holte die amerikanische Yacht, die »Shenandoah«, die Besatzung der »Ra« ein. In schwierigen Manövern, mit Hilfe eines Gummibootes, konnte die übrig gebliebene Ladung von der »Ra« übergeholt werden. Die wertvollen Expeditionsfilme und Laborobjekte mussten zuerst gerettet werden. Dann kam der Rest.

Und obwohl die Mehrheit der Mannschaft nicht auf die – durch die Stürme gleichfalls beschädigte – amerikanische Yacht umsteigen, sondern die Fahrt auf der schwer angeschlagenen »Ra« beenden wollte, beschloss Heyerdahl als verantwortlicher Leiter der Expedition, das Boot zu verlassen. So stiegen die sieben Männer auf die »Shenandoah« um. Die »Ra« wurde sich selbst überlassen, sie würde, von der Strömung geschoben, irgendwann in den nächsten Tagen in Amerika ankommen.

Das schmerzte alle, die davon überzeugt waren, die Expedition mit der »Ra« trotz aller Gefahren beenden zu können. Doch war nicht auch so bewiesen, was zu beweisen man angetreten war? Dass nämlich ein schwer beladenes Papyrusboot nach dem Modell altägyptischer Wandmalereien den Atlantik überqueren konnte? Ja, es war bewiesen, daran änderte auch die noch nicht gemeisterte restliche Wegstrecke bis zur amerikanischen Küste nichts – das waren 960 Kilometer bis nach Barbados. Die zurückgelegten 5000 Kilometer über die sturmgepeitschte See hatten alle Skeptiker widerlegt. Der Erfolg der Mission schien unbestreitbar.

Der Motor der Yacht lief an. Das Papyrusboot »Ra« mit einem neu gesetzten kleinen Notsegel schwamm freigelassen hinterher. Es tanzte wie ausgelassen auf den Wellen auf und nieder. Schließlich verschwand es ganz im Osten hinter den Wassern.

Auf neuem Kurs

DIE »RA-II«-EXPEDITION

»Vielen Dank, dass du uns mitgenommen hast, Ra.
Du hast bewiesen, dass sogar Landratten Tausende von Kilometern auf Papyrusbündeln segeln können. Du hast auch bewiesen, dass Männer aus Ost, West, Nord und Süd selbst auf engstem Raum zum Allgemeinwohl gemeinsam leben und arbeiten können.«

TH. H.

Genau ein Jahr verging. Thor Heyerdahl blieb nicht müßig. Nachdem die Mannschaft unversehrt in Amerika angekommen war und eine Woche später auch die »Ra« geborgen werden konnte, hatte er sich unablässig darum bemüht, eine neue Expedition auf die Beine zu stellen. Denn die Öffentlichkeit hatte teilweise hämisch kommentiert, das Experiment der Atlantikreise sei gescheitert. Das wurmte Heyerdahl und auch seine Mannschaft. Und so hatten alle beschlossen, noch einmal zu fahren – und diesmal den Fehler mit dem Achtersteven zu vermeiden.

Genau genommen beteiligten sich jedoch nicht alle an der neuen Expedition. Abdullah aus dem Tschad war nicht mehr dabei; die Sehnsucht nach seiner Familie hielt ihn zurück an Land. Für ihn waren zwei Männer dazugekommen: als afrikanischer Ersatz der Geschäftsführer einer chemischen Fabrik, Madani Ait Ouhanni aus Marokko, und der Kameramann Kei Ohara aus Japan.

Heyerdahl hatte diese Reise noch besser organisiert als die erste. Vor allem die handwerklichen Voraussetzungen schienen günstiger. An der Westküste Sardiniens hatte er Fischer auf Schilfbooten, so genannten »Fassoni«, studiert – dort war die Tradition des Bootsbaus seit dem Altertum noch lebendig. Es war bei den Oristano-Sümpfen, dort, wo der Tirso ins Mittelmeer mündet. Seltsamerweise finden sich dort auch uralte gigantische Steinbauten in einer Bauweise, die auch von den mexikanischen Indianern her bekannt ist.

Und er hatte den Lucus-Fluss in Marokko besucht, dort, wo er den alten Hafen El Araich südlich von Tanger erreicht. Auf diesem Fluss hatten die Fischer noch wenige Jahre zuvor auf »madai« gefischt, die der »Ra« zum Verwechseln ähnlich waren. Und ganz in der Nähe befanden sich die Ruinen der uralten rätselhaften Stadt Lixus; vor Tausenden von Jahren hatte sie eine hoch entwickelte Zivilisation gesehen, die danach fast spurlos verschwand.

Lixus war nach antiker griechischer Sage die Begräbnisstätte von Herkules dem Riesen gewesen. In Lixus, der Stadt der Sonne, hatte ein unbekanntes Volk so gebaut, wie man es sonst nur aus den indianischen Kulturen Perus und Mexikos, von der Osterinsel und aus Ägypten und Phönizien her kannte. Die Bauweise eines fugenlosen Aneinanderlegens riesiger zurechtgeschnittener Gesteinsquader, um Tempel für die Sonnenanbetung zu errichten, und die Verwendung von Schilfbooten – dies schien die alten Kulturen miteinander zu verbinden.

War es wirklich nur Spekulation, hier Zusammenhänge zu entdecken, wenn sie doch so offensichtlich waren? Man hatte ja an der ganzen nordafrikanischen Küste, bis hinunter nach Kap Bojador und darüber hinaus, Spuren von phönizischen Besiedelungen gefunden. Die Phönizier aus Kleinasien, ein Volk von Seefahrern, hellhäutig, hellhaarig, bärtig, waren anerkanntermaßen das ganze Mittelmeer entlang bis zum Atlantik gefahren. Und das in einer Zeit, als auf der anderen Seite dieses Ozeans die so genannten Olmeken in Mexiko die erste Hochkultur einläuteten – hellhäutige, hellhaarige, bärtige Männer.

Die Bambushütte des Aussteiger-Ehepaars Heyerdahl im gefährdeten Südsee-
paradies Fatu Hiva

Nach seiner Fatu-Hiva-Expedition widmete sich der 24-jährige Thor Heyerdahl im norwegischen Lillehammer dem Bücherschreiben.

Thor Heyerdahl bei der schweren Arbeit am »Kon-Tiki«-Ruder aus hartem Mangleholz

Oft schien das Meer die »Kon-Tiki« zu verschlingen, aber das Floß tanzte unbeirrt über die Wellenberge.

Das Balsafloß »Kon-Tiki« mit dem Kopf des alten Inka-Gottkönigs auf dem Segel mitten im Pazifik; heute liegt es im Osloer Museum vor Anker.

Das nach Zeichnungen aus ägyptischen Grabkammern gebaute Papyrusboot »Ra« liegt bei der Fahrt über den Atlantik tief in der Dünung.

Durch einen winzigen Konstruktionsfehler am hochgezogenen Achtersteven kenterte die »Ra« nach schweren Orkanen vor Barbados.

Die »Tigris« wurde am gleichnamigen Fluss im Herzen der ehemaligen mesopotamischen Hochkultur erbaut.

1978 verbrannte Thor Heyerdahl vor Dschibuti sein Schilfboot »Tigris« aus Protest gegen die modernen Kriege.

Die Rätsel von »Rapa Nui«, der Osterinsel, zogen Thor Heyerdahl immer wieder an.

Im nordperuanischen Ort Tucumé grub Heyerdahls Team Pyramiden aus vorkolumbischer Zeit aus.

Heyerdahl hatte Zeit, sich über solche Fragen Gedanken zu machen. Er war wieder auf hoher See, auf der Fahrt im Papyrusboot in Richtung Westen. Die Tage und Nächte dehnten sich mit Arbeit, Schlaf, Untersuchungen, Messungen, Nahrungsaufnahme und Kampf gegen die Elemente.

Man hatte das Boot verstärkt. Die Ruder waren kräftiger, ebenso der Papyrusrumpf. Diesmal hatte Heyerdahl indianische Bootsbauer vom Titicacasee angeheuert, Nachfahren der Aymara- und Quechua-Indianer, die die uralte Kulturhauptstadt Tiahuanaco erbaut hatten. In der ehemaligen phönizischen Hafenstadt Safi in Marokko wurde die »Ra II« gebaut, und auch sie wurde mit Ziegenmilch getauft.

Sofort nach dem »Stapellauf« merkten alle an Bord, dass dieses Boot sie nicht im Stich lassen würde. Es war zwölf Meter lang, fünf Meter breit, zwei Meter dick. Es besaß einen Schrägmast auf Fußklötzen, ein trapezförmiges Rahsegel und eine vier mal drei Meter große Korbhütte. Den Papyrus aus Äthiopien hatten die Indianer zusammengepresst, so dicht es ging. Dadurch bewegte sich die »Ra II« auf dem Wasser wie eine Schnellfeder. Der geflochtene Papyrus und die Art der Taue unterschieden das Boot von seinem Vorgänger. Und Heyerdahl musste den Indianern vertrauen, die das Boot so selbstverständlich konstruierten, als machten sie seit 5000 Jahren nichts anderes.

Nach den ersten Tagen musste die Besatzung jedoch erschreckt feststellen, dass die »Ra II« sank. Pro Tag waren es zehn Zentimeter. Schon lag das Deck tief im Wasser.

Man rätselte, womit das Sinken zu tun hatte. Waren den Indianern doch Fehler unterlaufen? Gab es wieder irgendein Detail, das die Harmonie der Teile durcheinander brachte?

Kurz bevor die Mannschaft die Reise abbrechen wollte, registrierte man, dass seit Tagen völlige Windstille herrschte. Konnte dies die Ursache für das Sinken sein? Und richtig! Als der Wind zunahm und das Schiff mit geblähtem Segel über den Ozean glitt, kamen die Papyrusbündel aus dem Wasser heraus. Fast bekam die Mannschaft das Gefühl, die »Ra« würde sich nun für einen Flug bereitmachen. Jetzt hemmte – vorübergehend – nichts mehr die rasche Fahrt nach Westen.

An den meisten Tagen des ersten Monats herrschte Wind, der die Wellen zeitweise bis zu zehn Meter hoch auftürmte. Aber die »Ra II« tanzte die Brecher frech aus und zeigte sich nicht beeindruckt. Das Material, das die Indianer vom Titicacasee zu einer vollendeten Form verarbeitet hatten, schien perfekt. Nur das Holz an Bord machte Sorgen. Und nicht zu Unrecht, denn nach etwas mehr als der Hälfte der Route brach in einem schlimmen Sturm erneut das Steuer quer am Schaft ab. Das 16 Zentimeter dicke Holz knickte wie ein Streichholz, und wieder musste das Schiff steuerlos durch die Elemente hindurch.

Die Steuerruder waren die Achillesferse des Schiffes. Die Besatzung fühlte sich an das Ende der ersten Expedition erinnert. Erneut schien das aufgewühlte Meer die Herrschaft über das Schiff zu gewinnen. Und auch Thor Heyerdahl war mit seinem Latein am Ende, es wollte ihm einfach nicht einfallen, wie sie dieser Misere entkommen könnten. Das Schiff trieb hilflos auf den Wellen, machte kaum Fahrt – und begann erneut zu sinken.

Man probierte einige Tricks aus, um das Steuer zu reparieren, und schaffte es notdürftig, die »Ra II« auf Kurs zu bringen. Jetzt konnte auch das Segel wieder gesetzt werden. Und wieder hob sich das Schiff aus dem Wasser und fuhr mit drei Knoten Geschwindigkeit davon. Die größten Brecher hielt man im hinteren Bereich mit einigen aufgespannten Segeltüchern davon ab, über Bord zu stürzen. Denn im Gegensatz zur ersten »Ra« besaß der Nachfolgertyp nicht die Eigenschaft, die überschwappenden Wellen schnell wie durch ein Sieb wegsickern zu lassen. Die Papyrusrollen waren fester gebunden und durch den Wasserdurchzug inzwischen fast lückenlos aufgeschwollen.

Der zehn Meter hohe und dreihundert Kilo schwere Schrägmast für das Segel wurde in seiner Fußfläche nach vorn geschlagen, um die Kraft des Windes im Segeltuch zu optimieren und das Schiff leichter steuern zu können. Dazu mussten natürlich auch die zwölf parallelen Stagen, die achtern hinunter an beide Schiffsseiten führten, verrückt werden. Nach dieser aufwendigen Arbeit schoss das Schiff noch leichter vorwärts. Und noch schneller ging es weiter, als erst der Bug, dann der Achtersteven gekappt wurde. Das veränderte zwar das Aussehen des Schiffes erheblich, aber es lag bei leichterem Gewicht nicht mehr allzu tief im Wasser. So lernten die Seefahrer mit ihrem Schiff umzugehen, und zwar in Lektionen, die als Trockenkurs vorher nie hätten durchgeführt werden können. Nach solchen Erfahrungen verstanden sie, wie die seefahrenden Völker vor Jahrtausenden ihr Wissen mit »primitiven« Schiffen oder Flößen durch die Praxis bis hin zu einer perfekten Form entwickelt hatten.

Reibungslos ging es vorerst weiter. Das Ende der Reise kam in Sicht. Mit dem Funkgerät versuchte die Mannschaft, ihre Ankunft auf Barbados anzukündigen. Danach setzten sich die Familien der Seefahrer in Bewegung, um die Helden gebührend zu empfangen.

Ende Juni in der Frühe trafen sie auf das UN-Boot »Calamar« und wurden auf der anderen Seite des Weltmeeres willkommen geheißen. Eine Woche später schickte die Administration der Insel Barbados einen Kutter aus, auf dem sich auch Heyerdahls Frau Yvonne und seine Tochter Anette befanden. Heyerdahl winkte ihnen zu, zusammen mit den anderen auf dem Dach der Bambushütte stehend – ein wild schreiender, bärtiger, sonnenverbrannter Geselle, der eher an einen Wikinger als an einen europäischen Wissenschaftler erinnerte.

Am Sonntag, dem 12. Juli, nach 57 Tagen und 6100 Kilometern auf See, sahen sie Land.

Abends empfing die Insel Barbados sie mit großem Hallo. Sogar der Ministerpräsident war auf den Beinen. Auch die beiden jüngsten Töchter Heyerdahls, Marian und Bettina, kamen ihnen nun auf einem Boot entgegen. Im Hafen von Bridgetown endete die Fahrt der »Ra II« unter dem Jubel der Menge und dem Tuten von Hunderten von Hörnern der flankierenden Schiffe und Boote.

Das multikulturelle Experiment »Ra« hatte funktioniert. Mit einem solchen Schiff konnten auch schon vor 5000 Jahren Männer aus dem Inneren des mittelmeerischen Raums auf den Inseln Amerikas gelandet sein. Vielleicht waren sie als Ägypter oder als Phönizier an Bord gegangen und als Olmeken an Land ausgestiegen. Jedenfalls schien die »Ra-II«-Expedition ein schöner Beweis zu sein für die völkerverbindende Kraft des Meeres.

Das verlorene Paradies

DIE TIGRIS-EXPEDITION

»Der Beginn der Kultur. Der wirkliche Anfang. Hier war der Ort.«

TH. H.

Nördlich von Basra, dort, wo zwei mächtige Flüsse, der Euphrat und der Tigris, zusammenfließen, dort begann die geschriebene Geschichte. In Mesopotamien also, dem damaligen Land der Sumerer und dem heutigen Irak, steht die eigentliche Wiege der Menschheit. Das jedenfalls sagen uns die Gelehrten. Wer schaukelte diese Wiege? Es war ein geheimnisvolles, ein bis heute dunkel bleibendes, aber langsam aus dem langen Schatten der Vergangenheit heraustretendes Volk. Das Volk der Sumerer. Aber sie selbst hinterließen uns Nachrichten, in denen steht, dass sie eines Tages mit Schiffen von irgendwoher gekommen seien. Woher? Aus einem geheimnisvollen Land mit Namen »Dilmun«.

Sieben Jahre waren seit der »Ra-II«-Expedition vergangen. Die Wogen der Begeisterung und der Kritik über diese Seefahrt hatten sich geglättet. Heyerdahl hatte seine Erfahrungen ausgewertet, ein Buch und einen Film auf den Markt gebracht und erneut weltweite Aufmerksamkeit geerntet. Er war im Begriff, einer der bekanntesten Männer des Planeten zu werden. Für einen Anthropologen aus einer kleinen Walfängerstadt in Norwegen kein schlechter Erfolg.

Die gesammelten Erfahrungen, die auf den polynesischen Inseln und der Osterinsel, die in Peru, Bolivien und Ecuador, die auf den Galapagos und in Nordwestamerika, die am Golf von Mexiko, die in Zentralafrika, im Industal und in Kleinasien – alle zusammen hatten ihn mit sanfter Gewalt zu der Frage hingeführt, mit der er sich jetzt beschäftigte: Gab es gemeinsame Wurzeln der großen Hochkulturen, die vor 5000 Jahren ohne Vorbereitung im östlichen Mittelmeerraum, im Zweistromland und am Indusdelta eingesetzt hatten? Und wenn ja, welche waren das? Und wie hatten diese Hochkulturen miteinander kommuniziert? Die sich daraus ergebende Frage war, ob und wie diese Hochkulturen mit den beinahe zeitgleich beginnenden anderen Hochkulturen in Südamerika und am Golf von Mexiko korrespondiert hatten.

Jahrzehntelang hatten Archäologen auf der ganzen Welt über dieser Frage gebrütet. Sie hatten ihre Schaufeln ausgepackt, waren von einer Ecke der Welt zur anderen gezogen und hatten begonnen, nach Spuren zu graben. Mit jedem Spatenstich waren sie der Antwort ein bisschen näher gekommen. Aber die ganze Lösung lag noch immer metertief unter der Erde – genauso geheimnisvoll wie zu Beginn der Grabungen. Es schien, als zöge sich die Lösung des Rätsels der frühen Hochkulturen auf intelligente Weise in dem Maße von den Forschern zurück, wie diese vorwärts stürmten.

Thor Heyerdahl hatte seine spezielle Antwort auf diese Fragen zu geben versucht. Er sah ein kleines Vehikel als Antwort – das Schilfboot. Es hatte in seinen Augen die angeblichen Barrieren zwischen den Kontinenten beseitigt. War dies der einzige wissenschaftliche Beitrag, den der Norweger in die akademische Debatte einwerfen konnte und wollte?

Heyerdahl, notorische Spürnase und Pionier neuer Fragestellungen, bohrte weiter. Ein paar Antworten hatte er schon geben können. Doch die Menge der Fragen wuchs im gleichen Maße.

Die Schulweisheit lehrt also, dass die Wiege der Menschheit in Mesopotamien stand. Doch die Sumerer kamen nach eigenem Bekunden aus Dilmun. Einem Land, das niemand kennt. Und sie kamen über See. Doch auf See sind sie sicher nicht geboren worden. Wo lag ihr Heimatland also wirklich? Und wie hatten sie navigiert?

Im Indischen Ozean liegen die Strömungsverhältnisse anders als im Pazifik oder Atlantik. Auf konstante Winde und »Fahrwege« konnte man sich hier, zwischen dem arabischen Kontinent und Indien, nicht verlassen. Man brauchte ein Fahrzeug, das man navigieren konnte. War es möglich, dass die alten Seefahrer ein solches Schiff konstruiert hatten?

Bei seinem Besuch im Land zwischen Euphrat und Tigris lernte Heyerdahl einen der bizarrsten, schönsten und gefährdetsten Flecken Erde kennen, auf denen Menschen leben. Sechstausend Quadratkilometer Sumpfland, Kanäle und schwimmende Inseln zwischen dem 30. und dem 35. Breitengrad. War das der ehemalige Garten Eden? Als er dort ankam, beschlich ihn das Gefühl, aus der Zeit herausgefallen zu sein.

Fischschwärme in kristallklarem Wasser, bunte Paradiesvögel, ruhig dahingleitende Kähne, tiefverschleierte Frauen, Männer mit den Gesichtern der Prähistorie, Palmen, Blumen, Dschungel. Und über allem der klare Hauch einer Natur, die mit sich im Reinen ist. Hier leben Juden, Christen und Moslems einträchtig zusammen, in Schilfhäusern, die aussehen, als wären die sumerischen Bauherren gerade erst damit fertig geworden.

Das Schilf, das Heyerdahl vor seiner Expedition »Ra« nicht kannte, nennen die Einheimischen »berdi«, und man sagt, es könne allerhöchstens zwei Wochen im Wasser liegen, ohne zu sinken. Aber hatten die »Experten« genau dies nicht auch schon von den anderen Schilfarten behauptet? Von einem steinalten Einheimischen erfuhr Heyerdahl, dass am oberen Euphrat noch immer zwei unterschiedliche Schilfbootarten in Gebrauch waren und dass ein drittes Boot von den Wassern verschwunden sei. Dieses geheimnisvolle Boot sei groß gewesen, es sei so dicht geflochten gewesen, dass es wie ein Klotz auf dem Wasser lag. Es hätte jahrelang benutzt werden können.

Heyerdahl war hellhörig geworden. Ihm fiel die biblische Legende von der Arche des Noah ein. Gab es nicht eine sumerische Überlieferung, in der die Überlebenden der Sintflut einen Neuanfang in einem sagenhaften »Dilmun« gewagt hatten? Aber Mythen sind keine nachprüfbare Historie.

Oder doch?

Bei 45 Grad im Schatten begann Heyerdahl, assistiert von den arabischen Einwohnern des Sumpflandes zwischen Euphrat und Tigris, Schilfrohr für ein Boot zu schneiden, wie es die Sumerer vor 5000 Jahren – vielleicht – benutzt hatten. Den Einheimischen machte die Hitze nichts aus, sie schufteten wie Krieger. Auch die eingeflogenen Aymara-Indianer aus Bolivien, die schon die »Ra II« in Afrika konstruiert hatten und ihre perfekte Bootsbauweise nun auch hier demonstrieren durften, litten nicht unter der Hitze. Aber Heyerdahl musste von Zeit zu Zeit in den kühlen Wassern untertauchen, in der Hoffnung, nicht auf den gefürchteten Bilharzia-Wurm zu treffen, der den Schilfsee im Tschad verseucht hatte und auch hier sein Unwesen trieb.

Er hatte Glück, der Wurm war nicht zu sehen. Aber draußen an den Ufern krochen andere Wesen um den Platz herum, an dem die »Tigris« entstehen sollte. Journalisten aus aller Herren Länder, die für Presse, Hörfunk und Fernsehen den Hergang der Arbeiten beobachten sollten. Längst war Thor Heyerdahl in den Augen der Medienöffentlichkeit ein Star geworden. Seine Aktionen regten die Phantasie an und garantierten spannende Unterhaltung.

Es war Heyerdahl nicht recht, dass sein Vorhaben schon jetzt, im Entstehungsstadium, einen derartigen Rummel verursachte. Andererseits war er eine Person des öffentlichen Interesses geworden. Und die angenehme Seite des Trubels war, dass die Medien ihm Honorare anboten, die dem enorm kostspieligen Unternehmen zugute kommen würden.

Dies war jedoch nicht Heyerdahls einzige Sorge. In den unruhigen Zeiten mischte sich auch die Politik in seine Vorhaben. Und das in einer Art und Weise, die er später noch als sehr unangenehm kennen lernen sollte. Im Moment beschäftigte ihn ein eher grotesker Randaspekt des Weltgeschehens. Die irakische Regierung hatte offiziell gegen seine Verlautbarung protestiert, den »Persischen Golf« hinunterfahren zu wollen. Man war der Meinung, der Golf heiße »Arabischer Golf«, und dies sei zu respektieren, wenn die Fahrt ohne Hindernisse vonstatten gehen solle. Heyerdahl nahm zerknirscht zur Kenntnis, dass seine schlichten Schullektionen in der verwirrten modernen Welt nicht mehr ausreichten.

Die Arbeit am Boot ging voran. Die irakischen Araber schnitten ihr Schilf, präparierten es und banden es zu langen Wülsten zusammen. Die Aymara-Indianer aus Bolivien konstruierten das Boot. Es war erstaunlich, wie selbstverständlich, freundlich und respektvoll die Vertreter unterschiedlicher Ethnien miteinander umgingen. Die gegenseitige Anerkennung der gemeinsamen Arbeit verband sie in einem Maße, das jenseits bloßer Arbeitskontrakte lag. Das Verständnis füreinander schien aus dem Wissen oder dem Instinkt zu kommen, dass man sich in früheren Jahrhunderten schon einmal begegnet war.

So entstand am Ufer des Tigris das größte Schilfboot, das die Erde seit Jahrtausenden gesehen hatte. Ein goldgelbes Schiff mit eleganten Rundungen und zwei hochgezogenen Enden an Bug und Achtersteven.

Es war ein schönes Bild. Der Fluss glitt im Hintergrund ruhig dahin, zu beiden Ufern säumten Palmen das Wasser. Araber mit Tuchturbanen und langen bunten Kleidern und braune Indianer mit der typischen Mütze der Bolivianer vom Titicacasee auf dem Kopf arbeiteten gelassen in der Sonne. Ihr Gesang stieg zu einem märchenhaft blauen Himmel empor. Abends fiel der Schein der blutroten Sonne auf die Baustelle und tastete mit neugierigen Fingern über das Schiff, als wollte sie dieses lange vermisste Fahrzeug zärtlich begrüßen.

Experten, die das Boot skeptisch beäugten und mit wichtiger Miene seinen sofortigen Untergang prophezeiten, kamen und gingen. Tagelange Regengüsse, die den Anschein erweckten, sie wollten das Boot schon untergehen lassen, bevor es aufs Wasser kam, behinderten die Arbeiten. Schwierigkeiten mit der Organisation, mit Sponsoren und Geldgebern, mit den Verwertern des geplanten Films und mit Behörden machten den Gang der Dinge beschwerlich. Nachrichten über eine anschwellende Choleraepidemie im Land sorgten für Unruhe, und fiebrige Erkrankungen bei einigen Teilnehmern der geplanten Expedition brachten den Zeitplan durcheinander. Aber die Bootsbauer ließen sich von alldem nicht beeindrucken.

Schließlich stellten sie das Schiff aus Schilf fertig. Und der Moment kam, in dem es zu Wasser gelassen wurde. An diesem Tag war der »Garten Eden« gefüllt mit Zuschauern, die trotz der widrigen Verkehrsverhältnisse in der Region von überall her angereist waren. Unter Gebrüll, Hurrarufen und Fanfaren glitt die »Tigris« in den Fluss. Die ruhigen Wasser des Tigris nahmen den Namensvetter wohlwollend auf. Das Schiff schwamm leicht wie ein Korken und wiegte sich behaglich in der Brise.

Für die Tauffeierlichkeiten wollten die Araber sechs Schafe opfern, und Thor sollte das Schiff mit ihrem Blut taufen. Dieses Ritual ging angeblich bis auf die Zeiten Abrahams zurück – und war man hier nicht im Gelobten Land? Heyerdahl fühlte sich nicht besonders glücklich dabei, als Zeremonienmeister zu fungieren, wollte die Einheimischen jedoch nicht brüskieren. Man fand einen Kompromiss. Die Schafe wurden zu Ehren des Stapellaufs geschlachtet, das Schiff aber mit Wasser des Tigris getauft. Und so schwamm die »Tigris« mit dem Segen des Propheten und in Gottes Namen auf einer der Mütter aller Flüsse.

Zwei Wochen hatten Heyerdahl und seine Crew noch vor sich, erst dann konnten sie auf die offene See hinaus. Die Crew bestand neben Heyerdahl aus den »Ra«-Veteranen Norman Baker, Juri Senkewitsch und Carlo Mauri. Dazu kamen: der deutsche Kapitän und Bergwanderer Detlef Soitzek als Nautiker, der Amerikaner Norris Brock als Kameramann, der mexikanische Industrielle und Archäologe Gherman Carrasco, der japanische Taucher und Unterwasserfotograf Toru Suzuki, der irakische Kunststudent Rashad Nazir Salim als Dolmetscher, der dänische Student Asbjorn Damhus als Techniker und der norwegische Student Hans-Peter Bohn als Schiffszimmermann. Elf Männer, drei mehr als bei der »Ra«-Expedition.

Das Schiff glitt den Tigris hinunter, passierte die Einmündung in den Euphrat, bewegte sich auf dem Schatt al-Arab weiter in Richtung Golf. In Höhe der Städte Basra und Ahadan war es mit paradiesischen Eindrücken vorbei. Auf dem Fluß schwammen weiße, schäumende, klebrige Rückstände aus einer Holzfabrik, die Chemikalien setzten sich an der Außenhaut des Schilfbootes fest und ätzten an den Tauen. Das Gift drohte die Widerstandskraft des Berdi-Schilfs dramatisch herabzusetzen. Der gesamte Müll der Region schwamm auf dem Wasser, und in der Luft lag der durchdringende Gestank von verrottendem Abfall. Spätestens hier begriff Thor Heyerdahl, wie gefährdet die natürlichen Ressourcen der Erde selbst in den abgelegensten Gebieten waren. Schon auf der »Ra«-Expedition waren ihm dicke Ölklumpen aufgefallen, die die Oberfläche des Atlantiks stellenweise wie ein schwarzer Teppich bedeckten. Der Mensch war dabei, Mutter Erde zu vergiften. Und das wirkte hier, an der Wiege einer der frühesten und begabtesten Hochkulturen der Erde, besonders schockierend.

Aber die »Tigris« nahm Fahrt auf, das Segel blähte sich im Wind, und die Seeluft des Golfs umfächelte das stolze Schiff. Sie passierten nach einigen Schwierigkeiten mit Strömung und Wind die vor dem kuwaitischen Festland liegende legendäre Insel Faylakah, heute weitgehend öde, aber mit einer jahrtausendealten Geschichte. In diesem wirtschaftlich und kulturell hochstehenden Handelszentrum hatten die Sumerer schon 2000 Jahre lang gelebt, bevor Alexander der Große vor Christi Geburt sie mit seinen Schiffen, die er im Industal, an den Küsten Pakistans, hatte bauen lassen, »entdeckte«.

Die Crew hatte noch eine gefährliche Begegnung mit arabischen Piraten, die nur darauf warteten, dass das Schiff auf die Riffe von Faylakah lief, und harte Dollars von den in Seenot geratenen Tigris-Leuten erpressten; außerdem mussten sie Dutzende von ankernden und ladenden Supertankern und gigantische Ölplattformen passieren. Aber diese gemischten Schrecken der Moderne ließen sie hinter sich. Bald kamen die Inseln der arabischen Emirate in Sicht. Und hier, an der breiten Stelle des Golfs, fast schon auf freier See, vergaß die Mannschaft schnell das Entsetzen über die Umweltkatastrophe im ehemaligen Garten Eden und über den Zerfall der einst üblichen Solidarität auf See.

Auf den Wassern des Golfs kamen Heyerdahl, der wohl unter dem Gesehenen am meisten litt und längst beschlossen hatte, sich weltweit gegen die Umweltverschmutzung zu engagieren, neue Gedanken. Er hatte bisher Fahrten unternommen, um zu beweisen, dass Ozeane mit »vorsintflutlichen« Verkehrsmitteln zu überqueren waren. Jetzt waren seine Motive für die Reise mit der »Tigris« vielschichtiger. Gleichzeitig waren sie weniger greifbar. Heyerdahl folgte halb einer Idee, halb einem Instinkt, der ihn drängte, diese Reise zu wagen. Vielleicht waren es die Mysterien der alten Sumerer, die ihn vorwärts trieben. War das nicht genug Motivation?

Es erklärt ein wenig die Vorgehensweise dieses Mannes, ja es kennzeichnet ihn, dass er mehrere Interessen miteinander verbindet.

Da ist erstens die Faszination, die die Themenstellungen seiner Fachwissenschaft auf ihn ausüben, die ungeklärten Fragen und nicht bewiesenen Theorien. Damit ist verbunden das detektivische Gespür für zu verfolgende Spuren, Tathinweise, die Sicherung der Beweise. Das dritte Moment ist der Pioniergeist, verbunden mit einem Hang zum Abenteuer – beides unverzichtbare Elemente einer lebendigen Wissenschaft. Und an dem letzten Punkt mangelt es den meisten von Heyerdahls Fachkollegen. Es ist die Fähigkeit, latent vorhandene Dinge durch einen geradezu poetisch zu nennenden Gestaltungswillen in eine fassbare Form zu bringen. Wo andere sich damit begnügen, die Fakten auszuwerten, weiß Heyerdahl offensichtlich, dass die Art und Weise, wie die Wissenschaft sich mit diesen Fakten beschäftigt, diese mitkonstituiert.

Es ist das alte erkenntnistheoretische Problem der Subjekt-Objekt-Beziehung. Die Mittel der Wahrnehmung beeinflussen das scheinbar objektiv vorhandene Faktum. Und mit diesem ehrlichen Wissen ausgerüstet, tastet Thor Heyerdahl sich an die belegbaren Tatsachen heran, wendet sie hin und her und versucht, sie aus wechselnden Perspektiven anzuschauen, um seinem wissenschaftlichen Blick genügend »Fremdheit« zu verleihen, die erst das Objekt bis zur Kenntlichkeit enthüllt.

Auf der »Tigris« kam diese Haltung exemplarisch zur Geltung. Mit wachen Sinnen stand der Norweger auf dem Schilfboot und ließ sozusagen die letzten 5000 Jahre Kulturgeschichte dieser geschichtsträchtigen Region Revue passieren. Da konnte jeder Windhauch, jeder Vogellaut, jede Wellenform, ja Aussehen und Stand des Neumondes oder der untergehenden Sonne einen Hinweis bedeuten, der ihn dem speziellen »Tatort« Geschichte, den er suchte, näher brachte.

Heyerdahl ist ein Medium. Sein wissenschaftliches Vorgehen ist gleichzeitig ein kriminalistisches und ein schriftstellerisches. Für ihn ist das Sein polymorph pervers, das heißt in diesem Fall, seine Dechiffrierung vollzieht sich nicht vertikal, sondern horizontal, seine Bedeutungen und Bewertungen sind sämtlich, in allen Details, gleichrangig. Damit nähert er sich der naiven Kreativität alter Indianervölker wie der Mayas, deren Kalender im Jahr 3113 v. Chr. beginnt. In den Vorstellungen dieses Volkes, wie sie sie in ihrer Bibel »Popol Vuh« niedergelegt haben, beansprucht jede Lebensäußerung einen den anderen gleichrangigen Stammplatz. Jeder Vogelflug, jedes Tröpfeln von einem regennassen Blatt, jedes Licht jenseits einer Wolke, jedes Pumabrüllen zu jedem Zeitpunkt kann den entscheidenden Hinweis bedeuten, der die Rätsel der Schöpfung löst.

So wird alles zum Zeichen. In diesem Augenblick der Reise, kurz vor Bahrain, fiel Heyerdahl der Mond auf, der horizontal wie eine Hängematte am dunklen Himmel hing und, von den letzten Strahlen der Sonne beleuchtet, golden strahlte. Er hatte die gleiche Form wie die »Tigris«. So fuhr das Schilfschiff den Golf hinunter, begleitet von seinem großen Bruder am Horizont wie von einem göttlichen Lotsen.

War es nicht damals sowohl bei den Sumerern und den Vor-Inka-Völkern als auch auf der Osterinsel Sitte gewesen, den neuen Mond in genau dieser Form als Gottesschiff zu verehren, in dem der Sonnengott mit seinem Gefolge bis zum nächsten Morgen über den Nachthimmel segelte, um dann am anderen Himmelsende strahlend wieder aufzutauchen?

Solche Gedanken wurden vorerst in die grelle Gegenwart zurückgeholt, als die »Tigris« im brandneuen Öltankerhafen von Bahrain anlandete, damit ein beim Abschleppen durch ein russisches Schiff vor Faylakah entstandenes Loch gestopft werden konnte. Das

Schilfschiff war der allererste Kunde im soeben fertig gestellten größten Terminal der Welt, wo zukünftig die Supertanker abgefertigt werden sollten. Und sein detektivischer Spürsinn ließ Heyerdahl vermuten, dass diejenigen Wissenschaftler Recht hatten, die in der dem saudiarabischen Festland vorgelagerten Insel Bahrain das sagenumwobene biblische Land Dilmun vermuten. In diesem Moment trafen Gestern und Heute wirklich zusammen.

In Bahrain liegt der vermutlich älteste und sicher größte Begräbnisplatz der Welt, über 5000 Jahre alt. In der Umgebung des Friedhofes befindet sich keine Spur einer menschlichen Ansiedlung, so dass die Wissenschaft vermutet, dies sei ein heiliger Ort gewesen, zu dem ein unbekanntes Volk seine Toten transportiert habe. Oder ein Volk auf der Flucht habe hier vorübergehend gesiedelt.

Am Rand dieses außerordentlichen Platzes mit über hunderttausend Begräbnishügeln liegt ein Ruinenplatz mit Namen »Ali«, wo sich Gräber von Pyramidengröße befinden, die an ähnliche Anlagen in Altägypten, Mesopotamien und Peru erinnern. An allen diesen Plätzen bauten die Altvorderen zunächst große Pyramidengräber, zwischen denen viel landschaftlicher Raum gelassen wurde. Danach fügte man im Lauf der Jahrhunderte immer kleinere Grabhügel hinzu, so dass die Gräber schließlich eng beieinander lagen.

Stand Thor Heyerdahl in diesem Augenblick am Ort des legendären Dilmun, von wo die Sumerer ausgezogen waren, um im Zweistromland zu siedeln? Wenn dies zutraf, musste es dann nicht mehr historische Zeugnisse dieser Hochkultur geben als eine Begräbnisstätte? Wo hatten die Lebenden gewohnt?

Heyerdahl hatte, bedingt durch die notwendige Reparatur an der »Tigris«, Zeit genug, sich von dem englischen Archäologen Geoffrey Bibby an die Nordseite der mit ergiebigen Süßwasserquellen gesegneten Insel führen zu lassen. Hier liegen die Reste einer alten arabischen Siedlung, die im 16. Jahrhundert von den Portugiesen mit einem Stützpunkt überbaut worden war. Unter dieser Siedlung hatte ein dänisches Forscherteam, dem der Engländer angehörte, die Reste von drei Städten gefunden, deren älteste Mauern vermutlich aus der gleichen Zeit wie die Begräbnisstätte stammen, also von etwa 2300 v. Chr. Alltagsgegenstände aus Kupfer oder Elfenbein wiesen darauf hin, dass hier in der Wüste eine Kultur existiert hatte, die von außerhalb gekommen sein musste.

Das Volk, das hier siedelte, hatte offensichtlich Austausch mit Afrika, Kleinasien und dem weiter östlich liegenden Raum Richtung Indien gehabt. Der Stand der Kultur ließ darauf schließen, dass es nicht isoliert im Wüstensand gelebt hatte. Und es schien sicher, dass dieses Volk sich auf Schilfbooten durch den arabischen Golf bewegt hatte.

Wenn dieser Platz Dilmun war, hatte hier der legendäre Priesterkönig der Sumerer, Ziusudra, gewohnt, dessen Schiff die Sintflut überstanden und der Menschheit eine Zukunft gegeben hatte. Bei Christen, Hebräern und Moslems trägt dieser Ziusudra den Namen Noah.

Ziusudra hatte – den alten Texten zufolge – Dilmun, das heutige Bahrain, nicht verlassen. Wenn er je gelebt hatte, musste er also in einem dieser Grabhügel auf dem ältesten Friedhof des Globus beerdigt sein. Wo war das Grab von »Noah«, dem Mann, der allen nachfolgenden Zivilisationen das Überleben gesichert hatte?

Es ist eine Tatsache, dass die Ereignisse der Geschichte, je länger sie zurückliegen, uns mit dem Beigeschmack der rätselhaften Erfindungen angereichert erscheinen. Je mehr sich das Leben der Menschen im Halbschatten der Historie verliert und verflüchtigt, desto mehr Legenden spinnen sich darum. Aber dies ist eigentlich nur eine Art von Konzentrationsschwäche aus heutiger Sicht, denn die frühere Welt bestand aus harten Tatsachen ebenso wie unsere heutige. Zu jeder Zeit haben Menschen, um zu überleben, gearbeitet, Handel und Austausch getrieben, geliebt, gelitten und ihre Gedanken und Gefühle in künstlerischen Äußerungen mitgeteilt.

Auch wenn uns heutigen Menschen also das ferne Dilmun oder die Geschichte von der Arche Noah nur als fernes Wetterleuchten einer unwirklichen Vergangenheit erscheint – damals war das Land erfüllt vom Lärm des Alltags, und die Arche Noah war ein Schilfboot, das kundige Arbeiter nach Gesetzen des damaligen Bootsbaus konstruiert hatten. Für alles dies hatte es eine lebendige Zivilisation gegeben. Und sie musste ihre Spuren hinterlassen haben, so weit sie auch zurücklag. Ihre Zeugnisse mussten zu finden sein. Thor Heyerdahl hoffte, eines Tages hierher zurückkehren zu können, um sie zu suchen. Vielleicht würden inzwischen andere sie finden.

Nach der Reparatur der »Tigris« drängte Heyerdahl darauf, abzulegen. Ein neues Segel wurde gesetzt, und dann warteten sie auf den Wind von Norden, der sie auf richtigen Kurs bringen würde.

Der Wind kam, und die »Tigris« legte ab. Und bald darauf passierte die Expedition die wahrscheinlich meistbefahrene Schiffsroute der Welt, die enge Straße von Hormuz. Hier war nicht nur die Gefahr gegeben, von einem der riesigen Öltanker gerammt zu werden, sondern zwischen den Küsten von Oman und Iran sind auch die Wetterverhältnisse sehr ungünstig. Der Wind peitschte die »Tigris« unbarmherzig vorwärts. Aber der Zweck der Expedition war es ja auch, nachzuweisen, dass ein solches großes Schilfboot zu steuern war – und dieses Experiment gelang.

An der Straße von Hormuz, diesem neuralgischen Punkt der Seefahrer und der Zivilisation, musste Heyerdahl feststellen, dass das Meerwasser erneut schwer verseucht war. Öllachen zogen sich kilometerweit dahin, Klumpen verhärteten Öls trieben auf der See. Zwischen diesen Ausgeburten der »Zivilisation« und deren modernen Booten, den gigantischen Supertankern, zog das vergleichsweise winzige Schilfschiff seine gefährdete Bahn.

Aber auch dieses ölverschmierte Ende der Welt mit seinen Bohrtürmen, Ölfackeln, Tankern, Inseln, Stürmen, Riffen und anderen mannigfaltigen Gefahren wurde passiert. Danach erreichte man den Golf von Oman, und dahinter lag der Indische Ozean.

Wohin ging die Reise nun? Jeder in der Mannschaft der »Tigris« gab sein Votum ab. In einem Punkt waren sich alle einig: nur weg von den Supertankern, die ein Schiff wie die »Tigris« von allen Seiten bedrohten. Einige wollten nach Osten, hinaus auf den freien Ozean, an der Küste Irans entlang, einige nach Süden, in Richtung des Scheichtums Oman.

Thor Heyerdahl wollte möglichst überallhin. Da ihn jedoch soeben die Nachricht erreicht hatte, in Oman sei – wie schon auf Bahrain – eine Zikkurat von der Art der mesopotamischen, entdeckt worden, votierte er für die südliche Route. Das gab den Ausschlag, und die »Tigris« steuerte auf Omans Hauptstadt Maskat zu.

Doch da wurde ihnen mitgeteilt, sie seien in Oman nicht willkommen. Der Grund: Sie hatten einen russischen Arzt an Bord. Diese Nachricht brachte die Expedition schlagartig in die Gegenwart zurück. Sie befanden sich in der Golfregion, einem der heißesten Krisenherde der Welt. Erst als der Sultan von Oman persönlich sie an Land bat, durften sie in den Hafen einlaufen.

Sie hatten das Glück, in dem italienischen Archäologen Paolo Costa, der gleichzeitig Verwalter der Altertümer und Antiquitäten des Sultans war, einen Führer zu finden, der sich im Land auskannte. Er nahm sie mit nach Norden, wo sie zwischen dem Meer und dem Matinar-Gebirge die alte Metropole Sohar passierten. Sie sahen eine Begräbnisstätte wie auf Bahrain und kamen zu der Tempelpyramide, die aussah, als stünde sie im Zweistromland – oder am Golf von Mexiko. Und ihr Führer bestätigte, dass sich ein solches Bauwerk an keiner anderen Stelle Omans oder des arabischen Umlandes befinde.

An einer anderen Stelle lagen gigantische Kupferminen, die legendären Abbaugebiete des frühgeschichtlichen Magan, deren kostbare Rohprodukte vor langer Zeit auf Schilfbooten abtransportiert worden waren, um daraus Waffen, Kunst und Alltagsgegenstände für die Hochkultur des Zweistromlandes zu erzeugen. Kupfer und Zinn, das waren die Grundsubstanzen für den Beginn der großartigen Bronzekultur, der ersten verfeinerten Kulturepoche in der Geschichte der Menschheit.

Nach weiteren Tagen interessanter Besuche und Beobachtungen entschloss sich die Mannschaft der »Tigris« weiterzusegeln. Die Reise würde ostwärts gehen. Man wollte den östlichsten Punkt der vor 5000 Jahren entstandenen Hochkulturen aufsuchen – das Tal des Indus, östlich der pakistanischen Metropole Karatschi. Dort hoffte man auch die sagenhafte Stadt Meluhha, einen der wichtigsten Handelspartner der Sumerer, besichtigen zu können; auf sumerischen Tontafeln war Meluhha neben Dilmun und Magan als dritte unbekannte Größe angegeben. Man wusste noch nicht, welch wichtiger Baustein im vielfarbigen Puzzle der Hochkultur dort wartete.

Doch die Fahrt ins Industal endete vorerst auf halber Strecke. Das Schiff musste wegen der geographischen Verhältnisse in Pakistan anlanden. Am Ufer der Region Makran, wo sich alte Festungsbauten gegen den Himmel abzeichneten, erhielt die Mannschaft Kontakt mit der freundlichen einheimischen Bevölkerung, die ihr von ihrem isolierten Leben erzählte, das an die Zeit von vor 3000 Jahren erinnerte. Man lebte hier, in einer für Ausländer eigentlich verbotenen Gegend, vom Haifischfang und in fest gefügten religiösen Traditionen. Das Aussehen der Männer fiel Heyerdahl auf. Da waren negroide, flache Gesichter, aber auch scharfgeschnittene Profile mit enormer Hakennase. Eine solche bemerkenswerte Mischung auf engem geographischem Raum hatte er auch in Oman wahrgenommen. Und noch an einem ganz anderen Ort in der Welt, nämlich auf der Osterinsel. Dort allerdings nicht in Fleisch und Blut, sondern in Stein gemeißelt.

Die Expedition wartete besseres Wetter ab, um wieder hinaus auf See zu fahren. Sie wollte auf schnellstem Weg ins Industal gelangen und dort die Ruinenstadt Mohenjo-Daro aufsuchen. Um nicht zu viel Zeit zu verlieren, ließ die »Tigris« sich von einem norwegischen Schiff in Richtung Karatschi ziehen. Dies entsprach zwar nicht dem abenteuerlichen Sportsgeist der Mannschaft, die aus eigener Kraft segeln und steuern wollte, aber der Vorteil des Abschleppens war, dass man keine Zeit vergeudete – das verlockende Industal mit seinen Geheimnissen lag ja in unmittelbarer Nähe.

Eine Woche später erfüllten sich die Wünsche. Die »Tigris« war im Hafen von Karatschi angekommen und dort angedockt worden, und nun zog die Mannschaft über Land. 560 Kilometer von Karatschi entfernt lag am sich inzwischen zurückziehenden westlichen Ufer des Indus die Geisterstadt Mohenjo-Daro – der »Hügel der Toten«. Wie die aus unbekannten Gründen irgendwann aufgegebene Metropole wirklich hieß, die zwischen 2500 und 1500 v. Chr. blühte, das weiß noch immer niemand.

Im Jahr 1922 hatten Archäologen begonnen, die frühgeschichtliche Stadt auszugraben – bis dahin hatte man von der Existenz einer Indus-Kultur nicht einmal eine Ahnung gehabt! Das Wissen um diese bedeutende Kultur war ebenso tief verschüttet wie die Ruinenstadt, die größtenteils auch heute noch unter Sand, Stein und Schutt der Jahrtausende verborgen liegt.

War diese Stadt vielleicht das legendäre Meluhha der Sumerer? Was die Wissenschaft darüber weiß, ist wenig. Über ihren Ursprung weiß man gar nichts. Zumindest aber ist eines klar: Diese Stadt und die sie umgebende Zivilisation standen auf der höchsten damaligen Stufe. Sie kamen von irgendwoher und verschwanden eines Tages nach irgendwohin. Ihr hohes kulturelles Niveau, mit Stadtkonstruktionen, rechtwinkligen Straßenanlagen, Kanalisation, Sanitäreinrichtungen, Kunst, Schrift, Wissenschaft, Gesundheitsfürsorge und sozialem Gemeinwesen ist mit unserem heutigen durchaus zu vergleichen. Mit der Indus-Kultur beginnt die eigentliche Kulturzeit vor Anbruch unserer »Neuzeit«.

Inzwischen hat man unter diesen Städtetrümmern die Spuren einer noch älteren Zivilisation gefunden, die um 3000 v. Chr. existiert haben muss. Dieses Datum fällt augenscheinlich mit dem Beginn der altägyptischen und der mesopotamischen Kultur zusammen. Aber woher kamen diese mit ihrem spontanen Erblühen?

All die Einzelteile, die Archäologen bisher ausgegraben haben, deuten auf eines jedenfalls hin: darauf, dass diese Kultur einen Austausch mit anderen Kulturen in Mesopotamien und im arabischen Golf pflegte, der über den Schiffsverkehr stattfand. Und zumindest einige der dazu gebrauchten Verkehrsmittel müssen Schilfboote mit Segeln und Rudern von der Art der »Tigris« gewesen sein. Boote aus Berdi-Schilf, das sowohl im Zweistromland als auch im Industal anzutreffen ist. Denn dass Berdi über einen langen Zeitraum seetüchtig war, das eben hatte ja die »Tigris«-Expedition schon zur Genüge bewiesen.

Viele der Männer im Industal pflegten eine alte Tradition, die Heyerdahls Aufmerksamkeit erregte. Sie färbten sich die Haare und die Bärte rot. Waren nicht in den Legenden der Osterinsel und in denen der Vor-Inka-Kultur ebensolche Männer aufgetaucht, die eines Tages über das Meer gekommen waren? Gab es hier einen Zusammenhang? Als Detail war diese Beobachtung vielleicht unbedeutend, aber in der Summe mit anderen Details ergab sich daraus eine Schlussfolgerung, die alle elektrisierte. Konnte es sein, dass die legendären weißhäutigen Eindringlinge mit roten Haaren und Bärten, scharfgeschnittenen Gesichtern und Hakennasen, die eines

Tages auf Schilfbooten in den Golf von Mexiko gekommen waren, um als »Olmeken« eine Hochkultur einzuführen, die sich durch den Kult der Sonnenanbetung und Stufenpyramiden aus gebrannten Adobe-Ziegeln sowie durch andere bedeutsame Techniken – spinnbare Baumwolle, Keramik, Kartoffelanbau – auszeichnete, hier ihren Ursprung gehabt hatten?

In der Nähe von Mohenjo-Daro lag ein See, an dem die Reste eines alten Volkes noch wie zur Zeit der Indus-Hochkultur lebten. Und auf dem See wohnten Fischer auf Booten – sie verließen diese nie. Niemand wusste, woher das schwimmende Volk kam.

Nachdem die »Tigris«-Mannschaft einige Zeit in diesem Gebiet verbracht hatte, war Thor Heyerdahl sicher, das sagenhafte Meluhha gesehen zu haben, das dritte Element in der alten Trinität mit Dilmun und Magan. Beweise dafür gab es genug – wenn man aufgeschlossen dafür war, sie zu sehen.

Danach setzte die »Tigris« erneut die Segel. Denn der Sinn der Expedition bestand ja darin, auf dem Meer zu beweisen, dass ein Schilfboot aus zur rechten Zeit geschnittenem Berdi-Schilf über einen langen Zeitraum hinweg schwimmfähig und steuerbar war. Und weil der zweite Grund war, die frühgeschichtliche Kommunikation zwischen dem alten Ägypten, Mesopotamien und dem Industal nachzuweisen, lag es nahe, nun Kurs auf das Rote Meer zu nehmen, an dessen nördlichem Ende Ägypten liegt.

Bevor man jedoch dieses Ziel ansteuern konnte, brach bei einem schweren Orkan die Marsstenge, und es bestand die Gefahr, die gesamte Takelage zu verlieren. Verzweifelte Versuche der Crew, die Steuerfähigkeit der »Tigris« zu erhalten, führten nur zu halben Erfolgen. Aber als der Sturm nachließ, konnten die Schäden repariert und der Kurs nach Südwest aufgenommen werden.

Das Arabische Meer, der nördliche Teil des großen Indischen Ozeans, bildet eine maritime Wüste. Abseits jeder Schiffsroute ist es nur die Heimat vielfältiger, oft monströser Lebewesen und Brutstätte schwerer Orkane. Gerade auf diesem Meer zeigte jedoch die »Tigris« ihre Bestimmung: ein Schiff zu sein, das nicht Flüsse entlangfährt, sondern auf dem offenen Meer gesteuert werden kann. Und das monatelang – ja, vielleicht jahrelang.

Aber so lange ein solches Schiff auch auf offener See steuern und segeln kann, einmal muss es an Land. Und genau das bedeutete für die »Tigris« zu diesem Zeitpunkt die größte Gefahr. Zu beiden Seiten des Golfs von Aden, der die Eingangspforte in das Rote Meer bedeutet, lagen Länder, die sich im Krieg oder im Ausnahmezustand befanden. Somalia auf der afrikanischen Seite und auf der arabischen Seite der Südjemen, der einen Grenzkrieg mit seinen Nachbarn Jemen und Oman führte. Die Besatzung der »Tigris« erhielt über Funk das strikte Verbot anzulanden. Man musste also auch auf der Hut sein, nicht von Winden oder unsichtbaren Strömungen an Land getrieben zu werden; es hätte für die Crew die Folge gehabt, als Spione ins Gefängnis geworfen zu werden.

Was für eine groteske Lage! Ein Schiff, das die angeblich so gewalttätige und primitive Vergangenheit der Zivilisationen erforschen wollte, sah sich durch die Feindseligkeiten der Gegenwart in seiner Freiheit gefährdet, ja um die Erfolge seiner Forschungen gebracht.

In genau diesem Moment trat eine totale Flaute ein. Das Schiff trieb auf die zu Südjemen gehörende Insel Sokotra zu, daran änderten auch die Bemühungen der Seeleute, mit Rudern einen anderen Kurs einzuschlagen, nichts. Das Verbot, diese Insel vor der Küste Somalias anzulaufen, bedeutete, dass sie, sollten sie aufgegriffen werden, vor ein Kriegsgericht gestellt würden. Sogar mit Beschießungen durch Militärpatrouillen musste die Mannschaft rechnen.

Im letzten Augenblick kam eine Brise auf. Sie trieb die »Tigris« von der Insel fort. Das Segel füllte sich, und das Schiff fuhr am vorspringenden Westkap von Sokotra vorbei. Damit trieb es auf den Eingang zum Roten Meer zu, und die Mannschaft hoffte, dass die Gefahr, an eine verbotene Küste getrieben zu werden, nicht noch einmal auftauchte.

Aber man wollte in das Rote Meer hinein, und das hieß, durch ein Nadelöhr zu fahren, das lediglich 24 Kilometer breit ist. Die Gefahr, hier irgendwo »anzuecken«, war groß. Vor allem in einer Zeit wie dieser, in der hochgerüstete Länder und Völker zu beiden Seiten der großen Wasser einander gegenüberlagen und anscheinend nur auf ein Zeichen warteten, übereinander herzufallen. Dies waren die Gegebenheiten der Gegenwart. Fünftausend Jahre früher, und die »Tigris« hätte in aller Ruhe ins Rote Meer einfahren können. Hatten sich die Zeiten in kultureller und politischer Hinsicht also in aufsteigender oder in absteigender Linie verändert?

Es blieb der Mannschaft der »Tigris« nicht viel Muße, über solche Fragen nachzudenken. Je näher sie dem Horn von Afrika und damit der Einfahrt ins Rote Meer kamen, desto mehr Kriegsgerät säumte ihren Weg. Waren es auf der Reise über die Weiten des Arabischen Meers und des Stillen Ozeans menschenfressende Haie, Barrakudas und Killerwale gewesen, die sie auf Tuchfühlung begleiteten, so ließen sie jetzt moderne »Menschenfresser«, Helikopter, Schlachtschiffe, Kanonenboote, Bomber nicht mehr aus den Augen. Es war, als vermuteten die großen, tonangebenden Nationen der Welt, dass dieses Schiff aus Schilf in der Golfregion eine hochgerüstete Spionagezentrale einer fünftausend Jahre zurückliegenden, feindlichen Kultur sei. Wenn die Mannschaft am Morgen aufs Meer sah, bemerkte sie stählerne Riesen am Horizont, und ging sie nachts schlafen, leuchteten deren Lichter wie eine latente Bedrohung herüber.

Von der »Tigris« aus gesehen, schien sich wieder einmal alles auf den Wassern abzuspielen, auf dem Ozean, auf Meeren, auf Flüssen, auf Inseln, an Küsten. So wie zu Beginn aller Zivilisationen, bevor die Kultur in die inneren Festländer kam – und das ist vielleicht kein Wunder, bedenkt man, dass 70 Prozent der Erdoberfläche von Wasser bedeckt sind. Jedenfalls war die Schiffahrt mit Seglern, Booten, Schilfschiffen schon im vollen Gange, und einige Kulturvölker wie die Mayas und Azteken datierten den Anfang ihrer Geschichte sogar mit dem Auftauchen von Schiffen auf dem Atlantik – zu der Zeit, als in Altägypten die erste große Ära der Pyramiden begann.

Um das Horn von Afrika herum tummelten sich jetzt auch wieder Schiffe jeder Art, Größe und Flagge. Allerdings mit anderen Absichten als der einer friedlichen Besiedelung. Und an den Ufern lauerten die Strategen, um den Vorteil auf ihre Fahnen zu heften.

Ende März 1978 ging die »Tigris« im Hafen der neutralen Golfrepublik Dschibuti vor Anker. Gegenüber lag die südjemenitische Hafenstadt Aden. Ringsherum tobten Kriege oder Grenzscharmützel, die beherrschenden Großmächte der Welt hatten sich in diese Krisenherde eingemischt; übten offiziell eine Schutzfunktion aus, suchten aber insgeheim bereits Stützpunkte für eine dauerhafte Anwesenheit aus wirtschaftlichen und militärischen Gründen.

In Dschibuti hörte die Expedition, dass es verboten sei, in Nordjemen auf der östlichen Seite des Roten Meeres vor Anker zu gehen. Und es war auch unmöglich, in Äthiopien an Land zu gehen, dort, wo der Papyrus für die »Ra«-Forschungsreisen geschnitten worden war. Heyerdahl hatte überlegt, die Reise mit der »Tigris« dort abzuschließen, es wäre ein würdiger Rahmen gewesen. Ein Kreis wäre geschlossen worden, der zu Ehren des Schilfes und der daraus gebauten Schiffe gezogen worden war. Diese Nachricht hörte er also mit besonderem Bedauern.

Plötzlich war dem Schilfboot der Weg in fast jede Richtung versperrt, es hätte höchstens den Weg zurück segeln können, den es gekommen war – zurück in die Richtung und in die Frühzeit der Indus-Kultur. Vielleicht wäre diese Abdrift der versöhnlichste Abschluss gewesen. Vielleicht, so dachte Heyerdahl, sollte man auch aus der »Tigris« eine kleine, seetüchtige, multikulturelle »Nation« machen, die sich für souverän erklärte und auf den Wassern blieb? Als ein Zeichen, nirgendwo in einer Welt dazugehören zu wollen, in der alle einander erbarmungslos befehdeten und bekriegten. Aber das waren nur unrealisierbare Gedankenspiele, zu denen die unbarmherzige Gegenwart verleitete. Was war wirklich zu tun?

Die »Tigris« hatte rund 6800 Kilometer zurückgelegt, das war mehr als von Afrika nach Südamerika und wieder zurück. Nach fünf Monaten schwerer und leichter See schwamm das Schiff aus pakistanischem Berdi noch immer unbeeindruckt und unbeschädigt auf den – mehr oder minder verschmutzten – Salzwassern. Nicht die schwersten Orkane hatten es ruinieren können. Der Beweis für die Seetüchtigkeit von pakistanischem Berdi, das im Industal zur richtigen Zeit geschnitten und getrocknet worden war, war erbracht. Und damit der Beweis für die Tauglichkeit eines »primitiven« Schiffes, auseinander liegende Kontinente und Kulturen in der Frühzeit der menschlichen Entwicklung miteinander zu verbinden.

Die Absicht der »Tigris«-Expedition war damit erfüllt. Und gleichzeitig beschloss Heyerdahl, seine Experimente mit Schilfbooten und primitiver Navigation jetzt zu beenden. Was er zeigen wollte, hatte er gezeigt, alles andere wäre nur noch ein persönliches Abenteuer. Er hatte der Wissenschaft das gegeben, was er mit seinen unorthodoxen Möglichkeiten und seiner Vorliebe für Mythen, Legenden und mündliche Überlieferung sowie für praktisches Handeln geben konnte. Vor allem hatte er bewiesen, dass der erdumspannende Ozean für die Menschen der Frühgeschichte keine Barriere gewesen war, sondern die Hauptbedingung für das Zueinanderkommen. Und in dramatischer Auslegung hatte er damit den frühen Völkern das zurückgegeben, was nachfolgende Generationen ihnen geraubt hatten: die Würde der wahren Zivilisation.

Nein, die Wasser der Ozeane und das Pendeln zwischen den Kulturen und Zeiten waren es nicht, was das Schiff zerstören konnte. Die moderne Politik war es, die es zerstörte. Und Heyerdahl beschloss, das Schiff an Ort und Stelle zu verbrennen. Die »Tigris« sollte lichterloh brennen wie eine Fackel des Protestes gegen den Wahnsinn des modernen Krieges.

Vor einer kleinen Koralleninsel außerhalb Dschibutis wurden die Segel gesetzt, die Flagge der Vereinten Nationen eingeholt, eine Protestnote an den Generalsekretär der Vereinten Nationen verlesen und die Nase der »Tigris« in Richtung des Roten Meeres gewendet. Dann legte ein Besatzungsmitglied das Feuer.

Die »Tigris« brannte ab, und die Reste verglühten in der afrikanischen Nacht. Vor ihrer Glut zeichneten sich die Umrisse der Besatzungsmitglieder ab, die stumm und voller Trauer von ihrem Gefährt und ihrem Gefährten Abschied nahmen.

Vergessene Völker, vergessene Kulturen

EXPEDITION ZUM SITZ DER SONNE

»Es ist viel zu einfach, die Brille auf die Nase zu setzen und zu glauben, wir könnten alles über die Vergangenheit herausfinden, indem wir nur erforschen, was in unseren Büchern steht. Und uns gleichzeitig einreden, was die Erzähler des Altertums uns zu sagen versuchten, wären nur Mythen und reine Phantasie.«

TH. H.

Heyerdahl war glücklich, wieder eine Weile in der Heimat sein zu können. Und seine Familie war es ebenso. Seine Frau Yvonne tat das ihre, um die inneren und äußeren Wunden zu pflegen, die er sich während der »Tigris«-Expedition und in der darauf folgenden Zeit zugezogen hatte. Die Vereinten Nationen in New York hatten sich mit seiner Protestnote beschäftigt, die Medien rund um die Welt waren voll von der Berichterstattung über das Unternehmen »Tigris«, und Thor Heyerdahl begann mit seiner eigenen, persönlichen Auswertung der Geschehnisse.

Doch es hielt ihn nicht lange am Schreibtisch, weder in seinem mittelalterlichen italienischen Bergdorf noch in Oslo. Nachdem er die Auswertung seiner Forschungsergebnisse abgeschlossen hatte, packte ihn erneut die Reiselust. Und schon 1979 fuhr er erneut in Richtung des indischen Subkontinents. Er wollte den prähistorischen Hafen der untergegangenen Indus-Kultur, Lothal, zweihundert Meilen nördlich von Bombay, aufsuchen, wo man aufsehenerregende Entdeckungen gemacht hatte.

Heyerdahl war seit seinem ersten Aufenthalt im Industal überzeugt davon, dass Lothal einst der wichtigste Umschlagplatz für die

Güter der Indus-Kultur gewesen war. Zwar lagen die ausgegrabenen Reste des einstigen Hafens heute nicht mehr am Wasser – der Pegel hatte sich erheblich abgesenkt –, aber vor rund 5000 Jahren musste der Ort für Schiffe aus allen Richtungen ideal gewesen sein.

Die mysteriöse, bis zum Jahr 1922 völlig vergessene und unbekannte Kultur des Industales hatte Heyerdahls Aufmerksamkeit in jüngster Vergangenheit immer mehr in Anspruch genommen. Mussten sich nicht hier sowie in der weiteren Umgebung des indischen Subkontinents weitere Spuren dieser einst so mächtigen und hochentwickelten Kultur, die offensichtlich einen ausgedehnten Seehandel betrieben hatte, finden lassen? Konnte man diese Spuren finden, so schloss sich damit eine wichtige Lücke in der Beweisführung für die wechselseitigen kulturellen Einflussnahmen und den ökonomischen Austausch früher Hochkulturen.

Eine andere Region, die mit Ausläufern dieser Kultur in Verbindung gestanden zu haben schien, ohne dass dafür bisher Beweise vorlagen, ist das weitverzweigte Inselland in Richtung des Äquators: die Malediven, südwestlich der Südspitze Indiens. Rund zwölfhundert bis zweitausend kleine und größere, überwiegend flache und meist namenlose Inseln, nur zweihundert davon bewohnt, die sich über mehr als tausend Seemeilen bis zum Äquator hinunter erstrecken. Diese Inseln, rund zwanzig Atollgruppen, waren zwar bekannt und für den Tourismus erschlossen worden, aber bis zum Jahr 1980 hatte sich nicht eine einzige archäologische Expedition dorthin bequemt. Gab es auf den Malediven nichts zu entdecken?

Thor Heyerdahl entschloss sich, dieser Frage nachzugehen. Denn in seiner geographischen und motivationsgeschichtlichen, also praxisbezogenen Sicht der Dinge mussten die Malediven für frühe seefahrende Völker geradezu ideal gewesen sein als Brücke zwischen asiatischem, kleinasiatischem, afrikanischem und arabischem Kontinent.

Während er mit diesen Überlegungen beschäftigt war, erhielt Heyerdahl eines Tages eine Fotografie eines norwegischen Wissenschaftlers. Das Foto zeigte eine Steinstatue, unterhalb der Brust im Sand eingegraben, mit strengen, gleichzeitig aber auch verträumten Zügen, einem Haarknoten auf dem Kopf und lang gezogenen Ohren. Diese Statue war auf einer der maledivischen Inseln entdeckt worden. Da die Inseln seit achthundert Jahren islamisch sind, dort also jedes Abbild eines menschlichen Körpers streng verpönt ist, tauchte die Frage nach dem Alter und der Herkunft der Statue auf. Heyerdahl begriff sofort, dass sich hier ein wichtiger Fingerzeig bot. Sein detektivischer Instinkt war angesprochen, er reiste auf die Malediven.

Die lang gestreckte Inselgruppe der Malediven war durch seefahrende Araber im Jahr 1153 zum islamischen Glauben bekehrt worden. Sie ist seit 1965 unabhängig und seit 1968 eine islamische Republik, ihre Hauptinsel und die Hauptstadt heißen Malé. Heyerdahl fragte sich noch während des Fluges, welche Resonanz seine eventuellen Funde auf den Inseln bei der herrschenden Regierung wohl hervorrufen würden. Denn wenn er fand, was er erhoffte, dann unterlagen diese Funde einem strengen Bilderverbot, und er verstieß unter Umständen gegen die religiösen Grundgesetze. In religiösen Fragen standen die Malediver in einem unguten, weil fundamentalistischen Ruf.

Aber Heyerdahls Sorgen schienen unbegründet. Der Präsident der Republik stand seinem Forschungsprojekt wohlwollend gegenüber, ging es doch darum, den Malediven einen Boden aus historischer Bedeutung unterzuziehen – und dagegen hatte niemand etwas, selbst auf die Gefahr hin, auf eine Zeit vor Einführung des Islam zu stoßen. Der weltbekannte Forscher Thor Heyerdahl schien der geeignete Mann zu sein, diese historischen Grabungsarbeiten zu leiten.

Eine der vielen Schwierigkeiten für den Forscher, sich in der Inselwelt zurechtzufinden, war die Sprache der Insulaner. Die Schriftsprache Gabuli tana oder Tana akuru wird von rechts nach links geschrieben, und die Zeichen sehen aus wie Schrift-Hieroglyphen. Heyerdahl war weit davon entfernt, ihren Sinn zu verstehen, und eine der weltweiten Kultursprachen sprach hier kaum jemand. Aber vielleicht konnten die wenigen Ausländer weiterhelfen, die sich hierher verirrt hatten, um die Inselwelt zu erforschen oder ihre Schönheiten zu genießen.

Die zweite Schwierigkeit lag in der Ausdehnung der Inselwelt. Wo sollte man anfangen zu graben, wenn die Einheimischen selbst nicht die geringste Ahnung hatten, was man suchen könnte? War es nicht aussichtslos, die Inseln zu erforschen und nach etwas zu suchen, das dem historischen Gedächtnis der Bewohner bisher entgangen war?

Immerhin glaubten die Einheimischen daran, dass ihre Vorfahren irgendwann im Halbschatten der Vergangenheit auf Schiffen auf die Inseln gekommen waren. Da ihre schriftliche, also offizielle Geschichte nur bis in die Mitte des 12. Jahrhunderts zurückreicht, wussten sie nicht, von woher die älteren Vorfahren gekommen waren und wann das gewesen sein könnte. Nur in ihren Legenden lebte dieses Ereignis weiter. An diesem Punkt setzte Heyerdahl – durch seine Expeditionen mit der »Kon-Tiki«, mit »Ra« und »Ra II« und mit der »Tigris« mittlerweile Experte für präeuropäische Seefahrt – an.

Er fragte sich, an welcher der Inseln ankommende Seefahrer in grauer Vorzeit, die den indischen Subkontinent gekreuzt hatten oder an der indischen Küste entlanggesegelt waren, gelandet wären. Berücksichtigte man die Winde und Strömungen von Osten her, oder auch von Norden, dann kamen nur wenige Inseln in Betracht. Unter diesem Aspekt war die Frage, wo mit der Suche zu beginnen sei, also schon etwas leichter zu beantworten.

Da Heyerdahls theoretische Überlegungen stets darauf abgezielt hatten, die konkreten natürlichen Bedingungen an den »Tatorten« zu berücksichtigen, sah er sich die geographischen Bedingungen der Inseln genau an. Korallenriffe, tückische Strömungen, Untiefen – die Malediven bilden ein sehr gefährliches Hindernis für jeden Seefahrer, der sie nicht ganz genau kennt. Dazu kam, dass dauernd neue Inseln aus der Meerestiefe auftauchten und andere darin verschwanden. Es gab nur wenige Möglichkeiten, in die Inselwelt einzufahren – und das traf vor allem auf die präeuropäische Zeit mit ihren reduzierten technischen Bedingungen zu.

Genaugenommen gab es zwei Kanäle im Süden der Inselbarriere, die offen waren für die Durchfahrt von Asien nach Afrika oder umgekehrt. Dort also, in Höhe des Äquators, musste man anfangen zu suchen. Denn am Äquator entlang waren frühe Seefahrer, die anhand der Sterne und der Sonne navigierten, oft gefahren. Was lag näher, als dass sie auf dieser »Straße« in die Malediven eingefahren waren?

Es war ein typisches »Heyerdahl-Projekt«. Es gab nicht viele Wissenschaftler auf der Welt, die sich in dieser Weise in ein offenes archäologisches und anthropologisches Problem hineingedacht hätten.

Zu Heyerdahls Begleitern zählten der Absender des erstaunlichen Fotos mit der Statue, Björn Bye aus Norwegen, Leiter der Worldview International Foundation in Colombo, und ein internationales Kamerateam. Und die ersten Bilder, die die Kameraleute auf den Malediven aufnahmen, waren beherrscht von maledivischen Segelschiffen, so genannten Dhonis, die einen geschwungenen Bug haben, wie es bei den Papyrusbooten Altägyptens Brauch gewesen war. Heyerdahl registrierte dieses Detail mit Neugier.

Im Museum der Hauptstadt auf der gleichnamigen Hauptinsel Malé sah Heyerdahl die Statue, wegen der er gekommen war, wieder. Genauer gesagt sah er nur ihren Kopf. Denn die Einheimischen hatten die Figur aus dem Sand ausgegraben und in religiösem Fanatismus zerstört, nur der Kopf mit den charakteristischen langen Ohren hatte für eine Ausstellung gerettet werden können. Dies war ein kleiner Vorgeschmack auf die religiöse Intoleranz, der Heyerdahls kleine Expedition auf dieser märchenhaften Inselgruppe schließlich doch begegnete.

Man sah sofort, dass es sich bei der Figur in ursprünglich doppelter Mannesgröße um eine Abbildung Buddhas handelte, gestaltet von einem begabten und in solcher Steinmetzarbeit erfahrenen Künstler aus der Zeit vor dem 12. Jahrhundert. Noch andere, ältere Figuren und Köpfe kamen zutage, die alle einen Schluss zuließen: Die Geschichte der Malediven musste sich in drei voneinander verschiedenen kulturellen Perioden vollzogen haben. Und Heyerdahl war überzeugt davon, wenn man für diese Perioden nur ein tolerantes Interesse und offene Augen besaß, dann würde man ihre Zeugnisse im Sand der Inseln auch finden können.

Am südlichsten Zipfel der Malediven, knapp unterhalb des Äquators mit seinem kräftigen Meeresstrom, liegen die beiden letzten Inselatolle Fua Mulaku und Addu; knapp über dem Äquator liegt das Atoll Gaaf direkt am zweiten Fahrstrom durch die Inselwelt, dem so genannten Anderthalb-Grad-Kanal. Fua Mulaku besitzt als einziges Atoll der Malediven kein schützendes oberirdisches Korallenriff und auch keine Lagune, dafür aber einen Süßwassersee. Diese geographischen Besonderheiten waren angeblich vor langer Zeit entstanden, nachdem ein Orkan die ursprüngliche Lagune und sogar einen Landeplatz für Schiffe zerstört hatte. Auf diesen drei Atollen wollte Heyerdahl mit seiner Suche beginnen.

Die Archäologen packten ihre Instrumente zuerst auf dem Addu-Atoll aus. Die ersten Dinge, die man fand, waren nicht sehr ermutigend. Es schien im flachen Sand der Malediven wirklich nichts zu geben, was alt und nicht längst von den Einheimischen in Gebrauch genommen war. Mauern zum Bau neuer Häuser, Reste eines Tempels für eine Flughafenrollbahn, Statuen für religiöse Ersatzhandlungen, Steine und Scherben als Müll für die flächenmäßige Erweiterung der Hauptinsel gegenüber dem allgegenwärtigen Ozean. Heyerdahl begann bereits ernste Zweifel zu hegen, ob es sinnvoll war, ausgerechnet hier graben zu wollen. Aber dann wurde man fündig.

Ein Einheimischer deutete eines Tages an, er wisse etwas von Ruinen auf einer der vielen kleinen Inseln des Atolls. Gleich am nächsten Morgen fuhr er die Gruppe mit einem motorisierten Dhoni dorthin. Die Insel hieß Midu und war bewohnt. Und hier, zwischen den Bunkermauern aus einer Befestigung des Zweiten Weltkriegs, fand der »Detektiv« Thor Heyerdahl kunstvoll bearbeitete Kalksteinblöcke mit Kanneluren auf einer Seite, die zweifelsfrei aus einer Zeit vor der arabisch-islamischen Besiedelung stammen mussten. Das war eine erste Spur. Und sie schien Heyerdahl so heiß, dass er auf der Nachbarinsel Fua Mulaku weitersuchen wollte, auf der die natürlichen Bedingungen für eine frühe Besiedelung günstiger schienen als auf jeder anderen Insel der Malediven.

Das Atoll Fua Mulaku, einsam, aber bewohnt mitten im Äquatorkanal gelegen, besteht aus einer einzigen, großen Insel. In der Neuzeit hatte kaum ein Fremder seinen Fuß auf den palmenbestandenen Sand dieses kleinen Paradieses gesetzt. Die freundlichen, schönen und oft erstaunlich groß gewachsenen Bewohner lebten vom Fischfang.

Auf der flachen Insel, die sechseinhalb Kilometer lang und gut drei Kilometer breit ist, gab es einen von Menschenhand aufgeschütteten Hügel. Was verbarg er? Der Hügel war von dichtem Unterholz umgeben. Als man ein Stück freilegte, kamen als erstes kunstvoll bearbeitete, mit Reliefs versehene Steinblöcke zum Vorschein. Das waren Überreste eines Bauwerks unbekannten Ausmaßes und unbekannten Zweckes. Steinmetze, die ihr Handwerk perfekt beherrschten, hatten es geschaffen.

Als man weitersuchte, kamen andere Steine zum Vorschein, auf denen sich Überreste einer unbekannten Sprache fanden. Auf einem Sockel musste einst eine Figur gestanden haben. Heyerdahl befragte einen greisenhaften Einheimischen, der ihm von einem geheimnisvollen heidnischen Kult erzählte, der in früherer Zeit dort abgehalten worden war. Doch der Mann verstummte, als andere Einheimische hinzukamen. Es schien, als habe er Angst. Was hatte der Mann zu verbergen? Und was wussten die anderen? Heyerdahls detektivischer Instinkt war geweckt. Er ahnte, dass auf dieser anscheinend harmlosen Insel und inmitten ihrer angeblich freundlichen Bewohner ein Geheimnis verborgen war. Er musste ihm auf die Spur kommen.

Der Norweger, ein Forscher, der immer viel von »oral history«, von mündlich überlieferter Geschichte, gehalten hatte, lud in den folgenden Tagen einige alte Einheimische zu sich ein, von denen er hoffte, dass sie ihm wertvolle Hinweise geben konnten. Und sie gaben ihm Hinweise. Allerdings stürzten sie Heyerdahl in komplette Verwirrung. Alles deutete darauf hin, dass es auf Fua Mulaku Statuen und Tempel gegeben hatte, die mit dem islamischen Glauben unvereinbar waren.

Das Innere des entdeckten Hügels, der in der Landessprache »Hawitta« genannt wurde, musste eine Antwort auf die offenen Fragen bergen. Aber würden die Moslems eine Öffnung des Hügels erlauben, wenn bekannt wurde, dass dieser vielleicht »heidnische« Abbildungen und verbotene Skulpturen enthielt?

Während Heyerdahl auf die Erlaubnis aus Malé wartete, mit den Grabungen zu beginnen, erzählte ihm ein Einheimischer etwas von den frühesten Bewohnern Fua Mulakus. Jetzt hörte Heyerdahl zum erstenmal den Namen eines Volkes, den er in der Folgezeit noch oft hören und der, solange er auf den Malediven war, eine überragende Bedeutung bekommen sollte: die Redin. Er hatte noch nie von einem solchen Volk gehört. Wer waren die Redin?

Angeblich hatten sie lange vor der Islamisierung in der Mitte der Insel gelebt, dort, wo sich jetzt der Süßwassersee befand. Waren sie in dem furchtbaren Unwetter untergegangen, von dem Heyerdahl bereits gehört hatte? Wenn es so war, mussten irgendwo ihre Spuren zu finden sein.

Es ist klar, dass ein Forscher, der den Erzählungen der einheimischen Bevölkerung stets große Aufmerksamkeit schenkte, hellhörig wurde, als er von dem mysteriösen Volk hörte. Eine vergessene Insel, ein versunkener vorzeitlicher Hafen, ein untergegangenes, unbekanntes Volk – das ist der Stoff, aus dem Heyerdahls Träume sind, ein Stoff für ein typisches Heyerdahl-Projekt. Und das hieß: Sammeln von mündlich tradierten Geschichten, Sagen und Legenden, Graben nach Spuren früherer Jahrhunderte, Auswerten von Funden aller Art. Denn alles, was zu finden war, konnte einen Fingerzeig bedeuten.

Einen ersten Hinweis auf die Aktivitäten eines vorislamischen Volkes erhielt man in der Umgebung einer kleinen Moschee. Es war offensichtlich, dass unter der einfachen moslemischen Kultstätte ein älterer Überrest eines kunstvoll gearbeiteten Bauwerks lag. Überall fanden sich alte, kannelierte Tempelsteine, die nahtlos aneinandergefügt waren, und ein unterirdisches Badebecken für rituelle Waschungen wies auf den religiösen Charakter der Anlage hin. Die Steinmetzarbeiten zeugten von großem kunsthandwerklichem Geschick. Die Art und Weise des Zusammenfügens riesiger Steinblöcke erinnerte Heyerdahl sofort an ähnliche Techniken, wie er sie auf der Osterinsel, im marokkanischen Lixus, in Ägypten und in Mesopotamien gesehen hatte. Auch in Peru und auf Bahrain im Persischen Golf war er ihnen begegnet, und dort hatte sich auch ein rituelles Bad befunden, ähnlich dem, das er jetzt auf Fua Mulaku sah. Später fand er neben dem rechtwinklig gebauten und am Sonnenlauf orientierten Badebecken ein weiteres, kreisrundes – auch ein solches war ihm schon auf Bahrain begegnet.

Wenn es jemals Verbindungen zwischen diesen weit auseinander liegenden Punkten des Globus gegeben haben sollte, dann konnten sie nur durch Schiffe hergestellt worden sein. Und tatsächlich fanden sich an allen Orten auf der Welt, an denen der Sonnenkult in auf bestimmte Weise errichteten Tempeln betrieben worden war, auch Darstellungen von Schiffen. Genauer gesagt: von Schiffen aus Schilf.

Und was hatte es auf sich mit einer weiteren merkwürdigen Gemeinsamkeit, dem Verlängern der Ohren? Langohren hatten auf der Osterinsel gesiedelt; in Peru und Mexiko und im Industal an der pakistanisch-indischen Grenze ebenso konnte man ihren Schritten durch die Jahrhunderte folgen. Jetzt hatte Heyerdahl auf den Malediven eine Statue gesehen, die lang gezogene Ohrläppchen besaß, eine Sitte, die es bei Buddhisten gegeben hatte. Und als er sich mit Einheimischen unterhielt, erzählten sie von ihren Großmüttern, die noch zu Ende des letzten Jahrhunderts Langohren gewesen waren.

Auf dem Gaaf-Atoll, nördlich des Äquatorkanals, suchte man weiter. Innerhalb dieses Atolls gab es eine unbewohnte Insel, die, so hieß es, vor langer Zeit von der Bevölkerung fluchtartig verlassen worden war. Angeblich hatte dies mit großen Katzen zu tun, die plötzlich aus dem Meer aufgetaucht waren. Im Inneren sollte es eine große »buddhistische Burg« geben. Natürlich kam Heyerdahl eine solche Insel wie gerufen. Und er wusste schon jetzt, dass die wissenschaftlichen Vorurteile, auf dem Malediven-Archipel gebe es »nichts zu entdecken«, nichts als Ignoranz waren.

Im undurchdringlichen Dschungel, der von Moskitos verseucht war, musste man sich mit Macheten mühsam einen schmalen

Trampelpfad freischlagen. Dann tauchte mitten in der grünen Hölle, überwuchert von tropischen Pflanzen, eine schwarze, sich nach oben verjüngende »Burg« aus ehemals weißen Korallen und Kalkstein auf. Die Spitze des an einen Wikinger-Grabhügel erinnernden Bauwerks verschwand im Dach des Dschungels. Und oben auf der abgeflachten Spitze wuchs ein gigantischer uralter Baum.

Als man sich intensiver mit dem aufgeschütteten Bauwerk befasste, kamen eine vier Meter breite Rampe – wie ein Aufgang oder eine Auffahrt – zutage und in halber Höhe das aufgerissene Auge der Sonnenverehrung, wie es sowohl in Asien als auch in Afrika und Südamerika bekannt war. Unverständliche Hieroglyphen, Sonnenblumenmuster und Lotosblüten – in frühen Kulturen das Symbol der aufgehenden Sonne – verzierten die mit der Zeit grauschwarz gewordenen Steine.

In den Wochen nach dieser Entdeckung wurden weitere maledivische Hawittas gefunden, weitere Geschichten von Kannibalen, Göttern, Geistern und Katzenmenschen aus dem Osten erzählt, neue Spekulationen angestellt über die ursprüngliche Herkunft der Inselbewohner. Da die Malediven strategisch günstig im Indischen Ozean liegen, war es möglich, dass sie von Schiffen aus Indonesien passiert worden waren, die zur afrikanischen Ostküste fuhren. Man weiß, dass die große afrikanische Insel Madagaskar ursprünglich von Indonesiern besiedelt wurde. Die Seefahrer hätten auf den Malediven Zwischenstation machen können.

Thor Heyerdahl bekam vom Präsidenten der jungen Inselrepublik persönlich die Genehmigung, mit Ausgrabungen zu beginnen. Und da die maledivische Gesellschaft, wie schon gesagt, eine konservativ im Islam verwurzelte Gesellschaft ist, die jede Erinnerung an eine nichtislamische Vorgeschichte auslöschen möchte, war diese Erlaubnis der Start in ein heikles Unternehmen. Wie sich noch zeigen sollte, war es auch ein nicht ungefährliches.

Anfang 1983 begann ein Team von Archäologen unter Leitung von Thor Heyerdahl mit den Ausgrabungen. Ein Filmteam war ebenso mit von der Partie wie Heyerdahls alter Freund, der Grönlandforscher Martin Mehren. Nach großen anfänglichen Schwierigkeiten mit der Administration der Malediven, die sich noch immer nicht einig war, ob man das Ausgraben vorislamischer Dinge genehmigen sollte, ging es endlich los. Auf einem Lazarettschiff, das die Regierung zur Verfügung gestellt hatte, fuhr die Gruppe von Wissenschaftlern den Archipel ab, um zu ihrem ersten Bestimmungsort zu gelangen.

Einer der beiden Archäologen war Arne Skjolsvold, der Heyerdahl schon auf die Osterinsel begleitet hatte. Der andere war dessen Uni-Assistent Öystein Johansen, den er selbst ausgesucht hatte. Zusammen mit diesen Fachwissenschaftlern gehörten 22 Männer zur Expedition, darunter etliche einheimische Helfer.

Als erste Insel lief man das unbewohnte Ariyaddu an, dort hatten angeblich die Redin einst ihre Heimat gehabt. Die Steinfunde, die man schon am ersten Tag machte, wiesen in ihrer Bearbeitung eine verblüffende Ähnlichkeit mit Funden auf, die man im libanesischen Byblos gemacht hatte. Heyerdahl erkannte, dass diese Steine einmal mit Metallklammern verbunden gewesen sein mussten. Auf den Malediven gab es jedoch weder Erzvorkommen nach Metallfunde. Die rechteckig zugehauenen Steine waren mitsamt ihren Metallklammern von irgendwoher hierhergebracht worden.

Auf einer anderen Insel namens Nilandu, die genau in der Mitte des gesamten Archipels liegt, forschte man weiter. Hier war eines Tages eine Art Steingrab gefunden worden, und ein goldener Hahn sowie eine Metallplatte mit einer Inschrift waren zum Vorschein gekommen. Plötzlich tauchten Fragmente eines so genannten Lingams auf, eine Phallusdarstellung, die zweifellos unter einer hinduistischen Ägide angefertigt worden war.

Dieser Fund sprach gleichfalls für die Vermutung, dass es auf den Malediven mindestens drei Besiedelungszeiten gegeben hatte. Die älteste wäre demnach die hinduistische gewesen, danach wäre eine buddhistische anzunehmen, die wiederum von der jüngsten, der islamischen, abgelöst worden war. Aber das beantwortete noch nicht die Frage, wer die mysteriösen Redin gewesen waren, von denen die Legenden erzählten.

Bei einer anderen Grabung entdeckten die Archäologen ein astronomisch von Ost nach West ausgerichtetes Bauwerk, das dem Lauf der Sonne folgte. Es erinnerte an die Bauweise der Zikkurats, die man aus Mesopotamien, Mexiko und anderen Gegenden der Welt kannte. Hatte hier einst eine Stufenpyramide mit einem Kuppeltempel auf der oberen Plattform gestanden?

Wieder waren es die Erzählungen alter Einheimischer, die eine Spur wiesen. Man erinnerte sich, von den Vorfahren gehört zu haben, dass in diesem Gebiet einst sieben Pyramiden gestanden hatten, umgeben von sieben Mauern mit sieben Toren. Als die Archäologen dem Hinweis nachgingen, fanden sie an den angegebenen Stellen schön verzierte Mauerreste, die alle von Ost nach West ausgerichtet waren. Ein Überrest eines Tores konnte ebenfalls identifiziert werden. Von diesem Tor aus verlief eine alte, breite Schneise zum Meer hinunter, so als habe man hier in früheren Zeiten Prozessionen zwischen dem Wasser und den ausgedehnten Tempelanlagen durchgeführt. Um welche möglicherweise religiösen Riten es sich dabei gehandelt haben könnte, lag völlig im Dunkeln.

In dem Bemühen, den Spuren des sagenumwobenen Redin-Volkes zu folgen, fuhr Heyerdahl mit dem Lazarettschiff »Golden Ray«, auf dem die gesamte Crew wohnte, von einem Atoll zum nächsten. Überall konnten Reste von Mauern, Statuen und Skulpturen gefunden werden. Auf diesen Inseln wären große Teams von Archäologen jahrzehntelang beschäftigt gewesen. Da Heyerdahl jedoch vorerst nur einen Monat Zeit hatte, um mit dem Schiff die Inseln abzufahren, blieb für gründliches Graben an einem Ort keine Gelegenheit.

Zu diesem Zeitpunkt schien klar zu sein, dass die Redin die Malediven im äußersten Nordwesten erreicht hatten, von dort waren sie nach Süden bis zum Addu-Atoll am Äquatorkanal gefahren. Auf diesem Weg hatten sie ihre kulturellen Spuren hinterlassen und waren wieder verschwunden.

Nun häuften sich die Funde. Wie in einem Puzzle konnten die inzwischen entdeckten Objekte zusammengelegt werden. Sie gaben einigen Aufschluss über die Art der religiösen Kulte, die Art und Weise des Tempel- und Pyramidenbaus, die Kultgegenstände. Auf der Insel Kuda Huvadu entdeckten die Forscher einen in eine Mauer eingepassten Stein, der es in seiner bearbeiteten Schönheit mit den weltberühmten Steinen in der Inka-Mauer von Cuzco in Peru aufnehmen konnte. Man konnte also davon ausgehen, dass in früher Zeit auf den Malediven ein kulturell hochstehendes Volk mit perfekt ausgereiften kunsthandwerklichen Techniken gelebt hatte. Und es war kaum ein Volk gewesen, das von den Inseln selbst stammte. Die Hochkultur mit ihrer verfeinerten Technik und ihrem Kunstverstand war importiert worden.

Und wie ein verwaschenes Graffito aus alter Zeit, das jedoch nicht verschwindet, sondern geheimnisumwittert aus den Mauern auftaucht, schob sich langsam das Bild der Redin zusammen.

Auf der östlichsten Insel des Archipels, mit Namen Isdu, entdeckte man die größte Hawitta. Auch hier fehlten, ebenso wie bei den anderen, die äußeren Blendsteine. War Isdu die erste Insel gewesen, die jene von Osten kommenden Seefahrer – wahrscheinlich Buddhisten aus Ceylon – erreicht und kultiviert hatten? Welche Spuren der Redin gab es hier? Man musste diese Frage aus Zeitgründen offen lassen und fuhr weiter zu den anderen so genannten Redin-Inseln, auf denen deutliche Spuren dieses Volkes zu finden waren.

Die Bewegung des Forschungsteams ähnelte zu diesem Zeitpunkt der von Entdeckern, die fassungslos und wie aufgeschreckt über das, was sie sehen, von einer Insel zur nächsten hasten, um das Ausmaß der Kulturschätze überhaupt erst einmal begreifen zu können.

Sosehr man sich auch bemühte, die Schätze des Archipels zu erfassen, zu katalogisieren und zu analysieren, man musste doch zugeben, dass von systematischem Forschen kaum die Rede sein konnte. Dies war ja die allererste archäologische Expedition auf den Malediven überhaupt. Was würde nicht alles zum Vorschein kommen, wenn man planmäßig, jahrelang grub! Vielleicht würden eines Tages auch jene Statuen wiederauftauchen, von denen ein früherer Besucher der Inseln, der renommierte Wissenschaftler H. C. P. Bell, im Jahr 1925 berichtet hatte. Es waren riesige Statuen gewesen, viele mit dem Abbild Buddhas versehen. Wohin waren sie verschwunden, da das kleine Museum in der Hauptstadt Malé sie nicht hatte?

Eines Tages fielen Heyerdahl die Kaurimuscheln ein, die er in einem Museum in Lothal, dem untergegangenen Hafen der uralten Indus-Kultur in Pakistan, gesehen hatte. Hier, auf den Malediven, sah er diese Muscheln wieder. Sie hatten in früherer Zeit als Tauschmittel gegolten, ähnlich dem Geld, und ihre massenhafte Ausfuhr mit Schiffen über die Meere hatte die Inselgruppe zum erstenmal überhaupt auf die Landkarten gebracht. Die Kaurimuscheln legten also einen Pfad aus, der bis zu der sagenumwobenen Indus-Kultur führte, die etwa 1500 v. Chr. ausgelöscht worden war. Konnte es sein, dass die Redin von dort aus kommend auf die Malediven eingewandert waren, als ihre eigene mehr als tausendjährige und überaus hochstehende Kultur aufgrund rätselhafter Ursachen unterging?

Zu dem Zeitpunkt stellte Heyerdahl sich noch mehr Fragen, als er Antworten parat hatte. Und das war kein Wunder bei einem Feld, das nun überhaupt zum erstenmal gründlich beackert wurde. Aber einige der offenen Fragen sollten sich bald auf überraschende Weise klären.

Nach einer Rundreise kehrte die Expedition auf die Inseln im Äquatorkanal zurück. Dorthin also, wo die Sonne ihr uneingeschränktes Regiment entfaltete. Dorthin, wo eine frühe Kultur – wie auf Gaaf-Gan – Tempel zur Verehrung des Sonnengottes errichtet hatte. Eine weitere Tempelpyramide wurde freigelegt, die die Spuren von vier Außenrampen trug. Ähnlich wie die bei mexikanischen Pyramiden hatten sie wohl für den feierlichen Aufstieg der Sonnenanbeter gedient.

Auf der Insel Kondai führte das örtliche moslemische Oberhaupt die Forscher zu einem besonderen Fund. Heyerdahl sah das Stück in der Behausung des Gebetsrufers der Moschee. Es handelte sich um eine Kalksteinskulptur von dämonischem Aussehen, halb Elefant, halb Phantasiemonstrum, mit Vogelfedern auf dem Kopf. Wie die Archäologen feststellten, hielten sie einen hinduistischen Makara-Kopf in der Hand, wie sie ihn schon in Nepal, am Fuß des Himalayas, gesehen hatten. Der Wassergott Makara schützt jeden Hindu-Tempel als abweisender Dämon.

Die Funde der letzten Tage waren immer rätselhafter geworden. Die Dinge schienen einfach nicht zusammenzupassen. Und doch hatten die Forscher das unbestimmte Gefühl, dem Geheimnis der Malediven und dem Geheimnis ihres frühesten Volkes, der Redin, immer näher zu kommen. Das allein war schon ein seltsamer Widerspruch. Aber die Inseln steckten überhaupt voller Widersprüche und Ungereimtheiten.

In dem Stadium von Entdeckungen, in dem sich das Team um Thor Heyerdahl befand, bestand stets die Gefahr von Missdeutungen. Da man nicht damit gerechnet hatte, derartig viele Funde zu machen, trug die Begeisterung darüber jetzt vielleicht dazu bei, auf Irrwege abzugleiten. Also kam es erst einmal darauf an, die Funde zu sichten. Ihre Deutung musste einer späteren, genaueren Untersuchung überlassen werden. Andererseits passten einige der Mosaiksteine so frappierend zusammen, dass sich neue Bilder ganz selbstverständlich ergaben. Sie führten hinsichtlich ihrer Originalität und Deutbarkeit jeden Tag zu einem neuen Schub an Motivationen, weiterzumachen.

Immer häufiger tauchten nun Steine mit Sonnensymbolen auf. In einer Vielzahl, die nahe legte, dass es sich bei den Inseln im Äquatorkanal um Anlaufstationen durchziehender Seefahrer gehandelt haben musste, die im Indischen Ozean auf der Suche nach Land waren, wo sie ihren Sonnenkult praktizieren konnten. An den Orten, wo die Archäologen Sonnensymbole fanden, lagen im Schutt der Jahrhunderte auch Tafeln mit merkwürdigen Bilderschriftzeichen. Alle Fundstücke verwiesen auf einen frühen Sonnenkult.

Man legte nun das anfänglich auf Fua Mulaku entdeckte kultische Bad gänzlich frei. Das Quellwasser auf dem Grund des Bades fiel und stieg mit dem Meeresniveau in den Gezeiten. Wie war das möglich? Jedenfalls hatten die vorislamischen Erbauer dieses »hydraulisch« berechneten Bades mit dem unterschiedlichen Niveau des Wasserspiegels gespielt, Sitzbänke für die Badenden waren dementsprechend an den Seiten angebracht worden. Eine megalithische behauene Treppe mit sieben Stufen führte in das Becken, das in der Mitte einen kreisrunden Brunnen aufwies. Das Bad befand sich neben einem moslemischen Friedhof, auf dem wiederum eine einfache Moschee aus Palmblättern stand.

Das Bad war irgendwann von Moslems zugeschüttet worden, da es offenbar als heidnischen Ursprungs galt; es musste also vor der moslemischen Ära erbaut worden sein. In welcher Zeit genau, das mussten exaktere Auswertungen auf dem Festland ergeben.

Als der erste Monat vorbei war, mussten die Zelte auf den Malediven abgebrochen werden. Die Expedition flog wieder nach Hause.

Bis man hierher zurückkam, ließen sich sicher erste Ergebnisse schlussfolgern, die das Geheimnis der frühen Siedler auf den Malediven lüfteten.

Heyerdahl nutzte die Zeit, die ihm blieb, um über die Ergebnisse seiner Arbeit auf den Inseln nachzudenken. Sein Austausch mit Fachwissenschaftlern in den folgenden Wochen und Monaten war ergiebig. Und da sich auch in den Medien herumgesprochen hatte, welche Rätsel die Malediven wider Erwarten beherbergten, konnte er sich über Mangel an Aufgaben nicht beklagen. Zudem musste die nächste Reise finanziert werden, und das hieß auch: Arbeit an einem neuen Buch.

Um seine Erfahrungen auf den Malediven auszuwerten, musste sich der Norweger zwangsläufig noch einmal in die Frühgeschichte der Völkerwanderungen, Seefahrten, Besiedelungen einarbeiten. Es galt, den Schub an praktischen Erfahrungen der letzten Wochen theoretisch zu untermauern. Und die Funde auf den Malediven waren von der Art, dass er sich fragen musste, ob nicht einige der felsenfesten Annahmen der Wissenschaft auf diesem Gebiet umgestoßen werden mussten.

Die offizielle Geschichte der Malediven beginnt mit der Islamisierung im Jahr 1153 n. Chr. Und doch hatte sich schon nach einigen Wochen Grabung gezeigt, dass die Inselgruppe deutliche Spuren früherer Besiedelung trug. Mindestens drei unterschiedliche religiöse Kulturen hatten ihre Handschrift hinterlassen, und darüber hatten ausschließlich die Ausgrabungsarbeiten vor Ort Auskunft geben können. Die schriftlich fixierte Geschichte der Inseln, niedergeschrieben in der einheimischen Sprache, dem Divehi, war dabei nicht gerade hilfreich. Sie begann, wie es sich für eine dogmatische Religion geziemt, mit der Bekehrung des Königs der Inseln durch seefahrende Araber zum ersten moslemischen Sultan. Durch Araber, die keineswegs zufällig von Mesopotamien ausgezogen sein dürften, durch den Persischen Golf fuhren und an der Küste landeten; sie wollten auf die Malediven und nirgends sonst hin. Denn der Archipel lag nicht unbekannt am Äquator, sondern war den Seefahrern aus mannigfachen Gründen bekannt.

Diese Vermutung wird gestützt durch die Tatsache, dass in vorkolumbischen Jahrhunderten, als die Europäer noch der Vorstellung von der Erde als Scheibe und höllischen Abgründen dahinter anhingen, der Indische Ozean in alle Himmelsrichtungen befahren wurde. Von Abenteurern und Piraten ebenso wie von Kaufleuten, Händlern und Schriftgelehrten. Zwischen der Küste von Bengalen und der Straße von Hormuz und weiter durch den Persischen Golf bis hinauf ins Zweistromland stellte der Ozean keine Barriere dar. Schiffe boten die beste aller Möglichkeiten, die Entfernungen schnell zu überwinden.

Es blieb allerdings rätselhaft, wie die Islamisierung der gesamten Inseln so reibungslos vonstatten gegangen war, da sie vorher doch offensichtlich einer anderen Religion angehörten und in einer Region lagen, die streng dem Buddhismus folgte. Und achthundert Jahre lang waren die Malediven dann dem islamischen Glauben gefolgt. Infolge von Gewalt? Von Überzeugung? Von Zauberei?

Der große arabische Reisende Ibn Battuta hatte, als er im 14. Jahrhundert auf den von einer Königin regierten Malediven landete, den Berichten der Alten entnommen, dass einst ein grauenvoller Seedämon jeden Monat aufs Neue eine Jungfrau als Opfer gefordert hatte. Er bekam sie, entjungferte sie und tötete sie. Erst ein wackerer Moslem hatte diesen Dämon vertrieben, und aus Dankbarkeit hatten die Malediver den islamischen Glauben angenommen. An diesem Punkt vermischten sich Legende und Geschichtsschreibung.

Im November desselben Jahres, 1983, kehrte Heyerdahl auf die Malediven zurück, um die Möglichkeit weiterer Grabungen zu erkunden. Man verwies ihn auf den Februar des kommenden Jahres, wenn die Regenzeit beendet sei. Aber bis dahin machte man den Besucher mit weiteren Funden bekannt, die einige Aspekte der Siedlungsgeschichte neu beleuchteten. Und er hörte von einer besonderen Praktik auf einigen Inseln, die früher angeblich von den Redin bewohnt waren. Dort tanzte man noch immer einen alten, orgiastischen Tanz und benutzte Beschwörungsformeln in einer unbekannten Sprache. Es hieß, dieser von den Moslems inzwischen verbotene Tanz, der so genannte Deo-Tanz, sei ein Sexritual gewesen, das die Männer und Frauen der Redin gleichermaßen vollzogen hätten.

Diese und andere verwirrende Neuigkeiten im Kopf, flog Heyerdahl bald zurück nach Europa. Er hatte die Voraussetzungen dafür geschaffen, ein viertes und vorläufig letztes Mal zurückkehren zu können, um dem maledivischen Boden seine Geheimnisse zu entreißen.

Als der Februar angebrochen war, aber die Regenzeit auf den Malediven sich noch lange nicht verabschiedet hatte, kam Heyerdahl zurück. Ihn begleiteten die drei Archäologen Skjolsvold, Johansen und Mikkelsen. Diesen erfahrenen Männern würde nichts entgehen, was die maledivische Vergangenheit enträtseln konnte. Man stellte ihnen erneut ein Schiff zur Verfügung, Proviant wurde geladen – und los ging die Fahrt in Richtung der Insel Nilandu.

Dort, wo man bei den Grabungen zuvor die Reste der sieben Tempel gefunden hatte, grub man nun weiter. Ganz nahtlos konnte man jedoch nicht an die Vorarbeit anschließen, denn moslemische Fanatiker hatten freigelegte Steine, auf denen Abbildungen zu erkennen waren, mit Zement zugeschmiert. Auf diese Weise demonstrierten sie ihre Ablehnung des früheren Götzenkultes und seiner »modernen Helfer«.

Dennoch lohnte es sich, am Ort weiterzusuchen. Ein Kultbad mit großem Becken konnte freigelegt werden. Die große Tempelmauer kam zum Vorschein, die den ganzen, rund zwei Morgen großen Bezirk der ehemaligen sieben Heiligtümer umgab. Und kleinere Einzelteile, die langsam die Art und Weise des Kultes verdeutlichten, der hier in vormoslemischer Zeit – und wiederum deutlich in zwei unterschiedlichen Tempelperioden – betrieben worden war.

Die Ausgrabungen des Vorjahres auf Gaaf-Gan wurden gesichtet. Hier, wo man dafür sechzig Arbeiter rekrutiert hatte, ein wahres Völkergemisch aus semitischen, negroiden, malaiischen und europäischen Typen, war nichts beschädigt worden. Auf der Spitze der alten Hawitta-»Pyramide« ragte auch noch der mächtige Baum in den tiefblauen Himmel. Als die Grabungen weitergingen, fand man Tierfiguren wie einen Löwen und einen Stier, alte Gottsymbole in Indien und auch in Mesopotamien. Und plötzlich tauchten Schmuckstücke wie Perlen aus Achat und Kupferplättchen auf, die offensichtlich ursprünglich die Außenwände der Sonnentempel verziert hatten. Langsam konnten sich die Archäologen vorstellen, wie vor tausend Jahren und mehr die blendend weißen, reich geschmückten Tempel mit den Sonnensymbolen an den Außenwänden und Statuen auf der obersten Plattform stolz in der Sonne gefunkelt haben mochten. Kein Wunder, dass ein arabischer Reisender aus früheren Jahrhunderten, der die Inseln besucht hatte, von einem der Weltwunder sprach.

Im Verlauf seiner Recherchen schien es Heyerdahl immer deutlicher zu werden, dass die ursprüngliche Bevölkerung der Malediven mit der Insel Sri Lanka in Verbindung zu bringen war. Dort war im 6. vorchristlichen Jahrhundert ein Volk aus dem nordwestindischen Golf von Cambay gelandet, das sich »Löwenmenschen« nannte. Sie glaubten, dass zumindest durch die Adern ihrer Herrscher Löwenblut fließe. Auf Sri Lanka, etwa in Sigirija, hatten ihre Könige sich monumentale Denkmale geschaffen. Und sie bauten sich, unter technischer Hilfestellung eines anderen Volkes, eine wunderbare Hauptstadt: das im Nordwesten der Insel gelegene Anuradhapura.

Hatten diese Menschen auf ihrer Drift von Nord nach Süden, an der indischen Küste entlang, auf den Malediven Halt gemacht? Parallelen zwischen den Kulturen schienen darauf hinzudeuten. Aber Sri Lanka war schon vor den Löwenmenschen bewohnt gewesen – von einem Volk, das Experten Yakkha nennen. Bei diesem hochstehenden Volk – vergessen wie die Redin – musste man Anleihe nehmen, wollte man die Vergangenheit Sri Lankas verstehen.

War es möglich, dass es sich bei diesem Volk um Verwandte jener Redin handelte, die innerhalb eines systematischen Umsiedelungsprogramms, einer Verbannung oder auch auf der Flucht vor eindringenden Löwenmenschen im 6. Jahrhundert v. Chr. auf den Malediven landeten und dort ihren Sonnenkult ausbreiteten? Eine Population von Städtebauern, Tempelarchitekten und hochspezialisierten Ingenieuren, vertraut mit der »hydraulischen« Kunst, riesige Mengen Wasser zu bewegen und zu regulieren? Es gab Anzeichen für die Stimmigkeit dieser Theorie, vor allem auch in altbuddhistischen Quellen auf Sri Lanka. Aber gab es auch Beweise?

Will man den Beweisen für die eine oder andere Theorie auf die Schliche kommen, führt kein Weg an den sprachlichen Gemeinsamkeiten vorbei. Die heutige Sprache der Malediven, das Divehi, hat einen arisch-indischen Ursprung im nordwestlichen Indien. Ebensolchen Ursprungs ist das auf Sri Lanka gesprochene Singhalesisch. Diese Gemeinsamkeit könnte sowohl die Theorie stützen, die Malediver seien einst von der sehr früh bewohnten Insel Sri Lanka gekommen, als auch eine andere, nämlich: dass beide Bevölkerungen einst ihre Heimat im Nordwesten Indiens hatten, etwa in der Nähe des Golfes von Cambay – dem Ausgangspunkt der Löwenmenschen, die ihre Ohrläppchen schulterlang dehnten und glaubten, von der Sonne und den Löwen abzustammen.

Thor Heyerdahl war inzwischen mit seinen Experimenten auf den Malediven so weit fortgeschritten, dass er zu Schlussfolgerungen kommen wollte. Diese ließen sich jedoch nur noch ziehen, wenn er gewisse Funde der Inseln mit Objekten verglich, die inzwischen auf dem Festland ausgegraben worden waren. Um festzustellen, woher die Urbewohner der Malediven gekommen waren, schien es also unumgänglich, sowohl Sri Lanka als auch Nordwestindien aufzusuchen.

Auf Sri Lanka sah er sich die grandiosen Kulturzeugnisse des Yakkha-Volkes an und sprach mit vielen Kollegen, die seine Ansicht bestätigten, dass die Malediven mit der Vorgeschichte Indiens und Sri Lankas eng verbunden gewesen seien. Im Golf von Cambay begab er sich nach der alten Hafenstadt Bharuch, der gegenüber auf der anderen Seite des Golfs die Hafenstadt der Indus-Kultur, Lothal, liegt.

Am Golf von Cambay wächst – ebenso wie im Industal – genau solches Schilf, wie Heyerdahl es für den Bau der »Tigris« verwendet hatte. Auf solchen Schilfbooten waren die Ahnen der heutigen Bewohner über die Meere gefahren. In kleinen Ortschaften sah Heyerdahl das maledivische Symbol der geflügelten Sonne wieder; an einer Tempelfassade, verbunden mit Darstellungen des Lotos. Und in einem Dorf konnte er einen kreisrunden Brunnen studieren, der ihn an die Ausgrabungen auf den Malediven erinnerte. Als er schließlich auch noch einen ebensolchen Kopf mit ausgeweiteten Ohren erblickte, wie er auf Malé ausgegraben worden war, hielt er die Parallelen zwischen beiden Regionen für bemerkenswert.

Der Kopf war in Maha-Deo-Pura, der »Stadt Schiwas«, ausgegraben worden. Zusammen mit Stierstatuen, Löwenfiguren, Lotosmotiven, Hakenkreuzornamenten und Phallusdarstellungen. Ebenso waren Bäder und Mauerwerk freigelegt worden, die exakt die gleiche Bearbeitungstechnik zeigten wie die auf den Inseln. Dazu gehörten die Schmetterlingsklammern aus Metall, die einzelne Steinblöcke zusammenhielten. Reste von terrassenartigen Tempeln, auf deren oberer, abgeschnittener Plattform ein Tempelbau mit einer »Lingam-Statue« gestanden hatte, erinnerten eindeutig an die Hawittas und buddhistischen Stupas auf den Malediven – und an die Zikkurats Mesopotamiens.

Während Heyerdahl durch die Region am Golf von Cambay reiste, wurde ihm deutlich – und das in mancherlei Gestalt –, wie sehr die Kulturzeugnisse der Malediven hier verwurzelt schienen. Und erneut fühlte er sich auch an den Golf von Mexiko und an Peru erinnert, wo die präkolumbischen Indianervölker ihren Ritus der Sonnenanbetung auf Terrassenpyramiden mit einer Kulttreppe und einem Sonnentempel auf dem abgeschnittenen Dach gepflegt hatten. Zwischen den beiden Kontinenten konnte das Schilfboot aus dem Material des Golfs von Cambay oder des Industales das passende Verbindungsglied sein. So wie die Malediven das fehlende Verbindungsstück zwischen der Indus-Kultur – oder sogar der sumerisch-mesopotamischen Kultur – und Reisen um die Südspitze Afrikas herum über den Atlantik nach Amerika sein konnten.

Was sich abwegig anhört, wird wahrscheinlich, wenn man die riesigen Entfernungen zwischen den Kontinenten nicht zu Land bewältigen will, sondern auf den Wassern. Auf seetüchtigen Booten oder Flößen, die Wind und Strömung zur natürlichen Drift nutzten.

Während Thor Heyerdahl alle diese Wunder bestaunte und seinen Spürsinn wie ein Detektiv anstrengte, der aus vielen Indizien einen Fall konstruieren muss, waren andere aus seinem Team mit der Auswertung der Fakten beschäftigt.

Inselarchäologie – Thor Heyerdahl nennt diese Disziplin, die er begründet hat, auch experimentelle Archäologie auf dem Gebiet frühgeschichtlicher Seefahrt – ist ein Spezialgebiet, das das Studium sehr unterschiedlicher Regionen einschließt. Und weil das so ist, müssen die Auswertungen mit größtmöglicher Sorgfalt vonstatten gehen. Das ist in der Wissenschaft natürlich immer so, aber Heyerdahls Fachwissen umfasst doch einen besonders großen Radius. Hier müssen nicht zwei behauene Steinblöcke mit einer Schmetterlingsklammer verbunden werden, hier muss gewissermaßen ein Steinquader mit einem Papyrusfloß verbunden werden. Eine heikle Angelegenheit.

Die freigelegte Tempelanlage auf Nilandu konnte auf das Jahr 500 n. Chr. datiert werden. Einzelne Fundstücke in dieser Anlage deuteten aber einwandfrei auf eine noch frühere Epoche hin. Und Tonscherben von der Insel Vadu stammten aus der Jungsteinzeit um 2000 v. Chr. Diese Funde wie auch andere belegten das Problem der Inselarchäologie auf dem Archipel – es ließen sich nur aufschlussreiche Querverbindungen ziehen, die Beweise aber fehlten.

Heyerdahl fasste später im Kreis der Kollegen noch einmal die Expedition zusammen. Vor allem berichtete er von seinem Besuch im Golf von Cambay, der Heimat der Löwenmenschen. Es schien ihm inzwischen klar, dass von dort aus – mit dem Umweg über Sri Lanka – die eigentliche Besiedelung der Malediven vonstatten gegangen sein musste. Aber wann? Vielleicht hing das Datum der Besiedelung tatsächlich mit der Abreise der Löwenmenschen um 600 v. Chr. aus Indien zusammen.

Die Auswertungen nahmen noch Jahre in Anspruch. Und sie warfen eine Fülle von anderen Problemen auf. Waren die Römer auf den Malediven gelandet? Hatten die Altägypter auf ihren Papyrusschiffen den Äquatorkanal, vorbei an Fua Mulaku, befahren? Hatten indonesische Völker auf ihrem Weg nach Westen die Inseln beeinflusst? Und wie weit in die übrige Welt hinein waren maledivische Seeleute und Händler vorgedrungen?

Fest stand, dass es eine Vorgeschichte der Malediven gab, die lange vor der Islamisierung im 12. Jahrhundert begonnen hatte. Der

Archipel hatte – mehr als tausend Jahre vor Kolumbus – als eine Art Drehscheibe im Indischen Ozean zwischen Asien, Afrika, dem Vorderen Orient und sogar Amerika gedient.

Natürlich existieren über all das keine schriftlichen Aufzeichnungen. Die Geschichtsschreiber der römischen Antike etwa ergingen sich in Andeutungen. Bilderrätsel wie die aus dem Industal mussten die schriftlichen Zeugnisse ersetzen. Aber das Vorhandensein von Indizien wie Kulturpflanzen, Keramik, Muscheln, Schmuck, Hauswaren oder religiös zu deutende Graffiti spricht auch eine deutliche Sprache.

Und das Rätsel um die Redin?

Es blieb offen. Dieses seltsame vergessene Volk hatte die Inseln vielleicht schon vor den Hindus – nach denen die Buddhisten und die Moslems gekommen waren – erreicht. Vielleicht hatten sie aus den Keramikschüsseln gegessen, die auf die Zeit um 2000 v. Chr. zurückdatiert worden waren. Wahrscheinlich waren sie aus dem Norden gekommen und hatten den Sitz der Sonne gesucht.

Am Äquator, in der Nähe des Atolls Fua Mulaku, hatten sie ihn gefunden.

Reisen auf der rotierenden Erdkugel

»Wir waren zu lange blindlings befangen in der europäischen Vorstellung, dass alles mit uns begann. In Wirklichkeit endeten viele große Zivilisationen rund um die Welt mit unserer Ankunft.«

TH. H.

In den folgenden Jahren reiste Thor Heyerdahl ruhelos zwischen den großen Inseln des Globus hin und her, die Kontinente zu nennen man sich angewöhnt hat. Aber in Wahrheit sind es Inseln in dem einzigen großen Ozean, der den Globus umspült. Und nicht zuletzt weil dies so ist, hat ein Anthropologe und Inselarchäologe wie Heyerdahl sein Augenmerk auf die Seefahrt gerichtet. Die Fahrstraßen auf dem Ozean sind es, die ihn beschäftigen, wenn es um die Möglichkeit früher, interkultureller Kontakte geht, nicht die beschwerlichen Karawanen über Land.

All die ethnologischen und archäologischen Untersuchungsergebnisse des Norwegers hatten nicht bewirkt, dass die konventionelle Wissenschaft ihn in ihren erlauchten Club aufnahm. Zwar eilte er von Einladung zu Einladung, präsidierte bei internationalen Tagungen, wurde mit Ehrungen und Auszeichnungen überschüttet, heimste mit seinen Büchern und Filmen Welterfolge ein – aber die verknöcherten Akademiker halten ihn weiterhin für einen Spieler.

In einem der großen ethnologischen Museen dieser Welt ist über eines der bedeutendsten Forschungsfelder Thor Heyerdahls, über die Osterinsel, Folgendes zu lesen: »Man hat in ihr die Überreste eines versunkenen Kontinents und in ihren Steindenkmälern die

Zeugnisse einer rätselhaften Urkultur, Atlantis oder die Spuren einer von Amerika bis nach Asien sich erstreckenden Megalith-Kultur sehen wollen. Die Haltlosigkeit dieser und ähnlicher Hypothesen ist heute zweifelsfrei erwiesen.«

In solch lapidaren Sätzen werden heutzutage noch immer ethnologische und anthropologische Positionen abgefertigt, wie sie – im Fall der sich von Amerika bis nach Asien erstreckenden Megalith-Kultur – auch Thor Heyerdahl vertrat.

Im selben Museum ist allerdings auch eine Sammlung besonders schöner »guaras«, jener Kielschwerter südamerikanischer Seefahrer aus vorkolumbischer Zeit, die vor Heyerdahl in ihrer Bedeutung nicht erkannt und als Schmuckblätter für kultische Zwecke deklariert worden waren, in den ihnen zukommenden Rang gehoben worden. Man hat die alten – falschen – Erklärungen beseitigt, aber die neuen – richtigen – nicht präsentiert; die Kielschwerter hängen kommentarlos an der Wand.

In dieser Haltung drücken sich die noch immer herrschende Ratlosigkeit und Berührungsangst aus, die die etablierte Wissenschaft Thor Heyerdahl (und seinen gleich gesinnten Kollegen) entgegenbrachte. Heyerdahls Stellung in der modernen Wissenschaft vom Menschen war immer ungewiss. Der norwegische Forscher selbst sah das inzwischen gelassen. Zwischen der Tatsache, ein lebender Mythos der modernen Wissenschaft zu sein, und der seiner völligen Missachtung in der lebendigen wissenschaftlichen Debatte suchte er seinen Platz einzunehmen – und forschte einfach weiter.

Heyerdahl stritt sich zwar noch immer herum, aber andererseits hatte er sich damit abgefunden, dass manche Dinge nur deshalb in den vielen Büchern stehen, weil ein wissenschaftlicher Autor vom anderen abschreibt. Diesem Gesetz der Trägheit kam er früher mit seinen abenteuerlichen Expeditionen in die Quere. In seiner eigenen Sicht der Dinge begnügte er sich später mit der bescheidenen

Erklärung: »Ich habe einige Wissenslöcher stopfen können und ein paar Dogmen gekillt.«

In einem Interview Ende 1997 erklärte er: »Ein alter Kollege sagte mir einmal: ›Sie haben einen Stein in einen Krötenteich geworfen.‹ Heute amüsiere ich mich darüber. Aber es war schrecklich, jung und unbekannt zu sein und die Wissenschaftler der ganzen Welt gegen sich zu haben. Die waren damals eiskalt ... Es ist schockierend, wie viele Dogmen es selbst heute noch in der Naturwissenschaft gibt.«

Die Skepsis der etablierten Ethnologie und Anthropologie gegenüber dem Norweger basierte allein auf der Tatsache, dass Heyerdahl ein wandernder Geist war, ein floatender Unruheherd, für den mehr rätselhafte Zeichen existierten als für einen normalen Wissenschaftler. So ging er in den Jahrzehnten seines Lebens vielen Spuren nach, und es konnte durchaus vorkommen, dass ein Anruf von irgendwo oder das Foto einer Statue ihn bewog, sofort das nächste Flugzeug zu besteigen – und eine weitreichende Entdeckung zu machen. Die Welt ist voller Geheimnisse. Aber es war auch einem solchen Mann, der vor Energie sprühte, klar, dass niemand in einem einzigen Menschenleben diese Rätsel lösen kann. Auch sieben Leben, wie eine Katze sie hat, würden nicht ausreichen.

Nachdem er einige Zeit mit seiner Frau Yvonne und den Kindern verbracht hatte und die Arbeiten auf den Malediven in einem Buch beschrieben waren (»Fua Mulaku«, 1986), reiste Heyerdahl wieder einmal in den Nahen Osten. Im Südjemen waren Spuren eines Volkes vorhanden, die man die »Reidan« nennt. Hatte dieses seefahrende Volk, das schon aus der Bibel bekannt ist und während eines der sechs Königreiche des alten Jemen gelebt haben soll, etwas mit den Redin zu tun? Statt einer Antwort neue Fragen!

In Aden sah Heyerdahl die Kaurimuscheln wieder. Im Museum sah er Statuen mit Muschelaugen und Bärten, die frappierende Ähnlichkeit mit Statuen von den Malediven besaßen. Andere erinnerten ihn an Figuren aus dem alten Industal. Und er begegnete dem Symbol der geflügelten Sonne, das er gleichfalls auf den Malediven gesehen hatte. Es trug hier den Namen »Sin«, was die alte, aus den Zeiten der Königin von Saba, 1200 v. Chr., stammende Bezeichnung für nichts anderes als »Gott« oder auch »Sonnen-Gott« war.

Es war offensichtlich, dass es kulturelle Verbindungen zwischen dem alten jemenitischen Volk am Rand des Roten Meeres, dem Industal und den Malediven gab. Und sie konnten nur in einer maritimen Kultur durch Seefahrer zustande gekommen sein – Tausende von Jahren bevor die Araber diese Meere beherrschten.

Auf jeden Fall war klar, dass die »vergessenen« Inseln der Malediven in der Frühzeit der Seefahrt eine bedeutende Rolle gespielt haben mussten. Wer immer dort gelandet war, hatte sich um die Geschichte der interkulturellen Kommunikation verdient gemacht. Und dies galt auch für jene andere geheimnisvolle Insel genau auf der anderen Seite der Erdkugel, die Heyerdahl seit 40 Jahren immer wieder beschäftigte – die Osterinsel. Die Malediven und die Osterinsel sind geographisch gesehen Antipoden. Aber wenn ein frühes Volk diese Tatsache religiös-kultisch genutzt hätte, dann hätte es eine Vorstellung von der Erde als Kugel gehabt haben müssen.

Eines blieb rätselhaft. Auf allen Seiten der Erde begannen um 3000 v. Chr., also zur gleichen Zeit, die großen Hochkulturen sich zu entfalten. Wo war der Anfang? In den Ländern Nordafrikas und des Mittleren Ostens, wo um diese Zeit eine Klimakatastrophe stattfand, die blühendes Land in Wüste verwandelte? Im Industal, in Ägypten oder sogar am Golf von Mexiko? Wer waren die Träger dieser Kultur? Die Etrusker, Phönizier, Sumerer, Hethiter, Berber, Guanchen, Redin?

Heyerdahl wusste es so wenig wie alle anderen Forscher auch. Es schien ihm jedoch immer deutlicher zu werden, dass der Transfer der Kulturen von Ost nach West stattgefunden haben musste – mit der Rotation der Erdkugel, auf den Seewegen, die die Natur bot. War man so vom Industal an Afrika vorbei über den Atlantik in den Golf von Mexiko gesegelt und von dort aus über den Pazifik nach Polynesien? Hatte die Reise im inneren Mittelmeer oder an der afrikanischen Westküste begonnen? Welche Rolle hatten dabei die Osterinsel und die Malediven gespielt?

Problemstellungen dieser Art können für einen Forscher eine ähnliche Gewalt und Eigendynamik annehmen wie die Rotation der Erdkugel. Man muss sich festhalten an den Fakten, will man nicht mitgerissen werden vom Strom der Spekulationen. Aber man muss sich von den Fakten auch lösen können, um offen zu sein für originelle Lösungen. Der Punkt, an dem ein Wissenschaftler steht, macht unter Umständen seine wahre Bedeutung aus.

Heyerdahl wurde schon früh dafür angegriffen, dass er sich nicht mit einem kleinen Aspekt der Problemstellungen zufrieden gab und ausschließlich diesen exakt bearbeitete. Nein, er musste unbedingt große Zusammenhänge herstellen! Das mochte man ihm ankreiden, das zeichnete ihn aus.

Sein Blick fiel auf das Reich der legendären Königin von Saba ebenso wie auf eine Inselgruppe am Äquator, auf Terrassenpyramiden am Titicacasee ebenso wie auf Zikkurats am Tigris, auf den Schilfanbau am Tschadsee ebenso wie auf Höhlenmalereien in den Tassili-Bergen mitten in der ausgetrockneten Sahara, die frühesten Abbildungen von Schilfbooten. Auf die früheren bärtigen, blauäugigen, rotblonden Bewohner der Kanarischen Inseln, die Guanchen, ebenso wie auf das Geschichtsbuch der mittelamerikanischen Mayas, die vor 5000 Jahren Besuch von ebensolchen Männern auf Booten bekamen. Auf eine Mode im hinduistischen Indusdelta, die Ohrläppchen zu durchbohren und zu verlängern, ebenso wie auf Statuen mit grimmig blickenden Langohren auf der einsamsten Insel der Welt vor der Westküste Chiles.

Ein zu großes wissenschaftliches Programm? Es ist angemessen, bedenkt man die vielen gelösten und vor allem die ungelösten Rätsel rings um das Erdenrund, an dem wir Menschen – ohne es wahrzunehmen – kopfunter haften und durch das Weltall rasen.

Eine andere Frage ist natürlich, ob der Mensch Thor Heyerdahl noch immer genügend Energie aufbrachte, um dieses sein Programm zu erfüllen. Seine Familie war manchmal besorgt um seinen Kräftehaushalt – er nicht. Am Ende der 80er Jahre hatte er das 75. Lebensjahr vollendet. Aber die geistige und körperliche Kraft, die ihn immer ausgezeichnet hatte, war noch vorhanden. Das Erforschen ungelöster Geheimnisse war und blieb sein Lebenselixier. Es macht ihn fit, weiterhin rund um den Erdball zu reisen.

Heimkehr zu den Rätseln Perus

DAS TUCUMÉ-PROJEKT

»Ich habe lange genug mit den Indios zusammengelebt, um zu wissen, dass ihre Legenden keine Märchen sind.«

TH. H.

Thor Heyerdahl hätte an vielen Orten der Welt eine neue Aufgabe finden können. Nicht an irgendeinem Schreibtisch oder in einem Museum – dazu ist sein Tatendrang zu groß. Aber vor Ort, dort, wo er schon geforscht hatte, oder auch in noch unbekannten Gegenden warteten Aufgaben für ganze Generationen von Heyerdahls. Aber da er den Jugendtraum, die ganze Welt stünde ihm offen, nicht mehr besaß, entschied er sich für eine dieser Aufgaben, die er mit seinen ganzen Fähigkeiten erfüllen wollte. Denn er hielt sie für eine der wichtigsten seines Lebens. Für das Alterswerk.

In Tucumé, einem kleinen, staubigen Ort am Rand der peruanischen Wüste, zwischen dem westlichen Abhang der Kordilleren und dem Ozean, ließ er sich nieder. Es schien ihm selbst ein Abschied von Europa zu sein. Aber es war eben auch ein Neuanfang, in einem Land, dem er sich schon immer sehr verbunden gefühlt hatte.

Es ist das Land, hinter dessen Horizont im Westen die Osterinsel und schließlich all die polynesischen Inseln liegen, die seine Phantasie schon immer beflügelten. Und es ist das Land, in dem die spanischen Eroberer – er mochte sie nicht die »Entdecker« nennen – angehoben hatten, die mächtige Inka-Kultur niederzuwerfen. Eine Kultur, die in den weißen, bärtigen Eindringlingen Abkömmlinge der alten weißen, bärtigen Götter sah, die einst von Norden her über den Ozean ins Land gekommen waren und mit ihrer Zivilisation die

Herrschaft übernommen hatten. Deshalb ließen die Inkas die Spanier gewähren – und verurteilten sich damit selbst zum Untergang.

Hier, zwölf Meilen von der pazifischen Küste entfernt und vierhundert Meilen nördlich von Lima, unweit des nordperuanischen Ortes Tumbus, wo in der ersten Hälfte des 16. Jahrhunderts Pizarro anlandete, begannen Heyerdahl und sein Team im Jahr 1988 mit Ausgrabungen. Sie führten nicht nur in jene Zeit zurück, sondern auch tief hinein in neue, unglaubliche Rätsel der Menschengeschichte. Was er hier zu finden hoffte, würde einer wissenschaftlichen Sensation gleichkommen, nach der die Geschichte Südamerikas neu geschrieben werden musste.

Zunächst baute er sich die »Casa Kon-Tiki«, einen wunderschönen, weiß gestrichenen Bau aus selbst gefertigten Adobe-Ziegeln. Hier lebte er nun in einem Heim, an dessen Tür das Symbol des Löwen und die Maske des Gottkönigs Kon-Tiki prangen – Symbole der alten Prä-Inka-Kultur Perus, die Heyerdahl auf vielen Wegen begleitet haben. Dieses Haus stellt seinen Versuch dar, inmitten der geschichtsträchtigen Region einer ehemaligen Hochkultur im Einklang mit den natürlichen Ressourcen zu leben. Ein Traum, den er seit seinem Ausstieg, seinerzeit auf der polynesischen Insel Fatu Hiva, immer geträumt hat. Hier hat er ihn vorübergehend verwirklicht, aber nicht abseits seiner Wirkungsstätten, sondern mittendrin.

In der Tat, der norwegische Forscher brauchte am Beginn der 90er Jahre nicht mehr von weit her anzureisen, um den Fortgang der archäologischen Untersuchungen mitten im fruchtbaren Lambayeque-Tal zu überwachen; er sattelte einfach sein braunes Pferd und ritt hinüber zu den Ausgrabungen, seinem Platz der Plätze.

Heyerdahl hatte sich für Peru entschieden. Für das Land, das nach seiner Auffassung die meisten ungelösten Rätsel in konzentrierter Form vereinigt. Und hier, im uralten Land der Kordilleren wiederum, entschied er sich für Tucumé, nicht für weitere Ausgrabungen in der alten Hauptstadt des Prä-Inka-Reiches Tiahuanaco, südlich des Titicacasees. Dort, auf dem Gebiet des heutigen Bolivien, lag zwar das Zentrum der alten Kultur, die Heyerdahl immer beschäftigt hatte, weil sie Einfluss genommen hatte auf die am längsten zurückliegenden Rätsel der Osterinsel. Aber das winzige Tucumé schien nicht nur eher Lösungen parat zu haben für die Fragen nach der zweiten Besiedelungsepoche der Osterinsel, sondern auch für all die ungeklärten Fragen nach dem Beginn der Zivilisation in Südamerika. Thor Heyerdahl ahnte, dass er sich hier auch den Problemen nähern konnte, mit denen er sich in seinen jüngsten Expeditionen rund um den Indischen Ozean auseinander gesetzt hatte.

Tucumé, der vergessene Ort, liegt am Rand von Südamerikas größtem – und bis dahin archäologisch gänzlich unerforschtem – Pyramidenfeld.

Warum dies so ist, kann die Natur beantworten. Sie hat die ehemalige Tempelstadt mit einer Erosion überzogen, die ihr das Aussehen eines rötlich gelben Sandsteingebirges verleiht. Die Elemente haben im ausgedehnten Tal von Lambayeque alles getan, um die Geheimnisse der Völker zu bewahren, die hier lange vor den Inkas siedelten. Auch Francisco Pizarro konnte, als er hier vorüberzog, nur ahnen, was die damals schon verfallene, aber noch überdimensional imposant aufragende Tempelstadt für eine Vergangenheit hatte. Ein Spanier aus seinem Gefolge beschrieb die Ruinen von Tucumé 1553 mit respektvollen Worten. Danach vergaß die Welt den Ort.

Erst in unserem Jahrhundert besuchte eine Hand voll Wissenschaftler die Region – und verließ sie schnell wieder. Aber als Grabräuber unserer Tage sich an den verborgenen Schätzen bereicherten und den größten Fund des Jahrhunderts machten, kamen die Existenz und die wahre Bedeutung des in keinem Reiseführer beschriebenen Pyramidenfeldes von Tucumé ans Tageslicht. Und als Thor Heyerdahl mit seinem Team zu graben begann, wurde die kulturgeschichtliche Bedeutung der Tempelstadt sofort jedem offenbar.

Es ist eine bezeichnende Anekdote am Rande, dass niemand in der peruanischen Regierung, selbst im Kulturministerium, den Namen Tucumé jemals gehört zu haben schien. Das größte nationale Kulturdenkmal war den Leuten unbekannt! Sie hatten wohl alle Hände voll zu tun, wirkliche und eingebildete Feinde in den Reihen der eigenen Bevölkerung zu bekämpfen. Erst als Heyerdahl die finanziellen Mittel auftrieb, die eine Grabung erfordern würde, ließ sich die peruanische Regierung mitsamt ihrem nationalen Kulturinstitut dazu herab, die Grabung, von der ausschließlich das eigene Land profitieren würde, zu genehmigen.

Die Vorbereitungen zur Grabung am Rand des Gebirges La Raya waren ebenso aufregend wie die anschließende Grabung selbst. Heyerdahl muss sich in den ersten Wochen und Monaten in Tucumé an die Zeit erinnert gefühlt haben, die er bei seiner ersten Expedition auf der Osterinsel verbracht hatte. Denn es galt zunächst einmal, mit den Einheimischen vertraut zu werden und sich Bündnispartner zu sichern. Und da zeigte sich, dass die peruanische Dorfbevölkerung sowohl Diebstahl als Kavaliersdelikt ansah als auch mit Straßenräubern und Hexenmeistern auf du und du stand.

In abgesunkener Form schienen diese Menschen noch mit den ursprünglichen Erbauern der Pyramiden identisch zu sein, deren Alltag von religiösen Ritualen und einem hermetischen Weltbild geprägt war, das keinen Platz ließ für individuelle Freiheiten und »demokratische« Tugenden.

In seinem Buch »Pyramidene i Tucume« (Oslo 1993) schildert Heyerdahl anschaulich die merkwürdigen Ereignisse, die seine Ankunft in dem Ort am Fuß des La-Raya-Berges begleiteten. Bedrohungen durch Räuber, nächtliche Besuche von Terroristen, Zauberei und Beschwörungen von Geistern und Gespenstern und sogar ein Ermordeter zu Füßen der Pyramiden zeichneten seinen Alltag. Und solange er sich nicht der Mithilfe des Bürgermeisters, des ortsansässigen Paters und der tonangebenden Hexenmeister versichert hatte, bekam er als Fremder keinen Fuß auf den Boden dieser geschichtsträchtigen, mit dem Blut von Generationen getränkten Region, in der allenthalben Misstrauen herrschte.

Die Region hielt aber auch noch andere Überraschungen bereit. Zwar war Thor Heyerdahl darin geschult, nach Spuren maritimer Kulturen zu suchen und auch in den abgelegensten Gegenden der Welt Abbildungen von Schilfbooten oder Balsaflößen zu finden. dass aber der pyramidenförmige Berg am Rand des Tempelfeldes »La Raya«, »der Rochen«, hieß, am nahe gelegenen Strand nicht weit des Tempelfeldes Fischer auf Flößen aus drei oder fünf Balsastämmen mit Segeln hinausfuhren und entlang der sandigen Küste der gesamten Region Männer in Ein-Mann-Schilfbooten täglich auf dem Ozean fischten – damit war nicht unbedingt zu rechnen gewesen. Auch nicht damit, dass man ein Hochrelief mit einer mythischen Szene freilegen würde, auf dem Vogelmänner mit Vogeleiern in der Hand auf Schilffahrzeugen fahren, oder damit, dass im Westhügel einer der Pyramiden eines Tages ein hölzernes, vom Alter in der Mitte gespaltenes Ruderblatt von einem Balsafloß zum Vorschein kommen würde, wie Heyerdahl es bei der »Kon-Tiki«-Expedition selbst verwendet hatte.

Bis die Grabungen begannen, mussten systematische Vorarbeiten geleistet werden. Es fiel Thor Heyerdahl nicht unbedingt leicht, die Geduld dafür aufzubringen. In seinem Alter kann jeder Tag kostbar sein, und hier in Tucumé waren ungeheuerliche Entdeckungen zu erwarten. Andererseits arbeitete er auf einem Gebiet, das nicht nur umfangreiche Vorbereitungen erfordert, sondern auch nur langsame Entdeckungen, Millimeter für Millimeter, zulässt. Deshalb wusste er, dass die Lösungen aller hier vergrabenen Rätsel jenseits seiner Lebensgrenze liegen würden. Diesen Widerspruch muss ein Archäologe und Ethnologe aushalten können. Und Heyerdahl war dazu bereit, denn er begann mit den Grabungen im Alter von 74 Jahren.

Die Archäologen bereiteten mit der Kartographierung, Vermessung und Aufteilung des Grabungsbezirkes die eigentliche Feldarbeit vor. Die Pyramide, an der man beginnen wollte, liegt nördlich des im flachen, fruchtbaren Lambayeque-Tal rund 150 Meter aufragenden La-Raya-Gebirges. Sie erhielt den Namen »Huaca Uno«, Pyramide Nr. eins. Die erodierte Pyramide ragt rund 50 Meter hoch in den Himmel, und ihre Fundamente liegen fünf Meter tief unter dem heutigen Bodenniveau. Huaca Uno ist die höchste der Pyramiden aus Adobe-Ziegeln; die größte, Huaca Larga, ist jedoch fast 400 Meter lang und ungefähr 100 Meter breit – eine gewaltige Anlage für Kultzwecke. Und es war sogar anzunehmen, dass der La-Raya-Berg selbst früher eine Art Tempelanlage aus kunstvoll verfertigten Terrassen gewesen war. Aber das sollten die Forscher erst noch herausbekommen.

Das Erste, was man auf Huaca Uno fand, waren Begräbniskammern und Kinderskelette. Und der rätselhafteste Fund war eine leere, obgleich einst benutzte, aber offensichtlich gesäuberte Grabkammer in den tiefsten Verliesen eines Baus.

Inzwischen war beinahe das ganze Dorf bei den Grabungen beschäftigt. Man griff die Tempelstadt auf breiter Basis an. Darauf erschien unter dem Werkzeug der Wissenschaftler und ihrer vielen einheimischen Helfer eine Reihe von neben- und übereinander geordneten Nischen – wie ein Chorgestühl in einer katholischen Kathedrale, aber aus »heidnischer« Zeit.

Einen besonders schönen Fund auf Huaca Uno bedeutete die Freilegung einer Tempelstätte auf der Pyramidenspitze. Es war das erstemal, dass auf einer südamerikanischen Pyramide ein solches religiöses Bauwerk zum Zweck der Sonnenverehrung aus der vorkolumbischen Zeit bestimmt werden konnte.

Bald nachdem man auf Huaca Uno begonnen hatte, grub man auch auf Huaca Larga. Dort entdeckte man auf dem Gipfel eine weitere Begräbnisstätte. Es handelte sich dabei um Gemeinschaftsgräber sowie um Einzelkammern, die mumifizierte Menschenbündel in embryonaler Stellung enthielten. Man hatte den Toten schön verzierte Alltagsgegenstände für ein Leben nach dem Tod mitgegeben.

Für Thor Heyerdahl wurde es besonders interessant, als die Archäologen auf der Spitze der größten Tempelpyramide das Grab eines hochrangigen Inka-Häuptlings fanden. Handelte es sich dabei um den Gründer von Tucumé, den legendären Sohn des ebenso legendären Königs Naymlaps mit Namen Cala? Er war in einen prächtigen Federumhang gehüllt und trug eine Mütze aus roter Wolle auf dem Kopf; und durch seine Ohrläppchen waren große Pflöcke getrieben worden. Solches Äußere kannte Heyerdahl bis dahin nur von den Häuptlingen aus Gräbern der Osterinsel. Und hatte der Häuptling nicht das Aussehen der berümten Langohr-Statuen auf der einsamsten Insel der Welt?

Unter einem Fußboden aus der Zeit der Inka-Herrschaft entdeckten die Archäologen ein Grab mit 23 jungen Frauen, die offenbar zur Oberklasse gezählt hatten. Ganz offensichtlich handelte es sich um Frauen, die Webarbeiten für die Königsfamilie zu verrichten hatten. Ein besonderes Indiz waren ihre durchlöcherten und verlängerten Ohrläppchen.

Archäologen wissen, dass sie nicht nur auf Antworten stoßen werden. Viel häufiger graben sie neue Fragen aus. Je tiefer sie kommen, desto verwirrender kann die Fülle der Rätsel werden, die nicht miteinander zu verknüpfen sind. Antworten ergeben sich oft erst viel später, manchmal zufällig. Und manchmal dann, wenn man sein Material unter einem neuen, vielleicht sogar fachfremden Blickwinkel betrachtet.

Es musste auch der Versuchung widerstanden werden, zum magischen Herzen der Grabungsobjekte, hier also der Pyramiden, vorzustoßen. Ein solches Vorgehen hätte nicht nur schwere Beschädigungen am Bauwerk mit sich gebracht, es hätte auch dazu verleitet, unzulässige Bedeutungszusammenhänge herzustellen. Jede Spur ist wichtig, nicht nur das, was im Innersten und vor der Phantasie der Forscher am tiefsten verborgen liegt. So sind viele der Pyramiden im Inneren und in der Tiefe noch immer nicht erforscht, weil man vorerst damit beschäftigt ist, die darüber liegenden Schichten zu erkunden und deren Spuren zu katalogisieren. Ein Archäologe mag die Phantasie eines Abenteurers haben, aber er ist ein penibler Wissenschaftler und kein Grabräuber.

Während die Grabungen des Archäologenteams liefen, machte sich Thor Heyerdahl noch einmal mit der Geschichte des Lambayeque-Tals vertraut, über die inzwischen einvernehmliche Daten existieren.

Die in der Zeit von 200 v. Chr. bis etwa 750 n. Chr. herrschende, künstlerisch hoch entwickelte Mochica-Kultur hinterließ auch hier ihre Spuren. Zentrum dieser Kultur war Chan-Chan, einige hundert Kilometer südlich von Tucumé. Chan-Chan wurde später das Zentrum des Chimú-Volkes. Nach 750 rückte das Machtzentrum des Lambayeque-Tals nach Batán Grande und damit ganz nahe an Tucumé heran. Pyramiden entstanden, in denen die Indianerfürsten mit unglaublich reichen Grabbeigaben bestattet wurden. Seit etwa 1100 existiert Tucumé. Der Tempelbezirk entstand vermutlich auch um diese Zeit; hier sind sich die Wissenschaftler jedoch nicht einig.

Nach dem Stichjahr 1100 begannen im Lambayeque-Tal unruhige Zeiten, es wurde von mindestens drei verschiedenen Wellen der Fremdbesiedelung überrollt. Das Reich der Chimú-Indianer breitete sich etwa um 1350 aus, nach etwa 1450 kamen die Inka-Indianer, 1532 kamen die Spanier und verließen das gesamte Tal praktisch nicht mehr. Sie löschten die Inka-Kultur mit Ideologie und mit Gewalt aus; mit ihnen breitete sich der europäische Katholizismus über die einheimische Population aus.

Im Großen und Ganzen kann man also die präkolumbische Zeit dreiteilen: in die Lambayeque-Kultur, die Chimú-Kultur und die Inka-Kultur. Die Übergänge sind fließend, die Schwellenfunde jedoch überzeugend. Jede Kultur baute auf der vorangegangenen auf und absorbierte sie dabei größtenteils. Archäologen können jedoch aus der Lage der Funde ihre genauen zeitlichen Rückschlüsse ziehen. Vereinfacht gesprochen datieren sie die Funde, die am tiefsten liegen, auf die am weitesten zurückgehende Zeit. Dies ist jedoch nur eine der vielen Möglichkeiten zur zeitlichen Bestimmung.

Die Inkas leisteten wahrscheinlich die größte integrative Arbeit. Sie saugten alle Vorformen in ihre Kultur auf und vereinigten die indianischen Quellen im Strom ihrer überlegenen martialischen Kultur. Natürlich war diese Anstrengung nichts gegen die darauf folgende Einschmelzung aller Vorformen durch die katholischen Spanier. Diese verbrannten überall im Inka-Reich – auch in Tucumé – nicht nur alle »Ungläubigen« auf großen Scheiterhaufen, sie verbrannten auch Schriftzeugnisse und religiöse Manifestationen von unschätzbarem Rang. Unter ihrer Herrschaft wurde das Peru der Inkas zu einer katholisch-kulturellen Wüste. Statt die einheimische Kultur sorgsam zu bewahren und weiterzuentwickeln, haben sie sie größtenteils vernichtet.

Und doch leben auch heute noch »heidnische« Rituale in den Dorfgemeinschaften fort. Kluge katholische Priester lassen dies durchgehen, wenn die oft geheimen Feierlichkeiten schließlich in ein allgemeines, christliches Glaubensbekenntnis münden. So kann es durchaus geschehen, dass in Tucumé zu Ehren ferner »Sonnengötter« ein Feuer entzündet wird, welches ein Padre zuvor mit Weihwasser gesegnet hat. Zu Schaden kommt dabei sicher niemand.

Die Bewohner von Tucumé hatten zunächst passiven und auch aktiven Widerstand gegen das Grabungsprojekt geleistet. Sie vermuteten, dass ein weiteres Mal ihre Geschichte vor der Haustür abgetragen und ins Ausland verfrachtet werden sollte. Als sie merkten, dass dies nicht Heyerdahls Absicht war, sondern im Gegenteil am Rand des Grabungsfeldes soziale Aktivitäten wie ein Schulbau, hygienische Maßnahmen, medizinische Hilfe und ein kulturelles Rahmenprogramm starteten, machten sie begeistert mit. Das kleine Museum am Rand des Tempelfeldes bestärkte sie in der Gewissheit, dass hier eine Vergangenheit ausgegraben werden sollte, deren sie sich nicht zu schämen brauchten.

Eine norwegische Initiative brachte zusätzlich Geld in den Ort, um die Infrastruktur zu verbessern, und die Männer von Tucumé bekamen Arbeit im Grabungsfeld. So verbesserte sich die soziale Situation aller, und Tucumé wuchs zu einer großen Gemeinschaft aus Einheimischen und Fremden zusammen.

So war auch Thor Heyerdahl, während sein Team die Ausgrabungen vornahm, immer mehr mit Aufgaben beschäftigt, die das soziale Leben am Ort und in der Umgebung betrafen. Da man ihm inzwischen uneingeschränkte Verehrung entgegenbrachte, ließ es sich keine Familie nehmen, ihn zu besonderen Ereignissen einzuladen. Keine Hochzeit, keine Kindstaufe, kein Begräbnis, kein Umzug ohne Thor Heyerdahl. Wäre er kein Fremder gewesen, hätte man ihn sicher rechtzeitig zum Alcalden, zum Bürgermeister, des Ortes gewählt. Auch seine jetzige Lebensgefährtin, Jacqueline Beer, die zeitweise in Tucumé ansässig war, wurde in die Verehrung eingeschlossen.

Die größte Tempelruine von Tucumé wurde im Verlauf der ersten drei Jahre auch der größte Ausgrabungsplatz. Huaca Larga gab unter den Anstrengungen der Forscher viele ihrer Geheimnisse preis. Hier fand man in Tempeln aus der Vor-Inka- und Inka-Zeit auch Skelette von Menschen, die offenbar dort umgebracht worden waren. Vermutlich gingen die ältesten Skelette weit in die präkolumbische Zeit zurück. Die Archäologen, die den Erzählungen der Tucumanen nachgingen, gruben jedoch auch die großen Scheiterhaufen aus, auf denen die eindringenden Spanier nach 1500 jene Indianer verbrannt hatten, die den christlichen Glauben nicht annehmen wollten. Die Konquistadoren hatten, wie überall nach ihren »Entdeckungen«, mit roher Gewalt versucht, den »richtigen« Glauben zu verbreiten. Ob ihre Praktiken das Christentum in den Herzen der Einheimischen wirklich verankert haben, bleibt ungewiss.

Eines Tages legte man einen großen Ofen aus Adobe-Ziegeln frei. Die Einheimischen nannten ihn »El Horno«, den Backofen. Diesen Namen hatte jedoch auch das alte Tucumé getragen. Die Archäologen vermuten, dieser »Backofen« sei in präkolumbischer Zeit eigentlich eine Verbrennungsstätte gewesen. Hatte man hier Feuerbestattung praktiziert? Oder war es ein Ort kultischer Handlungen gewesen? Da zu Füßen anderer Pyramiden große Mengen verbrannter Asche gefunden wurden, schien die erstere Annahme berechtigt. Das Feuer schien jedenfalls – vielleicht in Verbindung mit der Sonnenanbetung – bei den frühen Indianervölkern eine bedeutende Rolle gespielt zu haben.

Neben eindeutigen Hinweisen auf Urnenbestattung fanden sich Tier- und auch Menschenopfer. Abgeschlagene Köpfe und Hände, in kleinen Nischen eingemauert, verwiesen auf rituelle Handlungen. Aus welcher Zeit diese Opfer stammten, konnte noch nicht geklärt werden. Andere Opfergaben, meist aus Kupfer, Silber oder Gold, fanden sich in oder neben Gräbern oder Opfernischen.

Da Thor Heyerdahl die Ausgrabungen zwar überwachte, nicht jedoch selbst daran teilnahm, konnte er schon in den ersten Jahren der Arbeiten seinem speziellen Interesse frönen. Er begann, mit dem Bau von Schilfbooten zu experimentieren.

In den Darstellungen der Prä-Inka-Kunst wird immer wieder auf Schilfboote und Balsaflöße verwiesen. Und die Fischer in der Nähe von Tucumé benutzen noch in der Gegenwart täglich winzige Einmannboote aus Totoraschilf, um aufs Meer hinauszufahren. Schilf ist von alters her in Peru das bevorzugte Material für den Schiffbau. Auch Flöße aus Balsastämmen kann man auf den Zeichnungen und Malereien der Inkas und der Mochica-Indianer bewundern, aber heute ist es für die Küstenbewohner so gut wie unmöglich, sich größere Mengen Balsaholz zu beschaffen.

Man baute also ein Schilfboot, das einen doppelten Achtersteven besaß, mit dem es perfekt manövrieren und trotz hoher Wellen den Kurs halten konnte. Es bekam auch ein Ruder, dessen Blatt aus geflochtenem, durchbrochenem Bambus war. Ein solches Ruder war flexibel und konnte nicht brechen – wie es noch bei Heyerdahls früheren Expeditionen geschehen war. Mit diesem Boot fuhr man aufs Meer hinaus und landete dort, wo den Legenden zufolge der einstige große König Naymlap, in dessen Gefolge auch Tucumé gegründet worden war, auf großen Schilfbooten von Norden her gekommen war, im Lambayeque-Tal.

Auf einem ausgegrabenen Hochrelief fanden sich Darstellungen von großen Schilfbooten, auf denen Menschen mit Vogelverkleidungen zu sehen sind. Den Zusammenhang zwischen Schilfbooten und Vogelmenschen hatte Heyerdahl schon auf der Osterinsel gesehen. Hier war ein verbindendes Glied in der Beweiskette, dass die beiden außerordentlichen Motive zusammengehörten – und dass eine Verbindung zwischen peruanischem Festland und der einsamsten Insel der Welt bestand.

Nicht erst durch die Ausgrabungen im Lambayeque-Tal, aber durch sie ganz besonders konnte der Blick geschärft werden für Kunst, Ritus und Alltag der Indianerzeit Perus und Boliviens. Und wenn auch die Inkas seit Beginn ihrer Herrschaft das Land durch ihre ungeheure kulturelle Energie geprägt haben, so blieb doch evident, dass vor ihnen schon andere Völker hier ansässig gewesen waren. Die Inkas benutzten das, was ihre Vorgänger geschaffen hatten, und sie erweiterten es in ihrem Sinne. Nach ihnen konnten die Spanier von dem profitieren, was an Straßen, Verkehrswegen, Städten im Land vorhanden war.

Durch ihre Begegnungen mit indianischen Seefahrern und Kaufleuten lernten die eindringenden Europäer auch voller Bewunderung viel über den Schiffsbau, über Navigation und Seewege entlang der südamerikanischen Küste, auch gegen Wind und Strömung. Sie lernten Balsaflöße und Schilfboote kennen, deren Seetüchtigkeit den großen Plankenschiffen der Eindringlinge gleichkam. Das alte Vorurteil musste revidiert werden, dass die indianische Kultur Perus eine reine Hochlandkultur sei – dazu wurde sie erst in den Darstellungen der Europäer.

Letztlich verdankte natürlich auch Thor Heyerdahl den Aktivitäten der Vor-Inka-Indianer seine Anregungen. Ohne sie hätte er sein Balsafloß »Kon-Tiki« nicht gebaut und wäre nicht auf die Weiten des Pazifischen Ozeans hinausgesegelt, um die polynesischen Inseln zu erreichen. Heyerdahl hatte alle Aufzeichnungen studiert, die über seefahrende Südamerika-Indianer existierten, sie gaben ihm erst die Gewissheit, dass ein Balsafloß hochseetüchtig sei.

So wie Heyerdahl von den Indianern Perus, Ecuadors und Kolumbiens lernte, hatten auch die spanischen Eroberer gelernt. Diese vor allem jedoch von den Inkas. Sie studierten die Wirtschaft, Organisation und Kultur der Inkas, die all dies wiederum zu großen Teilen von ihren Vorgängern und von den unterworfenen Völkern in den Küstenregionen übernommen hatten, bevor sie an ihrer hochstehenden Kultur im Hochland weiterbauten.

Was also den Spaniern bei ihrer Ankunft an der Küste wie das Treiben der Inka-Kultur vorkam, war in Wirklichkeit der Alltag von Indianern, die gerade erst von ihren Feinden, den Inkas, besiegt und in Abhängigkeit gezwungen worden waren. Die Spanier machten keinen Unterschied zwischen indianischen Küstenbewohnern und Hochland-Inkas. Ihren Chronisten fehlte der Blick für die Unterschiede. Erst nachdem sich die Herrschaft der Spanier über die ganze Region gefestigt hatte, begann man, sich mit den einzelnen Volksstämmen zu beschäftigen, und erkannte die Differenzen.

Heute hat die Archäologie die Aufgabe, mit ihren Funden die Geschichte der Prä-Inka-Zeit zu erforschen. Dies ist jedoch gerade in Südamerika keine leichte Sache, verdecken doch die Vorurteile der letzten Jahrhunderte den klaren Blick auf die Tatsachen. Mühevolles Suchen und Auswerten der Objekte ermöglicht allerdings immer genauere Erkenntnisse über die indianische Vorgeschichte gerade auch der Küstenvölker.

Das Projekt Tucumé, das noch lange nicht beendet ist und doch schon so viele Rätsel an den Tag brachte, leistet dazu einen nicht zu unterschätzenden Beitrag. Und vor allem hat es der einheimischen Bevölkerung das Bewußtsein für die Würde ihrer eigenen Vergangenheit zurückgegeben.

Fingerabdrücke der Vergangenheit

DAS KANAREN-PROJEKT

»Ich habe einige Wissenslöcher stopfen können und ein paar Dogmen gekillt.«

TH. H.

Thor Heyerdahl wollte sein wissenschaftliches Lebenswerk in Tucumé krönen. Doch es kam ganz anders. Noch am Anfang der 90er Jahre war er nicht mehr oft vom Ort seiner bisher größten Ausgrabungen in Nordperu gewichen. Doch zwei Ereignisse warfen alle seine Pläne über den Haufen.

Das erste »Ereignis« war Jacqueline Beer. Thor Heyerdahl hatte die ehemalige Hollywood-Schauspielerin im Jahr 1990, also noch in seiner »peruanischen Zeit«, während eines Abstechers nach Teneriffa auf dem Pyramidenkomplex von Güimar kennen gelernt.

Sie verstanden sich schnell. Heyerdahl war zu dieser Zeit ohne weibliche Begleitung. Er war bereits von seiner zweiten Frau Yvonne geschieden, die mit den gemeinsamen drei Töchtern Annette, Marian und Helene Elisabeth in Colla Micheri lebte. Und auch die langjährige Beziehung zu Liliana, einer Italienerin mit indischem und Berberblut in den Adern, war mit seinem Weggang nach Tucumé auseinander gegangen. Jetzt wurde die in Paris geborene US-Amerikanerin Jacqueline, die seit Jahren auf Teneriffa ansässig war, seine ständige Begleiterin. Sie verbrachte auch in Tucumé viel Zeit an seiner Seite, um bei den Ausgrabungen zu assistieren. Die beiden heirateten 1996 in El Aaiún, der Hauptstadt des einstigen Spanisch-Westsahara und nun annektiertes, marokkanisches Gebiet. Dort hatte man vorzeitliche Felszeichnungen entdeckt, die Heyerdahl eine Zeit lang intensiv beschäftigten.

Gleich nach der Heirat zogen sich die Frischgetrauten mit ihren beiden Hunden zurück nach Güimar, wo sie sich ein wunderschönes, denkmalgeschütztes Haus mit großem Grundstück und alten Avocadobäumen gekauft hatten. Dies wurde Thor Heyerdahls neuer Lebensmittelpunkt, sein Ankerplatz in der letzten Phase seiner langen Lebensreise.

Das zweite Ereignis waren die – schon beschriebenen – kriminellen Aktivitäten in Tucumé, die sich mittlerweile auch auf sein Haus ausweiteten. Thor Heyerdahl beschloss in Absprache mit seinem Team, die Ausgrabungen im Jahr 1994 zu unterbrechen. Er verließ Tucumé.

Sosehr Peru auch im Mittelpunkt seiner Interessen stand, es war schließlich nur ein Fixpunkt in seinem wissenschaftlichen Kosmos. Ein anderer Fixpunkt blieb die Osterinsel, die Heyerdahl immer wieder aufsuchte, und mit der er sich in den 90er Jahren auf etlichen Kongressen in aller Welt beschäftigte. Der dritte Fixpunkt – und nicht der unwichtigste von allen – sind die Kanarischen Inseln geblieben. Sie schienen in seiner Theorie von der kulturellen Beeinflussung Zentral- und Südamerikas durch voreuropäische Mittelmeervölker eine Art Drehscheibenfunktion einzunehmen.

Thor Heyerdahl glaubte, dass von den Kanarischen Inseln aus einst das im primitiven Schlaf einer Bauernkultur liegende Mittelamerika die ersten Impulse zu seiner Hochkultur erhalten hat. Immer wieder taucht in diesem Zusammenhang der – aztekisch-indianische – Name eines legendären Ankömmlings aus den Weiten des Atlantiks auf, der eines Tages bei den Vorfahren der Azteken im Gold von Mexiko landete: Quetzalcóatl.

Dieser geheimnisvolle Ankömmling, von dem die Überlieferungen sprechen, war mit seinem Gefolge auf demselben Seeweg gekommen, auf dem später ein Christoph Kolumbus über den Ozean fuhr – von den Kanarischen Inseln in den Golf von Mexiko.

Und da die spanischen Eroberer um Hernán Cortés, die Anfang des 16. Jahrhunderts Mittelamerika bekriegten, die Azteken-Herrscher durch Aussehen und Weissagung an ihren Vorvater Quetzalcóatl und sein Gefolge erinnerten, wurden sie wie Gottkönige empfangen. So gelang es ihnen, das hochstehende Reich der Azteken zu durchdringen, auszuplündern und von innen heraus zu vernichten.

Wenn die Kanarischen Inseln also tatsächlich der Heimathafen dieser frühen Kulturbringer um Quetzalcóatl gewesen sind, um was für ein geheimnisvolles Volk konnte es sich dann handeln? Welche kanarische Urbevölkerung würde damit in den Brennpunkt neuer Forschungen rücken?

Thor Heyerdahl hatte im Jahr 1950, bei seinem ersten Besuch auf den Kanarischen Inseln, farbige Zeichnungen aus dem 16. Jahrhundert gesehen, die eine alte kanarische Rasse darstellten – weißhäutige, rotblonde, bärtige Männer. Die so genannten Guanchen. Sie waren verwandt mit rotblonden Berbervölkern aus dem nordafrikanischen Bergland. Der Name Guanche leitet sich wohl aus der altkanarischen Schriftsprache ab und bedeutet: »Sohn Teneriffas« (guan: Sohn, achinech: alte Bezeichnung für Teneriffa). Guanchen waren demnach also im strengeren Sinne nur die Ureinwohner Teneriffas, nicht der gesamten Kanaren. Nach einer heute stärker favorisierten, vor allem von einheimischen Wissenschaftlern verbreiteten Version stellt jedoch der Name Guanche die spanische Form von »wa-n-zanàta« dar, was »derjenige, der dem Stamm der áta angehört«, bedeutet.

Konnte es möglich sein, dass dieses Volk der Guanchen eine Rolle gespielt hatte bei der kulturellen Beeinflussung Zentralamerikas?

Es gab zunächst einen einzigen wichtigen Punkt, der für diese Theorie sprach: Die Guanchen waren das einzige Volk gewesen, das ebenso wie die Altägypter und die Ureinwohner Perus Mumienbegräbnisse praktizierten.

Nun, in der Mitte der 90er Jahre, kehrte der rastlose Thor Heyerdahl, inzwischen achtzig Jahre alt, auf die Kanarischen Inseln zurück, um dieser Frage nachzugehen. Er hielt das Lösen dieses Rätsels für sein letztes großes Projekt. Unterbrochen von Weltreisen, die ihn immer wieder an Forschungsstätten, zu Jubiläumsfeiern und auf Kongresse führten, ordnete er in Güimar seine Unterlagen für das Kanaren-Projekt.

Angeregt durch den Hinweis einer Gruppe von esoterisch beeinflussten Enthusiasten, die nach Spuren des legendären Kontinents Atlantis suchten und glaubten, einen geheimnisvollen Pyramidenkomplex entdeckt zu haben, der nur von Außerirdischen gebaut worden sein konnte, landete Heyerdahl auf Teneriffa.

Ihn erwarteten dort Bauwerke, die frappierende Ähnlichkeiten mit Pyramiden in Mesopotamien, in Mexiko und Peru aufwies. Und es wurde ihm schnell klar, dass diese alten Mauern zwar nicht extraterrestrischen Ursprungs waren, aber gerade deshalb ein wichtiges Bindeglied darstellen konnten, zwischen den Pyramiden der Alten und denen der Neuen Welt.

Es stellte sich heraus, dass die bezeichneten Pyramiden in Güimar einem uralten Baukomplex angehörten. Güimar, das war ebendort, wo der Geschichtsschreibung nach der letzte König der Guanchen, Anaterve, sich den spanischen Eindringlingen widersetzt hatte – bevor er seine Gefährten an die Feinde verriet. Ende des 15. Jahrhunderts brachen die Eindringlinge den einheimischen Widerstand, bei La Victoria fand 1495 die letzte Schlacht der Guanchen von Teneriffa und damit die letzte Schlacht der Altkanarier gegen die Spanier statt. Die Kanaren wurden danach insgesamt der spanischen Krone unterstellt.

Die mögliche Bedeutung des archäologischen Komplexes aus voreuropäischer, präkolumbischer Zeit, den die Guanchen »Aixaga« nannten, war inzwischen auch einigen wenigen einheimischen Wissenschaftlern klar geworden. Heyerdahl wurde deshalb von den Medien gebührend empfangen.

Thor Heyerdahl erreichte in einem zähen Kampf, dass der Pyramidenkomplex auf der Ferieninsel für die wissenschaftliche Forschung abgesperrt und als archäologischer Park gekennzeichnet wurde. Der Bau zweier bereits geplanter Straßen quer durch den Komplex, der auf den Gemeindekarten der Stadt den Namen »La Pirámides de Chacona« trug, konnte in letzter Minute verhindert werden. Maßgeblichen Anteil daran hatte der Reeder Fred Olsen, der das Gebiet kurzerhand kaufte und einzäunen ließ. Damit konnte ein »Parque Etnográfico« geplant werden, für die Verhältnisse auf der Ferieninsel der bedeutendste kulturelle Komplex.

Die Kosten dieser Unternehmung deckte neben der Reederei Olsen der Forscher selbst mit Hilfe einiger weiterer, einheimischer Sponsoren und der »Stiftung Kon-Tiki-Museum« in Bygdoy, Oslo. Heyerdahl regte die Gründung der FERCO (»Foundation for Exploration and Research of Cultural Origin«) an, um Studien für voreuropäische Kulturparallelen auf beiden Seiten des Atlantiks zu ermöglichen. Mit Mitteln der FERCO wurden auch Kongresse finanziert, die herausfinden sollten, was auf der ganzen Welt geschehen sein mochte, als um 3000 v. Chr. gravierende klimatische und kulturelle Veränderungen stattfanden, die das Entstehen der Hochkulturen beeinflusst haben mussten. Nach dem Tod Thor Heyerdahls werden seine Projekte durch die FERCO weitergeführt.

Im Jahr 1994 wurden die ersten archäologischen Proben aus dem Tal der Pyramiden von Chacona gesammelt. Das Team wartete gespannt auf die Ergebnisse. Was man fand, schien alle Hypothesen Heyerdahls zu bestätigen. Die Funde waren so bedeutend, dass Thor Heyerdahl beschloss, endgültig nach Güimar umzusiedeln.

Zur gleichen Zeit entschloss sich auch das Direktorium des Kon-Tiki-Museums auf der Halbinsel Bygdoy im Oslo-Fjord, aus den

Ausgrabungen im peruanischen Tucumé auszusteigen. Die Arbeiten vor Ort hatten inzwischen zur Eröffnung eines offiziellen Museums geführt, in dem die Ergebnisse gesammelt wurden. Die Auswertung in Tucumé war nun wichtiger, als neue Funde zu machen, und sie erforderte Heyerdahls Anwesenheit nicht mehr. Der Entschluss, Peru, das er mit so vielen Hoffnungen betreten hatte, zu verlassen und sich auf Teneriffa niederzulassen, wurde Heyerdahl damit leichter gemacht.

Die Kanarischen Inseln sollten seine letzte Heimat werden. Aber für einen so betriebsamen Mann hieß das nicht, sich dort auszuruhen, sondern zwischen allen seinen Reisen an diesen Fixpunkt zurückkehren zu können. Denn ein Wissenschaftler wie Thor Heyerdahl fühlte sich am Schreibtisch hinter Büchern nur eine Zeit lang wohl. Da er der Meinung war, durch Zuhören mehr zu erfahren als durch Reden, schlug er lieber die Bücher der mündlichen Überlieferungen auf. Und die lagen rund um die Welt verstreut dort, wo Völker siedelten, die das Meer und den Wind zur Kommunikation genutzt hatten.

Unermüdlich packte also Thor Heyerdahl weiter die Koffer. Er nahm auf ausgedehnten Reisen auch Ehrungen und Doktortitel engegen und bestaunte die wachsende Schar seiner Anhänger. Man ernannte ihn zum internationalen Berater des »World Wildlife Fund« (WWF). 1992 war er der persönliche Berater Michael Gorbatschows bei der Gründung von »Green Cross International« auf der Umweltkonferenz in Kyoto. Aber am liebsten hielt er sich außerhalb der Akademien und Vortragssäle auf. Dort, wo die Abenteuer nicht nur Name und Adresse besitzen, sondern auch Weite und Resonanz.

Thor Heyerdahl reiste schließlich an den äußersten Nordwesten Amerikas, dorthin, wo sich die Küste in unzähligen Fjorden und Inseln auflöst. Hier, in der Nähe von Vancouver Island, lebte nach seiner Meinung ein Volk, das an einer der größten Wanderbewegungen der Geschichte teilgenommen hatte.

Dieses Volk muss irgendwann aus Südostasien gekommen sein. Es hatte hier für eine lange Zeit Station gemacht. Eines Tages waren Teile dieses Volkes weitergezogen. Sie waren in die südlichen Gefilde des Stillen Ozeans aufgebrochen, waren an der südamerikanischen Westküste gelandet und hatten von dort aus die Inselwelt Polynesiens besiedelt. Dieses Inselvolk Britisch-Kolumbiens war weitgehend unbekannt, aber man wusste, dass es Doppelkanus baute und die Winde vom Land und die Meeresströmungen nach Süden genau kannte. In den Überlieferungen dieses Volkes der Kwakiutl-Indianer tauchten Kulturmotive auf, die Heyerdahl nicht nur in Polynesien, sondern auch im Golf von Mexiko und in Peru gefunden hatte.

Auch hier, an der Nordwestküste Amerikas, die er schon vor sechzig Jahren, 1940/1941, besucht hatte, liefen so viele Fäden seiner Beweisführungen zusammen wie auf der anderen Seite der Erdkugel, auf den Kanarischen Inseln. So hatte der Forscher immer stärker das Gefühl, in der ganzen Welt zu Hause zu sein. Er hatte überall die Stützpunkte seiner Theoriegebäude mit Pflöcken in den Boden eingerammt. Und wenn er sie abschritt, machte er jedesmal zwei Erfahrungen. Mitten in einer Art von wissenschaftlicher Heimat des Denkens zu sein. Und ständig Neues dazuzulernen.

Aber am wohlsten fühlte er sich in Güimar, in seinem Haus auf Teneriffa. Jedesmal, wenn er hierher zurückkam, stürzte er sich in das Studium der altkanarischen Überlieferung.

Die Vorgeschichte der Kanarischen Inseln liegt weitgehend im Dunkeln. Die Herkunft der Guanchen ebenso.

Man kann vermuten, dass sich eine erste Besiedelung aus Nordafrika zwischen 3000 und 1000 v. Chr. ergab – aber dafür gibt es keine Beweise. Allerdings setzt sich Thor Heyerdahls Annahme, die

Guanchen seien aus geologisch-geographischen Gründen spätestens um 500 v. Chr. auf Binsenbooten von der marokkanischen Küste gekommen, inzwischen bei den Wissenschaftlern der Universität von La Laguna durch. Als die Spanier zwischen 1476 und 1517 auf den gesamten Kanaren letztlich erfolgreich versuchten, den rebellischen Geist der Altkanarier zu brechen, fanden sie eine einheimische Kultur vor, die völlig fremd schien. Und im Geist der Eroberung versuchten sie danach, diese Kultur ebenso spurenlos auszulöschen, wie sie es mit der altamerikanischen taten.

Ein später Reflex dieser Tatsache scheint es zu sein, dass die heutige einheimische Bevölkerung der Kanarischen Inseln wenig Interesse an ihrer eigenen Geschichte aufbringt. In der Zeit des faschistischen Diktators Franco, die nach seinem Tod 1975 endete, war es allerdings offiziell bei Strafe verboten, sich an die Altkanarier auch nur zu erinnern. Dazu passt, dass die offizielle Lesart die Bauzeit der Stufenpyramiden von Güimar mitsamt ihrem unterirdischen Kanalsystem ans Ende des 19. Jahrhunderts verlegte. Angeblich hatte ein in Südamerika reich gewordener Geschäftsmann nach seiner Rückkehr auf Teneriffa sie in dieser Zeit aus nostalgischen Gründen bauen lassen. Den Rest der gesamten Anlage um die Pyramide hielt man für Steinhaufen.

Wer immer an einer solchen Interpretation interessiert war – eines schien dem Forscherteam um Thor Heyerdahl klar: Die spanische Kultur seit dem beginnenden 16. Jahrhundert hat die nichteuropäische kanarische Kultur völlig überrollt. Die Erinnerung an die Guanchen scheint ausgelöscht. Die Kanarischen Inseln scheinen ausschließlich in einer touristisch interpretierten Jetztzeit zu leben. Bettenburgen für Besucher von heute sind gefragt, nicht vorgeschichtliche Pyramiden.

Thor Heyerdahls Bemühungen um den Pyramidenkomplex Chacona am Stadtrand von Güimar begannen damit, die lokalen

Autoritäten zu einem Ortstermin zu bitten. Das Interesse war gleich Null. Als schließlich einige Vertreter der Universität die Bauwerke in Augenschein nahmen, entdeckte man, dass die gesamte Anlage nach dem Lauf der Sonne ausgerichtet war. Die an astronomischen Erkenntnissen orientierten stufenförmigen Pyramiden waren erbaut aus erstarrter Lava. Sie besaßen eine Art Rampe, offensichtlich für zeremonielle Zwecke, und auf ihrer Spitze befand sich eine Plattform, die – wie altmesopotamische Zikkurate – möglicherweise einen Tempel getragen hatte. Und man entdeckte weiterhin, dass der innere Hohlraum der Pyramide nachträglich mit einer Füllmasse verschlossen worden sein musste, also der Innenraum etwas verbarg. Was konnte – nach allen Erfahrungen mit Pyramiden – dies anderes sein als eine Grabkammer?

Mit diesen abgesicherten Ergebnissen ließ sich also belegen, dass die Pyramidenanlagen von Güimar keine zufälligen Steinhaufen waren, sondern einst nach einem groß angelegten Plan errichtet worden waren und dass ihre Architekten religiöse Zwecke verfolgt hatten. Jetzt gaben auch die politischen Autoritäten der Insel ihre Zurückhaltung auf und begannen, sich mit dem Baukomplex zu beschäftigen. Aber sie weigerten sich noch längere Zeit, zu glauben, dass die Bauwerke auf die Zeit der ungeliebten Altkanarier, der Guanchen, zurückgehen konnten.

In der Folgezeit musste Thor Heyerdahl viel Überzeugungsarbeit leisten, um die Bedeutung der Ausgrabungen von Güimar denen klar zu machen, die das Projekt unterstützen sollten. Nur langsam kamen die archäologischen Grabungen in Gang. Heyerdahl zog aus den USA Donald P. Ryan von der »Pacific Lutheran University«, Washington, und den einheimischen Archäologen Vicente Valencia Afonso aus Teneriffa hinzu. Unter ihrer Leitung stellte sich ein Erfolg der Grabungen allmählich ein. Nach 1997 wurden im Inneren der Hauptpyramide unzählige Keramikscherben, Schüsseln mit

Obsidianresten, menschliche und tierische Knochen, Muscheln und schwer identifizierbare andere Dinge gefunden. Im März 1998 zog man das erste Fazit: Karbonanalysen bewiesen eindeutig die jahrhundertealte Nutzung der Pyramiden für zeremonielle Zwecke, und des Geländes darum für intensive Landwirtschaft. Ein Museum wurde eröffnet, in dem sich heute auch das Hauptquartier der FERCO befindet. Und man wollte weitergraben.

Die Vorfahren der heutigen Bewohner der Kanaren rückten durch das inzwischen auf zwölf Fachwissenschaftler angewachsene Grabungsteam ins Rampenlicht. Man scheint vor Ort bereit, zumindest die Geschichte Teneriffas neu zu schreiben. Im Gegensatz zu allen Zeiten zuvor schien es jetzt als »in« zu gelten, direkt von den Guanchen abzustammen.

Und dass dies bei überraschend vielen Kanariern, besonders bei den Tinerfenos von Teneriffa, tatsächlich der Fall ist, belegt eine neue Untersuchung. Sie beweist, dass die Guanchen nicht tot sind, wie die Spanier jahrhundertelang behaupteten. Denn überraschend viele Menschen aus der einheimischen Bevölkerung von Teneriffa haben die äußerst seltene Blutgruppe »Null negativ«. Durch ihre Adern fließt das Blut der Altkanarier.

Die Guanchen müssen ein friedliches, bäuerliches Volk gewesen sein, das von den spanischen Eroberern – nicht zuletzt zum Zweck der Glorifizierung des Vernichtungsfeldzuges gegen sie – als primitiv beschrieben wurden. Aber sie scheinen irgendwann eine hochstehende Kultur von außen importiert zu haben. Thor Heyerdahl beschrieb diese Tatsache so: »Ich glaube an eine Verbindung der Kulturen von Mesopotamien und Nordafrika mit Mittelamerika. Wieso soll es keine Verbindung mit den Völkern der Kanaren gegeben haben, deren Archipel auf dem Navigationsweg liegt?«

Die Kanarischen Inseln waren nicht nur für die alten Seevölker möglicherweise eine Drehscheibe. Sie wurden es in den 90er Jahren auch für den norwegischen Forscher und seine neue Lebensgefährtin und Ehefrau Jacqueline Beer.

Aber so wie die Gegenwart ungreifbar ist und nur einen ständigen Übergang zwischen Vergangenheit und Zukunft darstellt, so glich Thor Heyerdahls Beziehen eines endgültigen Wohnsitzes letztlich auch nur einem Übergangsritual.

Er war an einem Gehirntumor erkrankt. Er wusste, es blieb ihm nicht mehr viel Zeit.

Thor Heyerdahl hatte verfügt, auf dem italienischen Landsitz seiner Familie in Colla Micheri begraben zu werden. Dort, in dem italienischen Bergdorf Laigueglia, seinem früheren Rückzugsort, hatte er viel Zeit mit seiner zweiten Frau Yvonne und den Kindern verbracht. Solange seine Kraft reichte, ordnete er noch die Herausgabe seines schriftlichen Vermächtnisses, redigierte sein Buch »I Adams Fotspor: En Erindringsreise«, das kurz vor seinem Tod auch in deutscher Sprache erschien (»Auf Adams Spuren«). Dann verließ diesen energiegeladenen Mann, der Heimweh nach der ganzen Erde verspürt hatte, die Kraft.

Am 18. April des Jahres 2002 starb er.

Es scheint, Thor Heyerdahl kannte kein Heimweh im üblichen Sinne. Seine Heimat war das wissenschaftliche Abenteuer. Und das wartete Zeit seines Lebens rund um den ganzen Erdball auf ihn und seine engsten Vertrauten. Schließlich segelte er stets unter der Flagge der Vereinten Nationen, der Menschengemeinschaft. Als humaner Propagandist einer »Familiy of Men«.

Es begann nicht erst mit der »Kon-Tiki«-Expedition, sondern schon auf der polynesischen Insel Fatu Hiva, also mit seinem Versuch, als Aussteiger aus der Zivilisation im Einklang mit der Natur zu leben. Aber die »Kon-Tiki«-Expedition, deren 50-jähriges Jubiläum 1997 weltweit gefeiert wurde, schärfte Thor Heyerdahls »grüne«, ökologische Haltung. Dazu äußerte er:

»Als Erstes müssen wir uns einen gemeinsamen Feind suchen. Ohne einen gemeinsamen Feind sind Staaten nicht in der Lage zusammenzuarbeiten. Und wer könnte dieser Feind sein? Der Feind der Menschheit ist die Umweltverschmutzung. Es wird so schlimm werden, dass wir eines Tages begreifen: Jetzt hilft nur noch Zusammenhalten. Wir müssen das Plankton in den Weltmeeren retten und einen Weg finden, um die Ozonschicht wiederherzustellen. Das kostet natürlich Geld. Geld, das heute in die Aufrüstung gesteckt wird. Deshalb appelliere ich an die Präsidenten und die UNO, die Waffenproduktion zu stoppen.«

Es ist diese – im übergreifenden Sinne – ökologische Haltung, die Thor Heyerdahl früh bekannt machte als ehrlichen, tatkräftigen Wissenschaftler, der unter Einsatz seines Lebens beweisen wollte, was andere nur dozierten. Nachdem er seine »Casa Kon-Tiki«, diese postbiblische Arche in Tucumé, verlassen hatte und einen neuen Ankerplatz auf Teneriffa fand, konzentrierte er sich darauf, die strategische Lenkung seiner vielen Projekte in aller Welt zu intensivieren. Sein wichtigster Partner blieb dabei das »Kon-Tiki«-Museum in Oslo und die FERCO.

Ein Lebenskreis schloss sich auf Teneriffa. Fast fünfzig Jahre nach seinem ersten Besuch der Insel, kehrte er hierher zurück. Und in seinem Garten, stehen uralte Bäume, die er stets als die wahren »Dome« der menschlichen Kultur begriffen hat.

Dass er in Colla Micheri seine letzte Ruhe finden wollte, spiegelt nur die Tatsache wider, dass am Ende eines ereignisreichen Lebens ein Stück Heimat doch wichtiger wird, als andere Orte, wichtiger als die Welt, die jemand ruhelos durchstreift. Aber das wertet ein energiegefülltes, wissenschaftliches Leben wie seines nicht ab.

Welche Botschaften hatte Thor Heyerdahl uns mitzugeben?

Dass die menschliche Kultur viele Anfänge gesehen hat. Dass viele Hochkulturen in Sand und Staub versunken sind – die größten am tiefsten. Dass die ewig währenden Ozeane nicht immer das Bild geliefert haben, das wir heute wahrnehmen. Dass Länder und Völker in den Fluten versunken sind. Dass wir unser Denken jeden Tag überprüfen müssen. Dass nichts wahr ist, bis es nicht erwiesen ist. Dass wir einstehen müssen für das, was wir verkünden. Dass wir verantwortlich sind für das »Projekt Grüne Erde«, von der und auf der wir leben.

Und dass ein Menschenleben durchaus lang genug ist, um Veränderungen zu wagen.

Thor Heyerdahl hat sich mit Kritik an seinen Thesen stets gründlich auseinander gesetzt. Oft genug hat er sich gegen ungerechtfertigte Angriffe verteidigen müssen. Er wurde geschmäht, kleingeredet. Sein Lebenswerk wurde als Abenteurertum verunglimpft. Und er wurde immer wieder rehabilitiert. Aber an einem bestimmten Punkt stellte er seine grundlegende Theorie selbst infrage.

Es ist die Theorie, die besagt, dass die Ozeane der Erde sogenannte »Fahrstraßen« enthalten, auf denen man mit Strömung und Wind, im Schub der Erdrotation von Ost nach West fährt – ob man will oder nicht.

Thor Heyerdahl versuchte im Jahr 1947 mit seiner »Kon-Tiki«-Expedition zu beweisen, dass die Inselwelt Polynesiens nur von Osten, also von der pazifischen Küste Südamerikas her, besiedelt worden sein konnte. Nach der erfolgreich verlaufenen Expedition erfuhr er von Küstenindianern in Ecuador, dass die so genannten »guaras«, das sind versenkbare Schwertkiele für die Steuerung, die Heyerdahl selbst auf der »Kon-Tiki« benutzte, allerdings ohne ihre Möglichkeiten im Einzelnen zu kennen, im Zusammenspiel mit dem Segel ein Balsafloß ungeheuer beweglich, ja, auch gegen den Wind fahrtüchtig machen.

Also waren die Prä-Inka-Völker Perus nicht auf die ozeanischen »Fahrstraßen« angewiesen. Sie konnten die Ozeane in beliebiger

Richtung mit ihren Balsaflößen überqueren. Allerdings galt dies auch für die Polynesier, die deshalb durchaus von West nach Ost fahren und beispielsweise die Osterinsel hätten besiedeln können.

Thor Heyerdahls Besiedlungstheorie Polynesiens war also von ihm selbst infrage gestellt worden, nachdem er die Bedeutung der »guaras« für die Bootsfahrt wiederentdeckt hatte. Er musste diese Entdeckung übrigens lange gegen Fachwissenschaftler verteidigen, die »guaras« unbeirrt für kultische Schmuckhölzer hielten. Es blieb lediglich die Überlegung, ob die Polynesier »guaras« gekannt haben. Diese Frage ist bis heute nicht schlüssig beantwortet.

Thor Heyerdahl überging diesen heiklen Punkt seiner Theorie mit Bravour. Souverän zog er sich auf den Standpunkt zurück, dass es ihm ohnehin nur darauf angekommen sei, zu beweisen, dass für interkontinentale Kontakte vorkolumbischer Völker seetüchtige Balsaflösse und Schilfboote zur Verfügung gestanden hatten. Und diesen Beweis hat er tatsächlich als Erster und unwiderlegbar erbracht.

Jeder, der Thor Heyerdahls Verdienste ernsthaft würdigt, muss auch diesen Punkt erwähnen. Die Verdienste des Forschers und Begründers der experimentiellen Archäologie liegen ohnehin auf einem ganz anderen Gebiet.

Thor Heyerdahl hat unermüdlich neue, provozierende Fragen gestellt. Er stellte sie vor allem dort, wo andere nur Antworten und Gewissheiten besaßen. Er selbst drückte das in der ihm eigenen Bescheidenhheit so aus: »Ich habe einige Wissenslöcher stopfen können und ein paar Dogmen gekillt.«

Thor Heyerdahl erlangte darüber hinaus Bedeutung als Wissenschaftler, der in ökologischen Prinzipien dachte und danach handelte. Es kam ihm immer darauf an, die Richtigkeit von Thesen in der physischen Realität zu beweisen, Wissenschaft nicht am Schreibtisch abzuhandeln, sondern mit seinem ganzen Leben und

Sein zu schreiben. Er versuchte, die Innenwelt des Menschen mit der äußeren, physischen Natur zu versöhnen und dies mit der sozialen Wirklichkeit in Einklang zu bringen.

In diesen Kategorien denken Wissenschaftler gewöhnlich selten. Vor allem nicht jene Vertreter konventioneller Fachwissenschaft, die in Einzelfragen durchaus Recht haben, wenn sie Thor Heyerdahl kritisieren.

Aber diese Kritik ist nur ein Wassertropfen in einem Ozean.

Anhang

THOR HEYERDAHLS PROBLEMSTELLUNGEN IM ÜBERBLICK

Thor Heyerdahls Prämisse, es habe schon immer Reisewege und Fahrzeuge gegeben, um über die Wasser zueinander zu finden, musste bewiesen werden. Und: Gab es bei den Völkern der ersten Hochkulturen überhaupt ein überzeugendes Motiv, einen Wunsch, nach anderen Kulturen zu suchen und transozeanische Kontakte zu knüpfen?

Im Jahr 1000 nach Christus erreichte der Wikinger Leif Eriksson Labrador. Er fuhr mit seinen Mannen von Norwegen aus an der Ostküste, dann an der Südküste Grönlands entlang nach Westen. Und wir wissen inzwischen, dass die Wikinger dort rund fünfhundert Jahre lang gelebt haben, bevor Kolumbus auf Guanahani landete. Die Route, die Eriksson benutzte, existiert selbstverständlich noch heute, so können wir die Hypothese von den Fahrten der Wikinger mühelos überprüfen.

Kolumbus selbst kannte und benutzte den Seeweg von den Kanarischen Inseln nach Westindien und den Golf von Mexiko. Woher er diese Route kannte, bleibt eines der vielen großen Geheimnisse, die sich um seine ersten Entdeckungsfahrten ranken. Aber er kannte sie. Und landete so im Jahr 1492 auf der kleinen Inselgruppe der Bahamas, genauer auf Guanahani, einer Insel, der er den Namen San Salvador gab.

Ob vor ihm jemand diese Route gefahren ist, wissen wir nicht. Wir dürfen es vermuten, können es aber nicht beweisen. Wenn man diese Strömung – wie auch jene andere, die von Südafrika zur brasilianischen Küste zieht – als schon immer existierende »Fahrstraße« nimmt, bleibt anzunehmen, dass sie schon vorher genutzt wurde.

Im Südpazifik entdeckten zur Zeit der großen Inka-Hochkulturen Kaufleute eine Meeresströmung, die bis Polynesien, ja bis Australien führte. Thor Heyerdahl fuhr im Jahr 1947 mit seinem »Kon-Tiki«-Floß auf dieser Route nach Polynesien. Wie auch auf anderen Routen sind Strömung und Winde hier einseitig, es führt also kein Weg auf den Wassern des Südpazifiks zurück nach Südamerika.

Im Jahr 1527 fuhr der Spanier Alvaro de Saavedra von der mexikanischen Pazifikküste aus nach den Philippinen. Der mächtige Nordäquatorialstrom sowie Passatwinde begünstigten diese Reise. Die spanischen Konquistadoren nutzten nach Saavedras Entdeckung diese Route, um von ihren mexikanischen zu den Südsee-Kolonien zu gelangen.

Die genannten Routen führen von Amerika, der Neuen Welt, fort in die Südsee. Der einzige natürliche pazifische Weg zurück führt nördlich von Hawaii über die so genannte Urdaneta-Route, benannt nach dem spanischen Entdecker Andres de Urdaneta. Über andere Routen den Weg zurück nach Amerika zu erzwingen hat Heyerdahl oft und ausführlich referiert. Es gibt sie, und sie sind immer wieder – aber mit äußerst wechselndem Erfolg, großem navigatorischem Geschick und äußerstem Wagnis – ausprobiert worden. Sie sind jedoch allesamt zu unbeständig, um in einen Katalog sicherer Seewege aufgenommen zu werden.

Möglichkeiten des interkulturellen Kontaktes bestanden also. Aber gab es auch Motive, sie zu nutzen? Die Antwort – Heyerdahls Antwort – lautet: ja!

Er musste sich dabei mit zwei wissenschaftlichen Positionen auseinander setzen, die er als »Isolationismus« und »Diffusionismus« bezeichnet. Die Erstere geht von einer völlig unabhängigen Entwicklung von Alter und Neuer Welt bis hin zum Jahr 1492 aus, die andere davon, dass sich unterschiedliche Kulturen stets und ständig nach Gusto vermischt hätten. Beide Positionen – zumindest in ihrer extremen Ausformung – hielt Heyerdahl für falsch. Denn beide gehen nicht von den natürlichen Gegebenheiten der physikalischen Geographie aus.

Ist es nicht wahrscheinlich, dass die Völker der frühen Hochkulturen, die in beinahe allen Bereichen mehr wussten als die seefahrenden Völker zur Zeit des Kolumbus, schon in vorkolumbischer Zeit miteinander Kontakt aufzunehmen versuchten? Muss der Wunsch nach Kontakt immer von wirtschaftlichen Interessen geprägt sein oder sogar vom Interesse an Ausbeutung und Unterwerfung? Diese Vorstellung ist den Europäern des späten Mittelalters zu Eigen, die ihre Karavellen ausrüsteten, um der spanischen oder portugiesischen Krone neuen Reichtum und neue Untertanen zu erschließen.

Es gibt andere Gründe. Krieg und Verfolgung, unterschiedliche Religionsauffassungen, Abenteuergeist können solche Gründe sein. Die frühen Hochkulturen wussten mehr von Astronomie, von Navigation, von Geographie, von Technik als die Europäer Tausende von Jahren später. Ist es nicht wahrscheinlich, dass sie dieses Wissen ausprobieren, erweitern wollten? Dass sie dazulernen wollten? Reicht ein solches Motiv nicht aus, um das Äußerste zu wagen?

Wir möchten annehmen, es reiche aus. Und Thor Heyerdahl hat sich sein Leben lang redlich bemüht, Beweise für diese Annahme zu finden. Er fand diese beispielsweise in der einfachen Tatsache, dass es Tausende von Jahren vor unserer Zeitrechnung bereits schwimmfähige Boote und kleine Schiffe gegeben hat, die in der Lage waren, große Strecken auf dem freien Wasser – beispielsweise zwischen Afrika und Amerika – zu überwinden. Allein schon diese Entdeckung erhöhte die Wahrscheinlichkeit früher transozeanischer

Kontakte, und solche Kontakte hatte man vorher in dem Maße ausgeschlossen, wie man es für unmöglich hielt, mit Binsenbooten oder Balsaflößen über die großen Wasser zu fahren. Heyerdahl bewies nach dem Studium alter ägyptischer, sumerischer, phönizischer, später auch südamerikanischer, nordamerikanischer und afrikanischer Quellen und durch darauf folgende eigene Praxis das Gegenteil.

Sein erster Versuch, den Verkehrsweg von Südamerika in die polynesische Welt nachzuweisen, gelang 1947 mit der »Kon-Tiki«. Sein späterer Versuch, den Verkehrsweg von Ägypten nach Amerika zu zeigen, scheiterte allerdings – nach anfänglich wertvollen Ergebnissen. Er ließ im Jahr 1969 ein Papyrusboot bauen, das er »Ra« nannte, nach dem altägyptischen und polynesischen Namen für Sonne. Damit segelten er und seine Besatzung von sieben Männern aus sieben Nationen vom marokkanischen Ort Safi aus los. Schon am ersten Tag zerbrachen die Steuerriemen, am zweiten Tag zerbrach der Mastbaum des 46 Quadratmeter großen Trapezsegels. Aber innerhalb von drei Wochen umrundete das Schiff die Nordwestküste Afrikas bis zur Höhe von Dakar, bis die natürliche Fahrströmung der Kolumbus-Route es hinaus auf den Atlantik trug. Vor Westindien – nachdem der Zweck der Reise erfüllt war, nämlich, die Seetüchtigkeit des Papyrusbootes zu beweisen – musste die Besatzung aufgeben. Falsch interpretierte Mängel der Bauweise hatten – neben dem Verlust der Steuerriemen und des Segels – zu einer dramatischen Minderung der Bootssubstanz geführt und hätten eine Weiterfahrt durch die Küstenbrandung, die theoretisch durchaus möglich war, zu gefährlich gemacht.

Heyerdahl selbst hat diesen ersten Versuch mit der »Ra«, die mit Tonnen von Ladung und sieben Mann Besatzung in acht Wochen 2700 Seemeilen über Wind und Wellen des Atlantiks zurücklegte, nicht als Scheitern angesehen. Dennoch baute er ein neues Papyrusboot, gab ihm den Namen »Ra II« und segelte am 17. Mai 1970 erneut vom marokkanischen Safi aus los. Das Boot war diesmal nicht von Fischern des Tschadsees in Zentralafrika gebaut worden, sondern von bolivianischen Indianern vom Titicacasee. Wieder wurden Tonnen von Ladung transportiert, acht Mann Besatzung machten die Fahrt mit. 3270 Seemeilen und 57 Tage später landete die Expedition auf Barbados in Westindien.

Damit hatte Thor Heyerdahl die Möglichkeit von atlantisch-transozeanischen Kontakten in vorkolumbischer Zeit bewiesen. Denn es gab in frühen Hochkulturen auf beiden Seiten des Atlantiks ein hochseetaugliches Verkehrsmittel für solche Ozeanüberquerungen: das Papyrusbündelboot.

Heyerdahls besonderes Interesse galt der weit verzweigten Inselnation Polynesien mit ihrem östlichsten Ausläufer, der Osterinsel, dem südwestlichen Vorposten Neuseeland und der nördlichen Region rund um Hawaii. Er bewies die Möglichkeit der Besiedelung Polynesiens von Osten her – entgegen landläufigen Annahmen, die Besiedelung müsse von Westen her stattgefunden haben. Dabei stützte er seine These nicht nur auf den Verlauf von Meeresrouten, sondern auch auf diverse Funde der Botanik, der biologischen Anthropologie, Archäologie und Schifffahrtskunde und vor allem auf Ähnlichkeiten der Inselbewohner mit Mittelmeervölkern, deren Weg nach Polynesien also über den Atlantik geführt haben muss. Solche Seefahrer müssen allerdings den Weg über das amerikanische Festland genommen haben, am wahrscheinlichsten über die engste Stelle, in Panama. Und andere, woher sie auch vorher gekommen waren – Heyerdahl zog dabei besonders das Reich der Phönizier in Kleinasien und die Kanarischen Inseln in Betracht –, verließen das südamerikanische Festland etwa in Höhe Perus, denn die Bewohner der polynesischen Osterinsel – wie übrigens auch die Inkas der Andenregion – bewahrten im kultischen Gedächtnis frühe weiße Eroberer mit heller Haut, rotblonden Haaren und langen Bärten, die aus einer Gegend gekommen seien, die frappierend dem Küstenstreifen Perus gleicht.

Wir wollen an dieser Stelle nicht die Einzelheiten der wissenschaftlichen Standpunkte und Forschungsergebnisse benennen, die Heyerdahl anführte, um seine Positionen herauszuarbeiten. Es soll vorerst genügen, zu sagen, dass der Forscher Material für die These sammelte, es habe in früheren Zeiten zwischen den mobilen Völkern der Kontinente regen Austausch gegeben, und zwar in der Weise, dass die Völker die natürlichen physischen Möglichkeiten der Erde und ihrer Reisewege nutzten. Dieser Standpunkt zielt darauf ab, die Theorien der Isolationisten zurückzuweisen, die behaupten, Kulturen – auch einander ähnliche Kulturen – hätten sich autonom, unabhängig voneinander, entwickelt. Und er zielt darauf ab, die Theorien der Diffusionisten zurückzuweisen, soweit diese behaupten, Kontakte zwischen Völkern hätten sich allein aufgrund der Absichten dieser Völker ergeben, und nicht aufgrund der Ausnutzung natürlicher Voraussetzungen wie zum Beispiel der Wege über die Weltmeere.

Aus dem Material, das Thor Heyerdahl der Fachwelt seit den 40er Jahren vorlegte, ergab sich zwingend, dass die Neue Welt lange vor Kolumbus entdeckt worden war. Und nicht erst durch die Wikinger, sondern Jahrhunderte, wenn nicht Jahrtausende zuvor. Wahrscheinlich waren die Entdecker jene »weißen, bärtigen Götter«, die in den Legenden sowohl der Indianervölker Südamerikas als auch der Indianervölker Mittelamerikas und Mexikos eine zentrale Rolle spielen. Heyerdahl glaubte, sie seien aus dem östlichen Mittelmeerraum in die »Neue Welt« gefahren und hätten diese besiedelt. Und ihre letzten Nachfahren, jene, die den indianischen Legenden nach eines Tages nach Westen davonsegelten, sah Heyerdahl auf den Osterinseln landen.

Kolumbus hat also die »Neue Welt« nicht entdeckt. Er entdeckte sie deshalb nicht, weil sie Jahrtausende zuvor bereits von blonden, bärtigen Seefahrern – wahrscheinlich aus dem Mittelmeerraum – entdeckt worden war. Und er entdeckte sie nicht, weil es sie – im emphatischen Sinn des Wortes – bereits gab, weil sie bewohnt und gewissen Völkern bekannt war. Sie musste also gar nicht »entdeckt« werden. Abgesehen davon: Könnte man nicht ebenfalls und sogar mit größerem Recht davon sprechen, dass die Einheimischen des amerikanischen Kontinents eher Kolumbus und die europäische Kultur »entdeckten«? Kolumbus entdeckte die Neue Welt höchstens für die spanische Krone, die in dem neuen Kontinent – von dem sie mit Kolumbus lange glaubte, es handele sich um Indien, um China oder Japan – lediglich eine Rohstoffquelle für ihre imperiale Politik sah. Warum allerdings Kolumbus auf seiner angeblich ersten Reise Ende 1492 an Bord nur einen hebräischen Dolmetscher hatte und keinen anderen, was der Seefahrer und seine Auftraggeber also von der »Neuen Welt« wirklich erwarteten, das bleibt ihr Geheimnis.

Kolumbus segelte auf der Route, die Jahrtausende vor ihm schon Seeleute aus dem Mittelmeerraum genommen hatten. Und er kannte sie. Sie führt von den Kanaren in den Golf von Mexiko. Genau dort, wo die maritime »Fahrstraße« mündet, die bei den Kanarischen Inseln beginnt, waren Jahrtausende zuvor bereits Menschen gelandet. Sie hatten den vor Beginn der großen Indio-Kulturen auf niedrigem Sammlerniveau lebenden Einheimischen kulturelle Errungenschaften gebracht, die geradezu phänomenal sind – die Kunst des Schreibens, die Kenntnisse der Medizin, die Wissenschaft der Astronomie, den Pyramidenbau, den Baumwollanbau und gewisse philosophische Weltanschauungen, wie den Pazifismus.

Wer waren diese Männer?

Sie sahen, glaubt man den künstlerischen Verewigungen in Stein, Keramik und auf Pergament, semitisch aus und trugen Bärte. Sie besaßen einen Anführer, den man im mexikanischen Raum noch heute Quetzalcóatl nennt. Er ging in langen, weißen, wallenden Gewändern. Er verkündete die Nächstenliebe. Und er war geweissagt worden. Denn die einheimischen Barbaren in den Sumpfwäldern des Golfes von Mexiko empfingen ihn mit großen Ehren.

Das alles verkünden die Zeugnisse der Region in vielen Quellen. Doch alles, was über diese Legenden hinausgeht, bleibt unsichtbar. Es verschwimmt im Nebel der Geschichte. Und gleichzeitig regt es die Phantasie an. Und so ist es schwierig, die Fakten von den Phantastereien freizuhalten. Thor Heyerdahl hat es versucht. Es ist ein Teil seines Lebenswerkes gewesen, die frühe Besiedelungsgeschichte Amerikas – nördlich und südlich der panamaischen Landenge – mit seriöser Beweisführung zu entschlüsseln.

Und bevor Heyerdahl zu Schlüssen kommt, stellt er, wie es sich für einen Wissenschaftler gehört, Fragen.

Gab es jene Kultur um den »Quetzalcóatl« der Legenden wirklich? Und wenn ja, wie erreichte diese Kultur die Neue Welt? Banal gefragt: mit welchem Ticket und auf welchen Fahrzeugen? Gewiß ist, dass um 3000 v. Chr. die erste uns bekannte Hochkultur im Mittelmeerraum entstand. Sie entstand etwa zeitgleich in Mesopotamien, Syrien, Palästina, Ägypten, Kreta und Zypern. Und gleichzeitig entfaltet sich in Amerika die erste Hochkultur, die der Mayas. Die erste Stunde, die den Kalender der Mayas füllt, liegt im Jahr 3113 v. Chr. Diese Stunde Null der Maya-Zeitrechnung fällt also genau mit der »Stunde Null« unserer Hochkulturen zusammen. Ist das ein Zufall? Oder gab es einen Zeitpunkt, an dem unsere Hochkultur transozeanisch vermittelt wurde? Vielleicht war 3113 das Jahr, in dem Quetzalcóatl die Maya-Welt erreichte und als Geburtshelfer einer neuen Welt aus Sonnenkult, Städtebau, Sesshaftigkeit fungierte?

Im gleichen Atemzug mit diesen Fragen beschäftigte Heyerdahl, vor allem in der ersten Phase seiner wissenschaftlichen Tätigkeit, die Besiedlung des ozeanischen Polynesiens – heute Teil Gesamtozeaniens. Denn wenn es Mittelmeervölker gab, die nach Amerika kamen, so waren sie dort jedenfalls nicht stehen geblieben, sie waren eines Tages weiter in den Pazifik hinein nach Westen gereist.

Welche frühen Seefahrten kann es im Pazifik gegeben haben? Und welche Routen waren bekannt und wurden genutzt? Auf welchen Routen war das Scheitern wegen der Wind- und Strömungsverhältnisse vorhersehbar?

Heyerdahl fing früh an, sich diesen Fragen zu stellen. Sie bildeten geradezu sein Ausgangsproblem, dem er im Jahr 1947 mit seiner Reise auf der »Kon-Tiki« zu begegnen suchte. Die Widersprüche der bis dahin bekannten Forschungen hatten ergeben, dass die Polynesier zwar einige sprachliche Gemeinsamkeiten mit den westlichen Völkern, den Mikronesiern, Indonesiern, Melanesiern, Malaien, aufwiesen, genetisch gesehen jedoch ausschließlich mit den östlichen, den indianischen Völkern Südamerikas, verwandt waren. Wie war das zu erklären?

Auch hier war es der norwegische Forscher, der die Bindeglieder der Evolution durch das Einbringen natürlicher Bedingungen im pazifischen Raum zu erklären vermochte. Wenn man nämlich die Fahrwege der pazifischen Inselwelt Ozeaniens nimmt, dann führt kein Weg von Westen (Indonesien) nach Osten (Polynesien oder weiter nach Südamerika). Der einzige Weg führt weit nach Norden, an die Nordwestküste Amerikas, und von dort erst gelangen Seefahrer, die ohne Maschinenkraft vorwärts kommen wollen, zurück – in die Nähe von Hawaii. Nordwestamerika wird von Heyerdahl also als Zwischenstation bei der Kultivierung Polynesiens angenommen. Und dies erklärt – grob ausgedrückt – sowohl die sprachlichen Übereinstimmungen mit Völkern aus den Ursprungsgebieten des Westens (und Asiens) als auch die genetische Übereinstimmung mit Völkern des amerikanischen Kontinents.

Wir wollen nicht zu sehr in die Einzelheiten gehen, doch es kann so viel gesagt werden, dass neuere Forschungen, auch über die Genfaktoren der Nordwestindianer und der Polynesier, Heyerdahls Annahmen bestätigt haben. Und das linguistische Beweismaterial für die Abstammung der Polynesier von den Indonesiern war ohnehin stets recht dürftig, es fällt in der heutigen wissenschaftlichen Diskussion kaum mehr ins Gewicht.

Der Besiedelung Polynesiens durch westliche asiatische Völker muss jedoch eine noch frühere Besiedelung vorausgegangen sein, die direkt von der Küste Südamerikas her erfolgte. Insbesondere auf dem östlichsten Vorposten Polynesiens, auf der Osterinsel, sind deren Spuren deutlich. Wer diese Siedler waren, ist unbekannt. Die Fahrzeuge für eine solche Besiedelung waren jedoch bei den Westkünsteneinwohnern Südamerikas vorhanden. Selbst dann noch, als die spanischen Eroberer im 16. Jahrhundert Südamerika besetzten, fanden sie bei den Inka-Völkern Perus Balsa-Floßboote vor, die in der Lage waren, bis Panama hinauf mehrere Tonnen Wirtschaftswaren zu transportieren. Und aus den Überlieferungen der Inkas ging klar hervor, dass sie von ihren Vorfahren her eine bewohnte Inselgruppe im pazifischen Westen und auch die genaue Entfernung sowie den Weg dorthin kannten – eben die Osterinsel.

Von den funktionstüchtigen Balsaflößen der Altperuaner berichten vor allem die Chronisten der Fahrten des Francisco Pizarro. In den 30er Jahren des 16. Jahrhunderts begegneten Pizarro ganze Flottillen solcher Flöße, die mit bis zu 50 Mann Besatzung in kaufmännischer Absicht unterwegs waren. Die Spanier zeigten sich beeindruckt von der Qualität der Baumwollsegel, der Sisaltaue, der Takelage und des Balsaholzes. Sie mussten erkennen, dass diese Flöße den eigenen Karavellen an Seetüchtigkeit ebenbürtig waren.

Thor Heyerdahls erste große Leistung war es, seine Thesen von der aktiven Rolle der südamerikanischen Ureinwohner bei der Besiedelung des östlichen pazifischen Raumes auch durch eigene physische Anstrengungen zu belegen. Seine »Kon-Tiki«-Expedition von 1947 entstand in diesem Geiste.

Der Forscher ließ sich ein Floß bauen, das aus neun frisch gehauenen, ganz leichten, jeweils zwei Fuß dicken Balsastämmen bestand. Es war etwa zehn Meter lang und etwa sechs Meter breit, trug ein rechteckiges Baumwollsegel und besaß eine Tragfähigkeit von 25 Tonnen. Und es hatte fünf so genannte Steckschwerter, Bretter – gut drei Meter lang, einen halben Meter breit, bei den Altperuanern »guaras« genannt –, die senkrecht an Bug wie Heck zwischen den Mittelstämmen steckten. Damit kann ein Balsafloß manövrieren. Diese in Europa völlig unbekannte altperuanische Fahrtechnik ist sehr einfach. Und in Verbindung mit einem Segel ist sie vollkommen.

Die »guaras«, von denen einige der schönsten in den Völkerkundemuseen der Welt gelandet sind, ermöglichten auch riskante Wendemanöver und sogar das dauerhafte Segeln gegen den Wind. Heyerdahl gelang es jedoch erst sechs Jahre nach der »Kon-Tiki«-Fahrt im Jahr 1953 mit einer Forschergruppe vor Ekuador, die einfachen, aber genialen Kniffe der Fahrtechnik mit »guaras« ganz zu verstehen.

Als »Kon-Tiki« mit sechs Mann Besatzung lief das Floß am 28. April 1947 aus dem peruanischen Hafen Callao aus. 93 Tage danach erreichte es das Erste der polynesischen Atolle. Und nach insgesamt 8000 Kilometern in 100 Tagen landete es auf den Tuamotu-Inseln, die etwa in Höhe des 20. Breitengrades in der Südsee liegen. Mannschaft und Ladung hatten keinen Schaden genommen. Damit war der eindrucksvolle Beweis erbracht, dass die altperuanische Bevölkerung lange vor Eintreffen der Spanier mit ihren »primitiven« Fahrzeugen weit in den Pazifik hätte hineinstoßen können, um Kontakte zu den Bewohnern der polynesischen Inseln aufzunehmen. Und dass genau ihr Fahrzeugtyp der am besten geeignete war, diese Reise anzutreten.

Der Schluss, den Heyerdahl und seine Begleiter zogen, war, dass es aus technischen Gründen keine Beschränkungen für die altperuanischen Seefahrer gegeben hat. Mit ihren Balsafahrzeugen konnten sie theoretisch den ganzen Pazifischen Ozean bereisen.

Ein weiteres wichtiges Argument Heyerdahls dafür, dass Polynesien vom amerikanischen Doppelkontinent aus besiedelt worden ist, war die Ausbreitung bestimmter Kulturpflanzen in Amerika und in den Gebieten Ozeaniens. Heyerdahl hatte ursprünglich Zoologie, Biologie und Geographie studiert, war also an diesen Fragen besonders interessiert.

Es war einleuchtend, dass es den Nachweis von Kulturpflanzen gemeinsamen Ursprungs und gemeinsamer Ausbreitung in beiden Hemisphären geben musste, wenn man transozeanische Reisen in prähistorischer Zeit annahm. Da Heyerdahl dies tat, und darüber hinaus noch konkrete Exporte aus Amerika in das westliche Inselgebiet Ozeaniens behauptete, musste er Beweise finden. Auf die Arbeit der traditionellen Ethnologen, Ethnobotaniker, Botaniker, Biologen und Prähistoriker konnte er sich dabei nicht stützen. Denn diese waren geneigt anzunehmen, die Ozeane hätten in der Vorzeit unüberwindliche Barrieren für jede Art von früher Seefahrt gebildet – und ganz und gar für ozeanische Ausflüge von Amerika nach Westen. So musste Heyerdahl mit den geringen Spuren und Hinweisen einiger Forscher vorlieb nehmen, die mit genetischem oder historischem Material in einem nichttraditionellen Sinne umgingen und der begründeten Meinung waren, Kulturpflanzen seien in prähistorischer Zeit von Eingeborenen über die Ozeane gebracht worden, zwischen denen der amerikanische Doppelkontinent liegt.

Seine Forschungsergebnisse zeigten schließlich auch auf diesem Gebiet, dass die Besiedelung Polynesiens vom amerikanischen

Doppelkontinent aus – oder zumindest voreuropäische Reiseaktivitäten von Ost nach West – wahrscheinlich war. Doch erst mit seiner »Kon-Tiki«-Expedition ließen sich seine Argumente auf einen sicheren Boden stellen.

Da die amerikanische Süßkartoffel in Polynesien zu finden ist und mit Heyerdahls Expedition der Transportweg klar wurde, konnte eine Lücke in der Beweiskette geschlossen werden. Ebenso verhielt es sich mit der Frucht der Kokospalme, von der man bis dahin angenommen hatte, sie sei von der asiatischen Ostküste an die Westküste Amerikas verbracht worden. Kolumbus und die Konquistadoren nach ihm hatten die Kokosnuss in Mittelamerika vorgefunden – dort, wo ihre eigentliche Heimat war. Auch auf altperuanischen Figurengefäßen fanden sich Abbildungen der Kokosnuss als heimischer Frucht.

Ein weiterer ethnobotanischer Beweis für präkolumbische Verbindungen zwischen Amerika und Ozeanien ist der Flaschenkürbis. Man hielt ihn nur im asiatischen und ozeanischen – vereinzelt auch im afrikanischen – Raum für verbreitet. Aber dann entdeckte man in uralten Gräbern Perus und Chiles Gegenstände, die aus Flaschenkürbissen gefertigt waren. An der peruanischen Küste von Huaca Prieta fand man Zeugnisse dafür, dass der Flaschenkürbis vor mehr als 3000 Jahren von Fischern angebaut wurde. Damit ist diese Kulturpflanze in Peru deutlich älter als in Ozeanien. Und als Heyerdahl mit »Kon-Tiki« bewies, dass südamerikanische Indianer in der Lage gewesen sein müssen, den Ozean zu den polynesischen Inseln hin zu überwinden, revolutionierte er damit das genealogische Denken der Fachwissenschaftler. Niemand unter den Ethnologen und Ethnobotanikern konnte seitdem umhin, in einigen entscheidenden Fragen umzudenken.

Ähnlich verhielt es sich mit der Frage des Anbaus von Bananen, deren Blätter sich in altperuanischen Gräbern feststellen lassen; von

Baumwolle, die aus rein botanischen Gründen nicht von West nach Ost gewandert sein konnte; des Chili-Pfeffers, verschiedener Nutzbinsenarten, verschiedener Bohnenarten, des Tabaks, der Ananas, der Papaya und anderer Früchte. In allen diesen und anderen Fällen konnte nach der »Kon-Tiki«-Expedition das fehlende Glied in der Kette der Übertragung von Amerika nach Westen in vorkolumbischer Zeit gefunden werden.

Und wie lässt sich die angenommene pazifische Wanderungsbewegung von Osten nach Westen in archäologischer Hinsicht belegen? Gibt es ausreichende baugeschichtliche Beweise für die Annahme, die Ureinwohner der Westküste Amerikas hätten mit ihren Fahrzeugen und ihren nautischen Fähigkeiten den Pazifik in Richtung Asien überquert?

Thor Heyerdahl ging dieser Frage seit seinem 21. Lebensjahr nach; es war die entscheidende Fragestellung. Denn ohne die konkreten Beweise einer menschlichen Besiedlung der ozeanischen Inseln im Westen durch Altamerikaner blieben die gewonnenen Erkenntnisse von seefahrerischen Möglichkeiten natürlich ohne Belang.

Heyerdahl fing mit seiner Suche auf den Galapagosinseln an, die 600 bis 1000 Meilen vor der Küste Ecuadors in Höhe des Äquators liegen. Diese Inselgruppe war von wissenschaftlichen Forschungen weitgehend vernachlässigt worden. Aber gerade weil sie wasserlos, unwirtlich und unbewohnt sind, erschienen diese Inseln Heyerdahl interessant. Im Jahr 1953 brach er zu einer Expedition dorthin auf – und brachte Erstaunliches zutage.

Auf den von Kakteen, seltenen Vogelarten, Riesenschildkröten und prähistorischen Echsen »bewohnten« Inseln fand man voreuropäische Lagerplätze. Und bei Grabungen an diesen Plätzen wurde Eingeborenenkeramik aus der Vor-Inka-Zeit entdeckt. Die Funde ließen sich sämtlich nur einem Ausgangspunkt zuordnen, nämlich dem südamerikanischen Festland.

Nach seinen Entdeckungen auf den 1535 von Spaniern erstmals betretenen Galapagos hatte Heyerdahl sich gegen die konventionelle Wissenschaft zu wehren, die zu der Hypothese griff, die Funde seien von voreuropäischen oder auch europäischen Piraten nach räuberischen Unternehmungen über zufällige Triften auf die Galapagos verbracht worden. Bei seinen Bemühungen, die Einwände dieser Wissenschaftler zu widerlegen, stieß Heyerdahl auf unsinnige Vorurteile und musste erkennen, dass manchmal an wissenschaftlichen Hypothesen allein aus dem Grund festgehalten wird, weil man sie schon immer vertreten hat. Lebenslange Feindschaft ist die Folge des Versuches, ein neues Denken allein aufgrund neuer Beweise aufzubauen.

In der Kette seiner Beweisführung spielte zukünftig die so genannte Kokos-Insel eine Rolle, ein kleines, unbewohntes Eiland 300 Meilen südwestlich von Costa Rica und 450 Meilen nordöstlich der Galapagos. Diese 45 Quadratkilometer große Insel wurde von den spanischen Entdeckern des 16. und 17. Jahrhunderts als eine Art kultivierter Kokoshain beschrieben, der unter keinen Umständen ohne menschliches Eingreifen hätte entstehen können. Die Spanier beschrieben die Insel als paradiesisch, auch wegen der vielen kühlen Quellen und springenden Wasser, die einen Aufenthalt im Äquatorialklima erholsam machten. Dreihundert Jahre später, im Jahr 1956, betrat Heyerdahl sie mit einer norwegischen Forschergruppe – die Insel war von Gestrüpp überwuchert, die Palmen waren weitgehend verschwunden, die Quellen versandet. Was hatte dazu geführt?

Es gab nur eine plausible Antwort: Die prähistorischen Gärtner des Eilands waren nicht mehr wiedergekommen. Danach war der Paradiesgarten mit dem Kokoshain verfallen.

Und woher waren diese Gärtner gekommen? In den Legenden einiger polynesischer Inseln im Westen wird das Eiland im Osten des Pazifiks als der Ort beschrieben, woher die Kokosnuss kam.

Und wenn die Kokosnuss aus dem Osten kam, dann kam sie wahrscheinlich aus dem ferneren Osten – vom südamerikanischen oder mittelamerikanischen Kontinent.

Zwar befand sich auf der Kokos-Insel zwischen 1878 und 1881 ein Straflager Costa Ricas, und die Überbleibsel dieses Lagers wurden auch gefunden. Heyerdahl grub jedoch tiefer. Und so fand er architektonische Anlagen, die weit zurückreichten. Wie weit, das war nicht zu klären. Der Forscher schloss, dass die Kokos-Insel in voreuropäischer Zeit bewohnt gewesen sein muss. Offensichtlich diente sie als Stützpunkt dem Handel mit Kokosnüssen – für Seefahrer der ideale Proviant für längere Fahrten. Für Wissenschaftler, die nicht von den Gegebenheiten der Region ausgehen, war diese Annahme absurd. Für Forscher jedoch, die den natürlichen Kontext berücksichtigten, war sie einfach und schlüssig.

Warum die Insel als Handels- und Provianthafen jedoch aufgegeben worden war, das konnte auch Thor Heyerdahl nicht klären.

In der Zeit seines Besuchs auf der Kokos-Insel beschäftigte sich der norwegische Forscher auch intensiv mit einem anderen »Inselgeheimnis«. Es bezog sich – wie schon erwähnt – auf die so genannte Osterinsel im Süden, rund 2000 Meilen vor der südamerikanischen Küste, 1200 Meilen von der östlichsten Insel Ozeaniens entfernt. Das kleine, nur zweiundzwanzig mal elf Kilometer große Eiland ist vulkanischen Ursprungs, es wird von winzigen Inselchen umgeben. Das größte Geheimnis der Osterinsel ist die gewaltige Ansammlung von Statuen aus Stein, die ihre karge, baumlose Oberfläche überziehen. Die Reichhaltigkeit dieser Statuenkultur steht im krassen Widerspruch zur Kargheit an Fauna und Flora. Wie war dieser Widerspruch zu erklären? Das Rätsel dieser Statuen hat Thor Heyerdahl weitgehend lösen können.

Der Forscher besuchte, zusammen mit einem archäologischen Forscherteam, die 1722 von einem Europäer erstmals betretene Insel im Jahr 1956. Er war im Besitz verhältnismäßig guten Materials über die Besiedelungsformen und -zeiten der Insel. Im 18. Jahrhundert, als die ersten europäischen Seefahrer und Missionare dort eintrafen, war die Insel bewohnt gewesen. Die nachkolumbischen »Entdecker« hatten von den seltsamen zehn Meter hohen Statuen auf mächtigen Plattformen berichtet, von den Grabkammern und Menschenknochen – dies alles auf einer kahlen, baumlosen, erschreckend einsamen und abgelegenen Insel. Die Einheimischen, die man antraf, stellten die ärmliche, ängstliche Nachhut ehemaliger voreuropäischer Bewohner dar. Diese waren in endlosen Kämpfen und Kriegen rivalisierender Stämme aufgerieben worden; Seeräuber, Schatzjäger und Sklavenhändler sowie eingeschleppte Epidemien hatten später dem Rest der Bevölkerung den Garaus gemacht.

Die vorherrschende Meinung sah die Osterinsel etwa seit dem 12./13. Jahrhundert von Polynesiern besiedelt. Aber konnte dieses Seefahrervolk hier wirklich eine derart hoch entwickelte, geheimnisvolle Kultur errichtet haben? Die Bevölkerung der Osterinsel besaß in früher Zeit ein Schriftsystem – das einzige in ganz Polynesien. Warum gerade auf dieser, der einsamsten aller bewohnten Inseln? Woher waren die Bewohner tatsächlich gekommen, und was war auf der Osterinsel wirklich geschehen? Das Rätsel blieb.

Heyerdahls Expedition begann mit gründlichen Grabungen. Seit die Archäologie sich um die Osterinsel gekümmert hatte – das war erst seit dem Jahr 1955 der Fall gewesen, auch wenn erstmals 1914 ein Archäologe auf der Insel gewesen war –, hatte man merkwürdigerweise auf Grabungen verzichtet. Die Statuen und Felszeichnungen hatten alle Aufmerksamkeit der wenigen Wissenschaftler beansprucht. Und man hatte sich mit der Annahme begnügt, die Steinstatuen seien deshalb von Polynesiern oder Melanesiern errichtet worden, weil es auf der Insel kein Holz, das traditionelle Material dieser Völker, gab.

Heyerdahl fragte sich unter anderem, ob die Insel auch in früherer Zeit wirklich derart karg gewesen war. Um das eventuelle Gegenteil zu beweisen, führte er umfangreiche und systematische Grabungen und Bohrungen vor allem in der Nähe erloschener Vulkane durch und erforschte den Grund von Kraterseen. Das reiche paläontologische Material, das er fand, belegte eindeutig, dass die Insel einstmals anders ausgesehen hatte. Vor allem musste sie eine reichhaltige Flora und Fauna besessen haben, die an andere Gegenden erinnerte – vor allem an Regionen in Südamerika.

Was das Ende dieser subtropischen Vegetation herbeigeführt hat, ist unklar. Zu vermuten ist, dass aufwendige Brandrodungen oder auch Brandstiftung eine Rolle spielte. Feuer hatte offenbar in den früheren Kulturen eine wichtige rituelle Funktion. Mit dieser Entdeckung wurde das frühere Argument, die Urbewohner hätten aus Mangel an Holz in Stein gehauen, hinfällig. Andere Gründe mussten im Spiel gewesen sein. Und es gab seltsame andere Gründe.

Heyerdahl konnte nachweisen, dass die in den Inselboden eingegrabenen oder umgestoßenen Statuen, die oft einen mächtigen Steinzylinder auf dem Kopf balancierten, erst in späterer Zeit versenkt oder umgestürzt worden waren, ihre Unterseite war eindeutig für ein aufrechtes Stehen auf einer Art Plattform verfertigt worden. Aber auch diese Plattformen waren nachträglich verändert worden. Es zeichneten sich drei Phasen in der Geschichte der Osterinsel ab, in denen unterschiedliche kulturelle Anstrengungen unternommen worden waren. Und die geheimnisvollen Statuen gehörten einwandfrei der mittleren Phase (1100–1700) an. Sie standen auf Altären, die man in der frühesten Zeit (400–1100) errichtet hatte. Die Statuen wandten sich dem Meer zu, und die Tempelanlagen folgten in ihrer Anordnung genau dem Lauf der Sonne. Ein geheimnisvoller Kult hatte also ihre Architektur bestimmt. Die Bauten waren religiöser Natur.

In der dritten und letzten Periode der Besiedelung und Kultivierung, einer Zeit des Umsturzes und des Niedergangs (1700–1870), beendete das Osterinselvolk den Bau von Tempeln und Statuen.

Die Kultur der Osterinsel folgte also einer absteigenden, keiner aufsteigenden Linie und mündete schließlich im Zerfall. Die beeindruckendsten Bauwerke waren sofort nach der Urbanisierung in der ersten Periode gebaut worden. Damit standen die bisherigen Annahmen auf dem Kopf, die Osterinselvölker hätten erst nach und nach aufgrund des Mangels an Wäldern gelernt, mit Steinen statt mit Holz umzugehen, und seien dabei den großen Steinbaumeistern der südamerikanischen Kultur ebenbürtig geworden. Nein, Heyerdahls Forschungen widerlegten dies. Die Steinkultur musste aus Gründen der Tradition importiert worden sein. Und da man in Ozeanien nicht mit Steinen baute, gab es nur eine Antwort: Das geheimnisvolle Volk der Osterinsel kam aus Südamerika.

Weitere Beweise für diese neue, bahnbrechende Annahme wurden gefunden – runde und auch bootsförmige Steinhäuser, Steinreliefe aus religiösen Zeremonien, Wandmalereien. Sogar ein Sonnenobservatorium. Dies alles aus der ersten Periode der Kultivierung oder aus dem Übergang in die zweite Periode. Und in Formen, die denen entsprachen, die man auf dem am nächsten gelegenen Festland, der südamerikanischen Ostküste, antrifft.

Das größte Geheimnis der Osterinsel waren die Steinstatuen selbst gewesen, in Größe, Gestalt und Aussehen mit nichts zu vergleichen, was sich selbst im weitesten Umkreis in allen Himmelsrichtungen des pazifischen Raums darbot. Da auch das südamerikanische Festland nur sehr entfernt vergleichbare Kulturzeugnisse anbot, schien Heyerdahls Theorie von der Besiedelung Polynesiens durch südamerikanische Völker zumindest an diesem einen Punkt zu wanken. Doch dann machten er und seine Mitarbeiter bei den Ausgrabungen eine aufsehenerregende Entdeckung.

Man grub tiefer. Und fand in der Erde unter den monotonen Giganten aus weichem Stein kleinere Figuren aus hartem Basalt. Diese Figuren ähnelten anderen, die im bedeutenden bolivianischen Kulturzentrum Tiahuanaco zur Zeit vor der Inka-Kultur geschaffen wurden. Das waren Figuren, die in der nachfolgenden Kulturepoche der Osterinsel verschwanden. Sie machten den Giganten Platz, die dann als Denkmale von Königen und Anführern, vielleicht auch von Göttern das Bild der Insel zu bestimmen begannen.

Da die konventionelle Wissenschaft die Inseln Ozeaniens als von Asien aus kolonisiert ansah, hielt sie es auch für ausgemacht, dass die früheste Besiedelung der Osterinsel mit der Zeit des Höhepunktes früher polynesischer Seefahrten zu verbinden sei. Man meinte, das frühe 13. Jahrhundert sei der Beginn der Zeitrechnung der Osterinsel. Heyerdahl wies nach, dass eintausend Jahre früher ein eher realistisches Datum sei. Die Besiedelung der Osterinsel musste um 400 n. Chr. begonnen haben. Warum zu diesem Zeitpunkt, bleibt ungewiss. Aber es ist sicher, dass die ersten Ansiedler kulturelle Formen mitbrachten, die nicht denen Polynesiens, sondern denen der Ostküste Südamerikas verblüffend glichen. Das waren: Häuser, Kultstätten und Statuen aus Stein, der Sonnenkult mit entsprechenden Tempeln, spezialisierte Bestattungsformen, Werkzeuge, Waffen und Geräte, der Anbau bestimmter Kulturpflanzen, der Bau von Booten aus importiertem Binsengeflecht. Diese erste Kultur endete in Kriegen um 1100 und machte einer anderen, feindlichen Platz, die jedoch verwandte Äußerungen hinterließ. Diese errichtete die heute noch vorhandenen gigantischen Steinkolosse. Und sie endete, wiederum durch Kriege, um das Jahr 1700, also genau 600 Jahre später. Die Statuen wurden umgestürzt, die Tempel zerstört. Jetzt begann die Zeit der polynesischen Besiedelung.

Angesichts dieser Erkenntnisse blieb kein Raum mehr für die Annahme, die Osterinsel sei ursprünglich von Polynesien aus besiedelt worden. Doch dies war nur ein Stein in dem Puzzle von Beweisen, die Thor Heyerdahl erbrachte. Ein Stein in einem Bild, das beweisen konnte, wie die Besiedelung in früher Zeit von Ost nach West verlaufen war und dabei zwei Ozeane überwunden hatte.

Die Forschungsergebnisse aus dem pazifischen Raum passten später wiederum wie Puzzlesteine in ein Mosaik. Die anderen Stücke sammelte Thor Heyerdahl im Verlauf seines Forscherlebens auf dem ganzen Globus. Aber es werden immer neue Bausteine einer Theorie über die früheste ethnische Kommunikation gefunden. Heyerdahl selbst fand sie in den 80er Jahren auf den Malediven, in den 90er Jahren in Nordperu und bis zu seinem Tod im Jahr 2002 auf den Kanarischen Inseln, besonders auf Teneriffa. Dorthin, an den Schnittpunkt seiner Problemstellungen kehrte er immer wieder zurück.